Generation Käfer

Inhalt

STANDARD
Von mattgrauen Käfern, Luxusvasen und
altem Brot an frischem Stallhasen

Unser erster Käfer war eigentlich schon der zweite. Der zweite, der meinem Vater oder, besser gesagt, seiner Firma gehörte und den er auch privat nutzen durfte: ein in schlichtem Blaugrau lackierter VW *Standard* mit der enormen Motorleistung von 30 PS – wobei die Bezeichnung »Lack« für den ganz und gar glanzlosen Farbauftrag aus heutiger Sicht reichlich hochtrabend klingt. Seinen ersten – an den ich mich nicht mehr erinnere – hatte er mehr als 100 000 Kilometer gefahren, für damalige Verhältnisse eine gewaltige, mit einem bunten VW-Anstecker und einer gewichtigen Urkunde prämierte Strecke.

Das Herstellungsjahr weiß ich nicht mehr. Woran ich mich jedoch noch gut erinnere, ist, dass das Auto im ovalen Heckfenster keinen Mittelsteg und leider in seiner Mittelsäule auch keine Winker mehr besaß – jene originellen Fahrtrichtungsanzeiger, die die ersten Generationen von Nachkriegskäfern ausgezeichnet hatten. Die seitlich aus den Zwischenfenstersäulen herausschnappenden pfeilförmigen Gebilde in blassem Rot hatten es mir nämlich außerordentlich angetan. Und wenn ich auch zugebe, dass die bei moderneren Fahrzeugen übliche Variante mit großen, orangegelben, penetrant blinkenden Lichtern auffälliger und wahrscheinlich auch sicherer ist, so hat sie doch nicht annähernd den Charme der damaligen Klappzeiger, die die anderen Autofahrer, wie der Name schon sagt, eben nicht abweisend anblinkten, sondern ihnen freundlich einladend zu*winkten*.

Ja, der allseits geliebte Käfer: Außer einem großen, nackten Lenkrad, bei dem die Hupe im Gegensatz zu den neumodischen Autos da platziert war, wo man sie im Bedarfsfall sucht, nämlich genau in der Mitte, besaß er als Anzeigeinstrument lediglich einen Tachometer. Den benötigte man damals allerdings weit weniger oft als heute, da nicht auf sämtlichen Straßen eine Geschwindigkeitsbegrenzung die andere ablöste und die Respektierung der wenigen, die es gab, nicht kontrolliert wurde. Ob mangels geeigneter Starenkästen und Radarpistolen oder was es an derlei perfiden Geräten noch gibt oder aus purem Vertrauen, vermag ich nicht zu sagen.

Ein Drehzahlmesser fehlte, was jedoch insofern niemanden störte, als er ja ganz und gar überflüssig war und immer noch ist. So wie heute auch schaltete man damals nach Gehör, und wenn der Motor den Geist aufgab oder das Auto aus einem anderen Grund ausrangiert werden musste, dann ganz sicher nicht wegen eines fehlenden oder defekten Drehzahlmessers.

Im Fußraum gab es die üblichen drei Pedale. Bei der Betätigung der Kupplung zum Hinunterschalten empfahl es sich allerdings, gefühlvoll Zwischengas zu geben – eine Fähigkeit, die heute in den Fahrschulen nicht mehr gelehrt wird, weil sie überflüssig geworden ist, auf die wir seinerzeit jedoch, sofern wir auf ruckfreie Gangwechsel Wert legten, unbedingt angewiesen und bei perfekter Beherrschung auch durchaus stolz waren. Und noch etwas hatten die Volkswagen-Konstrukteure im Fußraum platziert: den Knopf zum Auf- und Abblenden des Fernlichts. Das hatte zwar zur Folge, dass man nachts bei unvermutet auftauchendem Gegenverkehr mit dem linken Fuß erst mehrmals hektisch ins Leere tappte, bevor man die grelle Beleuchtung abgestellt und den Entgegenkommenden vom Geblendetwerden erlöst hatte. Dafür waren uns aber jegliche Probleme mit hoffnungslos überfrachteten, aus der Lenksäule ragenden Multifunktionsschaltern moderner Bauart gänzlich fremd. Es gab lediglich einen mit markigem Knacken einrastenden Blinkerhebel, einen zweistufigen Drehschalter für Stand- und Fahrlicht und einen weiteren für den Scheibenwischer sowie ein Rädchen für die Heizung. Die Seitenscheiben kurbelte man von Hand herunter, und das Stoffdach schob man nach beherztem Entriegeln mit einer einzigen, ruckfreien Bewegung zurück, einem lässigen Schwung aus dem Handgelenk heraus, dessen Beherrschung den Fahrer in den Augen fachkundiger Passanten auf den ersten Blick als Experten auswies.

Wie anders geht es einem in den heutigen Autos, auf oder besser gesagt: *in* deren Fahrersitz unsereiner sich vorkommt wie im Cockpit eines Jumbo-Jets. Haben wir uns beim Fahrzeugkauf von einem jener geschniegelten, bestens geschulten, mit sorgfältig modulierter Stimme eloquent auf uns einredenden Verkäufer beraten lassen, der uns das Gefühl vermittelt hat, ohne all die vielen – in Wahrheit ebenso entbehrlichen wie sündteuren – Extras kämen wir unter keinen Umständen aus, so haben wir es später mit derart vielen Knöpfen, Hebeln, Schaltern, Drehrädchen und Anzeigeinstrumenten zu tun, dass wir, bevor wir einen einzigen Meter fahren können, etliche Tage für das Studium der etwa 450-seitigen Betriebsanleitung veranschlagen müssen. Manche Hersteller versuchen, die verwirrende Fülle von Bedienungselementen dadurch zu umgehen, dass sie möglichst viele Funktionen in ein zentrales dreh-, kipp-, zieh- und drückbares Kombiinstrument hineinpacken. Das sieht zwar, wenn man von der Fülle der gut gemeinten, in der Regel jedoch kaum verständlichen, putzigen Symbole absieht, hübsch aufgeräumt aus, doch einfacher wird die Handhabung des Autos dadurch kein bisschen.

Allein schon das Radio: Wenn früher überhaupt eines eingebaut und nicht in Form eines Koffergerätes in einer kantigen, massiv die Knie bedrohenden Halterung unter dem Armaturenbrett befestigt war, so besaß es einen griffigen

Drehknopf zum Ein- und Ausschalten sowie Lauter- bzw. Leiserstellen und dazu noch einen zweiten zur Sendersuche – das war alles.

Sicher, die Stationswahltasten der heutigen Radios sind, sofern nicht allzu fummelig ausgeführt, gar nicht einmal unpraktisch – oder wären es zumindest nicht, wenn sich die Hersteller endlich auf einen einheitlichen, allseits verbindlichen Belegungsstandard einigen könnten. Doch die von Modell zu Modell unterschiedlich zu bedienende Memory-Funktion zwingt uns spätestens, wenn wir Bayern 3 auf Taste 4 legen wollen, ein weiteres, hochglanzbebildertes Handbuch zu Rate zu ziehen, das allein schon deshalb nicht Teil der allgemeinen Betriebsanleitung ist, weil es diese um weitere 70 Seiten dicker machen würde.

Auch elektrische Fensterheber wären grundsätzlich kein Problem, säßen die alles andere als handlichen Knöpfe dafür nicht bei jedem Fahrzeugtyp an einer Stelle, wo sie vielleicht schick aussehen, während der Fahrt indes nur nach langwierigem, vom Verkehrsgeschehen ablenkendem Suchen zu finden sind. Dasselbe gilt für das Verstellen sowie das unentbehrliche Heizen oder Kühlen der Sitze, die Justierung und Enteisung der Außenspiegel, die Scheinwerferreinigungsanlage, den Kofferraumöffner, das Einstellen von Tageskilometerzähler, Borduhr und natürlich, wenn man es sich leisten kann, ganz besonders für das Navigationssystem. Einer intensiven Einweisung bedarf zudem die Bedienung der Freisprecheinrichtung fürs Handy sowie der diversen Vormerk-Funktionen von Sitzen, Spiegeln und Lenkrad. Bei abwechselnder Benützung des Fahrzeugs durch mehrere Personen ist das Mitführen eines kleinen Notizbuches obligatorisch, in dem man nachschlagen kann, welche Einstellung zu welchem Fahrer beziehungsweise Beifahrer gehört.

Vor kurzem hatte ich das Mercedes-Cabrio meines Freundes ausgeliehen, bekam jedoch – bei brütender Hitze – das Dach nicht auf, weil ich nicht wusste, dass man dazu den Automatik-Wahlhebel auf Parken stellen muss, und hatte überdies Probleme, den Motor zu starten, weil ich während der Anlasserbetätigung nicht mit dem Fuß auf der Bremse stand. Bisher war ich immer der Meinung gewesen, das Bremssystem diene einzig und allein der Verzögerung und sei daher im Stand überflüssig, aber das war offensichtlich ein Irrtum. Richtig peinlich wurde die Sache jedoch erst, als ich in der Innenstadt unsere Freundin Rosemarie traf, die mit zwei offensichtlich schweren Einkaufstaschen auf dem Weg zum Bus war. Nachdem ich eine Weile die Fensterbedienungsknöpfe gesucht und schließlich auch gefunden hatte, lud ich sie mit gönnerhafter Geste ein, mitzufahren, und sie nickte erfreut. Das Problem bestand einzig und allein darin, dass sich die Beifahrertür weder von innen noch von außen öffnen ließ.

Nachdem ich alle möglichen Schalter betätigt, den Tankdeckel entriegelt, die Klimaautomatik überflüssigerweise auf Heizen gedreht und den Außenspiegel derart verstellt hatte, dass ich nur noch den blauen Himmel sah, gab ich das Vorhaben auf. Rosemarie hätte mit ihren Tüten jederzeit im Kofferraum Platz nehmen können, aber der Zugang zum Beifahrersitz blieb ihr hartnäckig verwehrt. Dass sich hinter mir mittlerweile eine Autoschlange gebildet hatte, deren sicher einige hundert Meter entferntes Ende ich im Innenspiegel nicht mehr ausmachen konnte und aus der heraus es immer länger und bösartiger hupte, trug auch nicht gerade dazu bei, die in mir aufsteigende Panik zu bekämpfen. Schließlich zuckte ich bedauernd die Schultern und registrierte entsetzt, dass der Bus, den Rosemarie ursprünglich hatte nehmen wollen, gerade abfuhr. In solchen Momenten wird das Verlangen nach einem mattgrauen VW *Standard* aus den Fünfzigerjahren geradezu übermächtig!

Neben einer Heizung, die seinerzeit bei Autos noch keinesfalls selbstverständlich war und das Innere mit einer Geruchsmixtur aus heißem Motor und warmem Teppichboden ausfüllte (für Käfer-Enthusiasten ein berauschendes Parfum), bestand der einzige Komfort, über den der Wagen verfügte – wobei es meines Wissens keinerlei über die karge Serienausstattung hinausgehenden Extras gab –, in einer länglichen, blassrosa gefärbten, nach unten spitz zulaufenden Porzellanvase am Armaturenbrett. Im Auto meines Vaters enthielt sie stets zwei, drei bunte Blumen, denen er alle paar Tage frisches Wasser gab.

Diese Blumen – schlichtere Naturen begnügten sich mit Plastikimitaten – sind so ziemlich das Einzige, was mir im Rückblick auf meine Jugend in den Fünfzigerjahren zum Thema Luxus einfällt. Dass meine Eltern seinerzeit im wahrsten Sinne des Wortes mit jedem Pfennig rechnen mussten, wurde mir allerdings nur sehr selten bewusst – beispielsweise, als wir uns in einem Wandererheim zu viert nur ein einziges Schnitzel leisten konnten. Man ist eben nicht nur so alt, sondern auch so wohlhabend, wie man sich fühlt.

Meinem jüngeren Bruder und mir war es jedenfalls ziemlich egal, dass wir unregelmäßig handgestrickte Pullover sowie Hosen mit runden Besätzen auf den Knien trugen, und Socken, die unsere Mutter zigmal geflickt hatte. Wobei ich noch den Vorteil hatte, wenigstens hin und wieder ein neues Kleidungsstück zu bekommen, während mein Bruder grundsätzlich abgetragene Hemden, Hosen und sonstige Klamotten anziehen musste, aus denen ich herausgewachsen war. Unseren Altersgenossen ging es schließlich nicht anders, und die Zeiten, in denen man sich nur mit Designerjeans von Prada, Hilfiger oder Diesel in die Schule wagen konnte, waren zum Glück noch ziemlich weit entfernt. Außerdem gab es so etwas wie eine freie Entscheidung in puncto Beinkleid ohnehin nur in der kalten Jahreszeit. Denn von April bis September kamen für uns Jungen grundsätzlich nur die nahezu unverwüstlichen kurzen Lederhosen in Betracht, von denen ich allerdings nie verstanden habe, warum sie auf dem Brustschild, das die beiden Träger verband, grundsätzlich mit einem Edelweiß verziert waren.

Doch zurück zu unserem Käfer. Wenn mein Vater seine Vertreter-Kollektion nicht in den Kofferraum packte, sondern sie stattdessen im Wageninneren auf die Rückbank legte, war das Fassungsvermögen des Stauraums unter der kühn herabgezogenen Fronthaube recht beachtlich. Groß genug jedenfalls, um darin eine ganze Menge Fall- oder, soweit es meinen Vater betraf, *Stoß*obst unterzubringen. In der Regel handelte es sich um Äpfel, die man, falls sie von Bäumen am Straßenrand herabgefallen waren, ungestraft aufklauben durfte. Da dies jedoch allgemein bekannt und zudem das Bedürfnis nach frischem Obst gewaltig, die Zahl straflos plünderbarer Apfelbäume jedoch äußerst begrenzt war, bedurfte es ausgefeilter Tricks, um eine ausreichende Menge zusammenzubekommen.

Einer dieser Kniffe bestand darin, nicht allzu stabile Bäume kurz, aber beherzt mit dem Auto anzurempeln. Je nach Mut und Risikobereitschaft konnte man mit dieser Methode eine ganz erkleckliche Anzahl von Früchten – eben Stoßobst – zum Herunterpurzeln bringen, die man anschließend aufklaubte. Dabei pfiff man betont harmlos vor sich hin, hielt aber durch halb geschlossene Augenlider fortwährend nach ungebetenen Zeugen Ausschau, so wie wir es auch taten, wenn wir von abseits gelegenen Feldern schmackhafte kleine Kartoffeln klauten.

Sicher, die Stoßstange des Käfers bekam auf diese Weise so manche Delle ab, doch was war damals eine Beule im Blech gegen Apfelmus satt im Bauch? Noch dazu, wenn die Delle sich auf den Teil des Autos beschränkte, der dem Namen nach zum Abfangen von Stößen gedacht und deshalb auch noch nicht lackiert war, sodass seine Beschädigung keine Werkstattreparatur mit Kosten in mindestens vierstelliger Höhe nach sich zog. Und da mein Vater ziemlich viel unterwegs und obendrein ein um seine Familie besorgter, vor allfälligen Gefahren nicht zurückschreckender Mann war, gehörten Pfannkuchen mit Apfelmus im Spätsommer und Herbst bei uns zu den Grundnahrungsmitteln wie heute Döner, Pizza und Gyros.

Was es allerdings nie gab, war frisches Brot. Denn Brot wurde grundsätzlich schon dann neu gekauft, wenn das alte drohte, zur Neige zu gehen, aber noch nicht bis zur letzten Scheibe verbraucht war. Kein Brot im Haus zu haben war für meine Mutter in jenen Tagen genauso undenkbar wie für uns heute die Vorstellung, nachts kein Mineralwasser neben das Bett stellen zu können. Und weil man natürlich nichts Essbares umkommen ließ, musste das alte und manchmal schon ein wenig schimmelige Brot grundsätzlich restlos aufgegessen werden, bevor der neue Laib angeschnitten wurde. Der dann natürlich schon lange nicht mehr taufrisch war.

Daneben gab es besonders häufig Weißkohleintopf – für mich untrennbar mit der Ermahnung »Gegessen wird, was auf den Tisch kommt!« verbunden – sowie Milchreis und vor allem Kartoffeln in allen nur denkbaren Zubereitungsformen: als Salzkartoffeln, Pellkartoffeln, Bratkartoffeln (in einer gusseisernen Pfanne mit viel Fett herausgebraten, denn eine Teflon-Beschichtung war noch nicht erfunden), Stampfkartoffeln (so nannte meine Mutter Kartoffelbrei), Kartoffelpuffer und Kartoffelgratin (auch wenn wir dafür seinerzeit die weniger vornehme Bezeichnung »überbackene Kartoffeln« benützten). Nur eines gab es nicht: Pommes frites. Die knusprigen Kartoffelstäbchen waren hierzulande noch fast unbekannt, und wir begannen sie erst zu vermissen, als die Fast-Food-Welle mit den zugehörigen Lokalen aus Amerika herüberschwappte.

Die Zubereitung des Essens nahm einen erheblichen Teil der mütterlichen Zeit ein, denn zum einen besaßen wir keinen der erst allmählich in Mode kommenden Schnellkochtöpfe, zum anderen gab es keine Mikrowelle, sodass Vorkochen und schnelles Aufwärmen nicht zur Debatte standen. Und dass mein Vater keinen Gedanken darauf verschwendete, im Haushalt zu helfen, lag rückblickend – das sei zu seiner Ehrenrettung gesagt – nicht an seiner Faulheit oder an mangelndem Talent, sondern schlicht daran, dass Männer so etwas damals prinzipiell nicht taten.

Das Nobelste, was meine Mutter aus Kartoffeln herstellte, waren Halb-und-Halb-Klöße: aus grieseligem Teig bestehende, matt grünlich schimmernde, kugelförmige Köstlichkeiten von der Größe einer mittleren Apfelsine. Doch die kamen aus zwei Gründen leider nur höchst selten auf den Tisch: Zum einen war ihre Zubereitung überaus arbeits- und zeitaufwändig, zum anderen waren für einen Franken Klöße ohne deftigen, in dunkler Soße schwimmenden Schweinebraten auch damals schon undenkbar. Und an Fleisch mangelte es allenthalben.

Allenfalls war hin und wieder ein Kaninchen drin, das mein Vater Herrn Keller, einem nicht weit entfernt wohnenden älteren Mann mit groteskem Kropf, abkaufte. Die Nager, allgemein als *Stallhasen* bezeichnet, wurden von vielen Leuten zum Eigenverbrauch, aber auch als Nebenerwerbsquelle aufgezogen, wobei zehn und mehr Tiere keine Seltenheit waren. Tagsüber waren sie in der Regel in einem aus Holzresten zusammengezimmerten Stall untergebracht, abends musste man sie jedoch in einem Weidenkorb in die Wohnung tragen, um zu verhindern, dass sie nachts vom Fuchs geholt oder gestohlen wurden. Schließlich waren auch andere Leute hungrig und scharf auf Fleisch.

Obwohl die Tiere nachts in einem verschlossenen Holzverschlag gehalten wurden, drang ihr stechender Geruch bis in den letzten Winkel des Hauses; den strengen Duft der Kellerschen Wohnung habe ich noch heute in der Nase. Aber das nahmen wir gerne in Kauf, waren die Stallhasen doch eine ideale Möglichkeit, den kargen Speisezettel zu bereichern. Zum Dank für das gelegentliche Kaninchen mussten mein Bruder und ich uns regelmäßig an der Futterbeschaffung beteiligen. Deshalb hatten wir bei den ohnehin nicht besonders beliebten Sonntagsspaziergängen immer ein Stoffnetz dabei, in das wir unterwegs sämtliches Grünzeug hineinstopften, von dem wir annahmen, dass es den Nagern munden könnte. Rückblickend hatte diese Tätigkeit einen nachhaltig positiven Aspekt: Noch heute kenne ich eine ganze Menge Wald- und Wiesenkräuter, deren Namen meine Kinder, wie sie ehrlich zugeben, noch nie gehört haben.

Dafür hatten *wir* noch nie etwas von Pizza, Lasagne und Spaghetti Carbonara gehört. Allenfalls waren diese Bezeichnungen denen bekannt, die mit ihren Eltern schon einmal Ferien in Italien gemacht hatten – seinerzeit dem nach Österreich mit Abstand beliebtesten Reiseland der Deutschen. Uns Daheimgebliebenen waren diese mediterranen Köstlichkeiten hingegen gänzlich fremd, weshalb wir sie auch nicht vermissten. Denn Pizza gab es ebensowenig wie Pizzerien, in denen sie erst ab Anfang der Sechzigerjahre, nachdem etliche italienische *Gastarbeiter* zu *Gastwirten* mutiert waren, in immer größeren Mengen und immer neuen Varianten hergestellt und von den mittlerweile wohlhabenderen und weltläufigeren Bürgern mit Wonne verspeist wurde.

Meine erste aß ich als Student – es muss im Jahr 1967 oder 1968 gewesen sein –, und ich musste mich dazu ebenso überwinden wie später zum Verzehr von Austern oder Sushi. Der einzige Unterschied bestand darin, dass ich Pizzas nach anfänglicher Enttäuschung ganz gerne mochte und heute noch mag, was man von Austern – sie schienen mir beim ersten

Probieren wie Nasenschleim mit Salzwasser zu schmecken – und Sushi ebensowenig behaupten kann wie von Kaviar, der ultimativen Generation-Käfer-Metapher für lukullisches Speisen. Mit fortschreitendem Alter wurde Kaviar für uns immer mehr zum Synonym für eine raffinierte, zeitgemäße Cuisine, und nur derjenige durfte von sich behaupten, ein Gourmet zu sein, der ihn schon einmal gekostet und für schmackhaft befunden hatte. Kaltes Büffet und Kaviar, das bedeutete Lebensstil in einer Preisklasse, die den meisten von uns verwehrt war.

»Wie war das Essen bei Direktor Meyer-Rauschenbach?« »Es gab kaltes Büffet.« »Oha!« »Mit Kaviar!« »Donnerwetter!«

Wer sich in den Fünfzigern Kaviar leisten konnte, fuhr spätestens in den Sechzigern Porsche und ging in den Siebzigern zum Skifahren nach St. Moritz.

Ein Mittelding zwischen Kaviar und Pizza waren Schnecken. Wer sie aß, demonstrierte nicht nur gehobenen Lebensstil, sondern auch eine Art kulinarische Entdeckerfreude – den Willen, der gutbürgerlichen Küche als Inbegriff spießigen Muffs den Rücken zu kehren und sich höheren Gourmet-Gefilden zuzuwenden. Wer das Schneckenbesteck souverän handhabe und sich die glitschigen Tierchen furchtlos in den Mund schob, dem ging es in erster Linie nicht um den Genuss, vielmehr stellte er damit eine geistige Souveränität und weltmännische Gewandtheit zur Schau – und nötigte damit den ehrbaren Bürgern, die sich in den Fünfziger- und Sechzigerjahren bevorzugt nach dem Motto »Was der Bauer nicht kennt, das frisst er nicht« ernährten, bei aller Skepsis auch Bewunderung ab.

Wer es sich seinerzeit leisten konnte, im Lokal zu speisen, der bestellte sich als guter Deutscher Schweine- oder Sauerbraten – möglich war auch Schnitzel, anfangs mit Bratkartoffeln, später mit Pommes frites – und an Schlachttagen Blut-

oder Leberwurst. Doch viel wichtiger als das, was unsere Mütter uns Kindern auf den Teller häuften, war die strikte Anweisung, es unbedingt aufzuessen. Etwas stehen zu lassen oder – noch viel schlimmer – etwas Essbares wegzuwerfen, galt als unsittlich, ja, geradezu als obszön. Der Großteil unserer Eltern hatte gelernt, was es heißt zu hungern, hatte mehr oder weniger oft mit knurrendem Magen auf Nahrhaftes verzichten müssen. Dass eine solche Erfahrung unsere Väter und Mütter für das ganze Leben geprägt hat, ist verständlich, und sie haben die Abneigung, Essbares wegzuwerfen, gründlich an uns vererbt. Bis heute legen viele von uns ein unvernünftiges Essverhalten an den Tag, indem sie übergroße Portionen lieber vollständig vertilgen, als sie zurückgehen zu lassen.

Insofern ist die sogenannte »schlechte Zeit« vielleicht sogar die tiefere Ursache für die Dickleibigkeit, mit der sich die Generation Käfer heute mehrheitlich herumzuschlagen hat – und damit natürlich auch für all die teuren und weitgehend unsinnigen Diäten, die so manchem cleveren Buchautoren und weitsichtigen Pharmaunternehmen ein Vermögen eingebracht haben. Dass diese Diäten ein Vielfaches von dem kosten, was das weggeworfene Essen wert gewesen wäre, interessiert uns kein bisschen – und ich fürchte, dass ein Großteil der Generation Käfer den idealistisch überhöhten Wert von Nahrungsmitteln und das damit zusammenhängende Vernichtungsverbot so sehr verinnerlicht hat, dass die Diätindustrie auch an unseren Kindern und Enkeln noch viel Freude haben wird.

Doch dafür, dass unsere Eltern nichts Essbares in den Mülleimer werfen konnten, hatten wir ja noch Verständnis. Was uns hingegen mit fassungslosem Staunen erfüllte, war die Tatsache, dass auf den Schwarzmärkten der Nachkriegszeit eben nicht in erster Linie Brot und Kartoffeln, Zucker, Mehl, Milch und Butter, sondern mehr als alles andere Zigaretten begehrt

waren. Zigaretten und Bohnenkaffee. Wie es eine Zigaretten-
währung geben kann, wenn es überall an weit Wichtigerem
hapert, haben wir nie verstanden. Wie ist es möglich, dass jemand, der infolge hungerbedingter Erschöpfung kaum noch
einen Fuß vor den anderen setzen kann, ans Rauchen denkt?
Sicher, wir haben leicht reden: Als wir in das Alter kamen, in
dem uns zweifelhafte Substanzen wie Alkohol, Nikotin und
Koffein zu interessieren begannen, mussten wir schon keine
Entscheidung mehr treffen zwischen lebensnotwendigen Dingen und Genussmitteln – wir konnten uns beides leisten.

Trotzdem bleibt uns manches unbegreiflich. Wir haben
unsere Eltern und ihre Altersgenossen wiederholt zu diesem
Thema befragt, aber nie eine auch nur halbwegs nachvoll-
ziehbare Antwort erhalten. Deshalb haben wir wohl irgendwann beschlossen, den Krieg und alles, was mittelbar und
unmittelbar damit zusammenhing, als extreme Ausnahmesi-
tuation zu betrachten, auf die sich keiner der uns vertrauten
Maßstäbe anwenden ließ. Wie anders sollte man mit der Tatsache umgehen, dass im Russlandfeldzug gar nicht wenige
Soldaten, denen von morgens bis abends und sicher auch
nachts unablässig der Magen knurrte, ihre mehr als kargen
Mahlzeiten gegen Zigaretten und Kautabak eingetauscht haben?

PATER FAMILIAS
Von gefürchteten Vätern, folgsamen Müttern
und manierlichen Kindern

Der Krieg ist zweifellos ein Thema, über das die Generation Käfer so wenig mitsprechen kann wie keine andere vor ihr. Dass wir das Glück haben, seit nunmehr sechzig Jahren von jeglicher kriegerischen Auseinandersetzung verschont geblieben zu sein – was es in der deutschen Geschichte vorher noch nie gegeben hat –, ist uns sehr wohl bewusst, und wir sind dankbar dafür. Immerhin hatte ich in der ersten Volksschulklasse sechs Mitschüler, die ihren Vater nie zu Gesicht bekommen hatten, weil er nach dem der Zeugung dienenden Heimaturlaub gefallen war. Schlimmer noch, als den Vater im Krieg zu verlieren, war für viele – so bitter das auch klingen mag –, ihn in russischer Kriegsgefangenschaft zu wissen. Die ständige Ungewissheit, das bohrende Gefühl, sich kümmern zu müssen, und das permanente schlechte Gewissen, weil es uns im Vergleich zu den armen Teufeln in Sibirien so viel besser ging, nagten an den Nerven. Und irgendwann war es dann so, dass die Aussicht, den Vater bald wiederzubekommen, nicht mehr nur erwartungsvolle Freude auslöste.

Wenn der Mann gefallen war oder in einem russischen Arbeitslager darbte, hatte sich inzwischen längst die Frau auf den Bock der Familienkutsche gesetzt und die Pferde mit straffen Zügeln und durchaus auch einmal mit der Peitsche nach ihrem Willen marschieren lassen. Sie hatte die Aufgaben in Haushalt und Küche an die heranwachsenden Kinder delegiert und war selbst von früh bis spät emsig damit beschäftigt, die nötigen finanziellen Mittel für die Miete zu beschaffen und ihre Kinder mit Nahrung, Kleidung und hin und wieder auch einmal mit einer kleinen Überraschung zu beglücken.

Wer ein solches Amt zehn Jahre lang mit vollem Einsatz und ganzer Kraft ausfüllt, wer es gewohnt ist, auch folgenschwere Entscheidungen eigenverantwortlich und ohne partnerschaftliche Rückversicherung zu treffen, dem fällt es nicht leicht, ins zweite Glied zurückzutreten und dem aus der Kriegsgefangenschaft heimgekehrten Ehemann wieder das Ruder zu überlassen. Ganz zu schweigen von den Kindern, die – mittlerweile zehn bis fünfzehn Jahre alt – ihren Vater zum ersten Mal bewusst erleben. Wie ein zurückkehrender Vater die Familienarchitektur zum Einsturz bringen kann, hat der Film *Das Wunder von Bern* eindrucksvoll gezeigt.

Mein Freund Robert war ein typisches Beispiel dafür. Bis zum Jahr 1954 hatte er zusammen mit seiner Mutter und den beiden Schwestern in einer bescheidenen Drei-Zimmer-Wohnung mit Etagenklo gelebt, die Mutter hatte von Montagmorgen bis Samstagnachmittag als Verkäuferin in einem Schreibwarengeschäft gearbeitet. Roberts ältere Schwester Ursula hatte ihre Geschwister, so gut sie konnte, bekocht, und er selbst hatte gelernt, die handwerklichen Dinge, die in jedem Haushalt anfallen, zu erledigen.

Ich weiß noch genau, wie er mir sichtlich bestürzt erzählte, in spätestens einem halben Jahr werde sein Vater wieder bei ihnen sein. Sein Vater, an den er nur eine höchst verschwommene Erinnerung hatte, von dem er sich nicht vorstellen konnte, wie er mit ihm auskommen würde; sein Vater, der seit mehr als zehn Jahren von der Entwicklung der Familie ausgeschlossen war und seine Kinder ebensowenig kannte wie diese ihn. Und der demnächst, von einem Tag auf den anderen, wieder das Sagen haben sollte.

So sehr Robert sich auch bemühte, die von der Mutter geforderte frohe Erwartung zu heucheln – in ihm brodelte es, und ich spürte, wie heftig ihm die Aussicht zu schaffen machte, demnächst einen De-facto-Stiefvater vor die Nase gesetzt zu bekommen, dem er wohl oder übel zu gehorchen hatte. Und vor dem er sich entsprechend fürchtete.

In den intakten Familien der Fünfzigerjahre, also dort, wo Vater und Mutter den Krieg überlebt oder gar erst danach geheiratet und Kinder bekommen hatten, bestimmte allein der Vater, was geschah und was zu unterbleiben hatte. Die Frau durfte allenfalls, wenn es ihr Temperament denn gestattete, manchmal ihre Meinung beisteuern. Diese Rollenverteilung wurde von den Ehefrauen im Allgemeinen klaglos akzeptiert, weshalb eine Werbung seinerzeit unwidersprochen behaupten konnte: »Eine Frau hat doch nur zwei Lebensprobleme: ›Was ziehe ich heute an?‹ und ›Was koche ich heute?‹«

Sie kümmerte sich um Haushalt und Kinder, und *er* verdiente das Geld. Vorzugsweise mit körperlich anstrengenden Tätigkeiten, und das Ganze von Montag bis Samstag, oft in einer 49-Stunden-Woche. Die meisten Frauen hatten keine Berufsausbildung absolviert und waren deshalb ganz und gar von ihren Ehemännern abhängig. Und das wurde von der Politik auch durchaus unterstützt. Noch 1959 erklärte der damalige Bundesfamilienminister Franz Josef Würmeling anlässlich des Muttertages: »Mutterberuf ist Hauptberuf und wichtiger als jeder Erwerbsberuf.« Was aber nicht etwa dazu führte, dass die »Berufsjahre« als Mutter für die Rentenversicherung angerechnet worden wären. Diese »Berufstätigkeit« hatte nach Meinung der Konservativen unentgeltlich und ohne jede finanzielle Anerkennung zu erfolgen.

Meine Mutter hat mir einmal erzählt, wie sie zu Beginn ihrer Ehe während eines nächtlichen Streits wutentbrannt aus dem Bett gesprungen sei und meinen Vater angebrüllt habe, sie gehe jetzt und er könne schauen, wo er bleibe. Daraufhin habe er sie nur milde angelächelt und ganz ruhig geantwortet:

»Wohin willst du denn gehen?« Das war nämlich der Punkt! Wohin sollte sie gehen? Ohne ihn war sie nicht nur mittel-, sondern auch vollkommen hilflos. Weder war sie gewohnt, eigene Entscheidungen zu treffen, noch hatte sie die finanziellen Möglichkeiten, diese in die Tat umzusetzen. Das sah sie dann auch sehr schnell ein und kroch reumütig und zerknirscht ins Bett zurück.

Merkwürdig finde ich nur, dass sie ihre damalige Rolle mittlerweile sogar verteidigt. Die jungen, finanziell unabhängigen Frauen von heute ließen sich ja beim ersten kleinen Zerwürfnis gleich scheiden. So etwas habe es zu ihrer Zeit nicht gegeben! Da habe man sich eben zusammengerauft! Nach dem Krieg ganz besonders! Schließlich habe sie ja bei den vielen Gefallenen und dem dadurch bedingten Frauenüberschuss gottfroh sein müssen, überhaupt einen Mann zu haben. Und auf besagte Nacht angesprochen, in der sie entschlossen war, meinen Vater zu verlassen, winkt sie heute ab: Es sei gut, dass es so gekommen sei. Sonst hätte sie sich alleine durchschlagen müssen und wahrscheinlich auch noch uns Kinder am Hals gehabt! Nein, nein, da sei es schon besser gewesen, ins gemeinsame Bett zurückzukehren. Und dass damals der Mann in der Familie das Sagen gehabt hätte, sei auch völlig in Ordnung gewesen.

Wäre es nach ihr gegangen, hätte es kein Gleichberechtigungsgesetz geben müssen. Schließlich sei die Regelung, wonach der Mann das Geld verdiente und die Frau sich um den Haushalt kümmerte, weiß Gott nicht schlecht gewesen. Und auch nicht, dass der Vater in Fragen der Kindererziehung kraft Gesetzes das letzte Wort gehabt habe. Wenn sie heute erlebe, wie sich Mann und Frau vor ihren Kindern über grundsätzliche Erziehungsfragen stritten, bekomme sie zu viel! Die Kleinen wären ja schön blöd, wenn sie die elterliche Uneinigkeit nicht zu ihrem Vorteil ausnützten! Wo doch jeder weiß, dass Kinder nur darauf warten, dass Vater und Mutter nicht an einem Strang ziehen! Früher habe der Mann den »Stichentscheid« gehabt, jawohl, so habe man das damals genannt. Und das habe bestimmt niemandem geschadet!

Tatsache ist, dass eine Frau bis zur Verabschiedung des Gleichberechtigungsgesetzes 1957 in allen Angelegenheiten vollständig von ihrem Ehemann abhängig war. Ohne seine Zustimmung konnte sie weder eine Arbeitsstelle annehmen noch eine Wohnung mieten oder ein Konto eröffnen. Und es waren natürlich die Männer, die sich mit dem neuen Gesetz schwer taten und zu einem großen Teil dagegen waren. Sie waren es aber auch, die über die Neuerungen zu entscheiden hatten, denn Frauen kamen in der Politik praktisch nicht vor.

Bezeichnend für das Verhältnis vieler Männer zu ihren Ehefrauen und deren Selbstverständnis ist der Dialog zwischen den Fernseheltern Vater (Babba) Hesselbach und seiner Frau, nachdem eine der wenigen weiblichen Bundestagsabgeordneten in der Debatte um die Gleichberechtigung behauptet hatte, eine Hausfrau und Mutter müsse mehr als ein Dutzend Berufe beherrschen, um ihren vielfältigen Aufgaben gerecht zu werden.

Babba Hesselbach (in hessischem Dialekt): »Ja, ja, ja, zwölf Berufe! Achtzig Stunden Arbeit, nicht wahr. So eine Hausfrau ist ja ein wahres Wundertier! Nicht mit Gold aufzuwiegen! Und ihre Arbeit, nicht wahr: so ungeheuerlich schwer! Eine Geheimwissenschaft! Dass wir Männer erst einmal das Geld verdienen müssen, um den ganzen Kram überhaupt zu finanzieren, das ist nichts, ha, das kann jeder. Das täte die Hausfrau, die täte das mit einem Finger, nicht wahr.«

Mama Hesselbach: »Ach komm, Karl. Schwätz doch keinen Unsinn! Aber es ist doch eine bekannte Tatsache, dass die Arbeit der Hausfrau und Mutter niemals anerkannt wird. Aber das stille Heldentum einer Frau und Mutter – ich will nicht von mir sprechen, ich spreche ganz allgemein –, was gerade die schlichte Hausfrau an stillem Heldentum …«

B. H.: »Ach, komm, komm, Mama, still, still, nicht wahr, von still kann schon mal gar keine Rede sein. Hausfrauen sind ja bekanntlich wortkarg, nicht wahr, verschlossen und wortkarg. Man braucht nur mal hinzusehen, wenn drei beieinander stehen, so drei stille Heldinnen, das Geschnatter kriegen dreißig Männer nicht zusammen. Und was sie für eine Zeit zum Schnattern haben! Stilles Heldentum! Wo ist da das Heldentum? Dass du abends um neun noch Strümpfe stopfst, das ist kein Heldentum, sondern schlechte Arbeitseinteilung.«

M. H.: »Also, Karl! Das ist ja unglaublich! Ich, ich …«

B. H.: »Jawohl, schlechte Arbeitseinteilung! Weil du eben nicht disponierst!«

M. H.: »Red doch nicht so ein dummes Zeug! Wenn du schon mit deinem Verstand nicht begreifst, was eine Mutter leistet, dann solltest du wenigstens aus Pietät vor der Mutterschaft …«

B. H.: »Was heißt denn hier Pietät? Ich denke, du willst die Gleichberechtigung. Bei der Gleichberechtigung gibt es keine Pietät!«

Mann und Frau taten sich zusammen, heirateten – nachdem sie vorher eine Weile offiziell verlobt waren – und gründeten ganz selbstverständlich eine Familie, das heißt, in den Jahren nach der Hochzeit bekam die Frau relativ kurz nacheinander mehrere Kinder. Das biologische Ziel der Ehe wurde nicht in Frage gestellt, die freiwillige Entscheidung mancher Paare gegen Nachwuchs stand nicht zur Debatte. Wer in den Fünfzigern als Ehepaar keine Kinder bekam, bei dem »klappte« es eben nicht – ein Manko, für das seinerzeit ganz selbstverständlich der Frau die Schuld zugeschrieben wurde. So wie es in der Altersgruppe unserer Eltern nahezu keine freiwilligen Singles gab, so gab es auch praktisch keine Ehepaare, die aus eigener Entscheidung kinderlos blieben. Fernsehfamilien wie die Schölermanns und die Hesselbachs hatten mindestens zwei Sprösslinge, und eine Serie wie *Sex in the City* hätte bei unseren Müttern und Vätern keine Chance gehabt.

Für viele unserer Mütter muss es deshalb ein regelrechter Schock gewesen sein, als ihre Töchter, die sie ihrem traditionellen Rollenverständnis gemäß erzogen, auf deren Ausbildung sie zum Teil wenig Wert gelegt und denen sie immer und immer wieder Ehe und Kinder als höchstes Lebensglück der Frau dargestellt hatten, sich mit dem Erwachsenwerden zunehmend von diesem Ideal distanzierten. Zwar gibt es unter den Frauen der Generation Käfer nur wenige, die von vornherein kein Interesse daran hatten, eine Ehe einzugehen und Nachwuchs zu bekommen, dennoch standen viele der patriarchalischen Herrschaftsform, die sie in ihrem Elternhaus erlebt hatten, von Jahr zu Jahr ablehnender gegenüber. Sie hatten keine Lust mehr, »nur« Hausfrau und Mutter zu sein und dem Geld verdienenden Vater ihrer Kinder sämtliche Entscheidungen zu überlassen, ihm beim Abendessen Butter auf das Brot zu streichen und ihm Tag für Tag die schmutzigen Schuhe zu putzen, kurz: ihn wie einen Pascha zu behandeln.

Der bis dahin völlig unbekannte Begriff »Emanzipation« setzte sich – nicht zuletzt dank mutiger Frauen wie Alice Schwarzer – in ihren Köpfen fest und begann dort zu wirken. Doch den meisten von ihnen wurde bald schmerzlich bewusst, dass sie selbst wenig Gelegenheit hatten, die Idee, die hinter dieser Bezeichnung steckte, für sich zu verwirklichen. Von ihren Müttern seit früher Kindheit auf das seit Jahrhunderten gültige System von Ehe und Familie geprägt und in ihrem bescheidenen Streben nach Anerkennung von ihren Ehemännern oft herablassend belächelt, wagten sie nur halbherzig aufzumucken. Während einige wenige, der Missbilligung ihrer Eltern zum Trotz, revoltierten und – oft mit schlechtem Gewissen – ihre Ehe aufs Spiel setzten, fügte sich die Mehrheit in ihr Schicksal. Die einzige Chance einer späten – und manchmal fast schizophrenen – Verwirklichung der emanzipatorischen Ideale sahen sie in ihren Töchtern. Ihnen lebten sie zwar – nicht selten mit zusammengebissenen Zähnen – die Rolle der Tag und Nacht um das Wohl der Familie besorgten Ehefrau und Mutter vor, schärften ihnen aber gleichzeitig ein, sich selbst eine derartige Rolle niemals gefallen zu lassen. Und was taten die Töchter? Weil ihnen ein anderes, gleichberechtigtes Leben vielfach ohne große Anstrengung in den Schoß fiel, schüttelten sie die Köpfe über den verbissenen Kampfgeist der Feministinnen, die in ihren Augen nur offene Türen einrannten.

Etwas, das in unserer Kindheit und Jugend ganz oben auf der elterlichen Prioritätenliste stand, waren gute Manieren. Benimmregeln – so schärfte man uns seit dem Säuglingsalter ein – waren dazu da, befolgt zu werden, und zwar immer und unter allen Umständen. Wir Jungen machten zur Begrüßung einen tiefen »Diener« und die Mädchen einen nicht minder tiefen »Knicks«, und wenn eine Dame oder in der Schule der Lehrer das Zimmer betrat, schnellten wir wie von einer Sprungfeder getrieben hoch. In der Straßenbahn boten wir allen über Dreißigjährigen ganz selbstverständlich unseren Platz an, und beim Essen näherten wir Gabel oder Löffel dem Mund und nicht umgekehrt, wobei es absolut verpönt war, gleichzeitig mit dem Ellbogen die Tischplatte zu berühren. Die Arme hatten dabei eng am Körper anzuliegen – das Training erfolgte mit zwei Büchern, die fest zwischen Arm und Körper geklemmt wurden –, und beim Essen den linken Arm abgewinkelt vor sich auf den Tisch zu legen, wie man es heute sogar in Nobelrestaurants sieht, war eine absolute Todsünde. Auch wäre es uns nie in den Sinn gekommen, jemanden nur deshalb zu duzen, weil er etwa gleich alt war, und selbstverständlich sprachen wir, als wir zu studieren begannen, auch unsere Kommilitonen anfangs mit Sie an.

Die Methoden, mit denen unsere Eltern für die Einhaltung

all dieser mehr oder minder sinnvollen Regeln sorgten, hatten durchaus etwas mit Drill oder Dressur zu tun. Mein Vater beispielsweise pflegte bei jeder noch so geringfügigen Missachtung korrekter Essmanieren mit dem ausgestreckten Zeigefinger lautstark auf die Tischplatte zu klopfen, worauf mein Bruder und ich zusammenzuckten, als hätten wir einen Stromstoß bekommen, und von einer Sekunde auf die andere still saßen wie Zinnsoldaten. Das Klopfen war eine Art gelbe Karte, der bei nochmaliger Zuwiderhandlung unweigerlich die gelbrote, das heißt der sofortige Ausschluss von der weiteren Mahlzeit folgte. Die Ahndung besonders schwerwiegender Verfehlungen kommentierte mein Vater regelmäßig mit den Worten: »Wir sind doch nicht bei den Botokuden!«, wobei er uns auf spätere Nachfragen allerdings keinerlei Auskunft darüber geben konnte, dass es sich bei den ominösen Botokuden, wie ich inzwischen weiß, um einen offenbar höchst ungesitteten südamerikanischen Indianerstamm handelt.

Tatsache ist, dass sich die Vorschriften aus dem Knigge so tief in mein Gehirn eingegraben haben, dass sich dort – wahrscheinlich neben den für Geruch, Geschmack und Gefühl zuständigen Arealen – ein regelrechtes Benimmzentrum ausgebildet hat. Noch heute zucke ich zusammen, wenn ich jemanden (obwohl mittlerweile offiziell erlaubt) Kartoffeln schneiden oder gar ein Messer abschlecken sehe. Wenn an meinem Tisch ein Gast von einem auf die Gabel gespießten Schnitzel abbeißt, veranlasst mich ein Schutzreflex, mich abzuwenden, um nicht vom aufwallenden Ekel übermannt zu werden. Und gar nicht so selten passiert es, dass ich mich zwanghaft umblicke, wenn ich eine schwere Tür aufgestemmt habe, und einer sich von ferne nähernden Person die Tür derart penetrant aufhalte, dass sie gezwungen ist, in Laufschritt zu verfallen, um mich ihrerseits nicht allzulange warten zu lassen. Auch dass ich mir mit einem Altersgenossen beim Versuch, einen Raum zu betreten, so lange wechselseitig den Vortritt lasse, bis wir just im selben Moment losmarschieren und schmerzhaft zusammenprallen, kommt durchaus vor.

Unsere Bemühungen, die Benimmregeln, die man uns von klein auf eingetrichtert hat, auch unseren Kindern nahe zu bringen, können wir nur bedingt als gelungen bezeichnen. Ein Großteil unserer Söhne und Töchter ignoriert sie unbekümmert, weil ihr Sinn sich ihnen nicht erschließt. Während es für uns Männer selbstverständlich ist, aufzustehen, wenn eine Frau den Raum betritt, haben die meisten unserer Söhne nicht die geringsten Hemmungen, bei einer solchen Gelegenheit einfach sitzen zu bleiben. Sie grüßen – bevorzugt mit »Hi« oder »Hallo« –, ohne dabei ihre Baseballkappen abzunehmen, helfen ihren Freundinnen nicht in den Mantel, lassen sie ungerührt schwere Taschen schleppen und schauen seelenruhig zu, wie ein älterer Mensch sich mühsam nach etwas Heruntergefallenem bückt – alles Verhaltensweisen, die für uns undenkbar sind.

Hinter der Einstellung, die diesem (Nicht-)Benehmen zugrunde liegt, verbirgt sich möglicherweise einer der entscheidenden intellektuellen Unterschiede zwischen den Generationen Käfer und Golf. Während wir uns alles, was Eltern und Lehrer uns beizubringen versuchten, klaglos einprägten, auch wenn wir den tieferen Sinn nicht erfassten, löste jedes derartige Ansinnen bei unseren Söhnen und Töchtern langwierige Diskussionen über Zweck und Nutzen aus. Wir lernten widerspruchslos binomische Formeln, physikalische Gesetze und lateinische Vokabeln und staunten, als wir oft erst viel später bemerkten, dass man mit derartigen Kenntnissen tatsächlich etwas anfangen kann. Dagegen sind viele unserer Nachkommen nur bereit, sich intensiver mit einer Sache zu beschäftigen, wenn sie sich davon einen unmittelbaren Vorteil versprechen. Und wenn sie dann eines Tages erkennen, dass das Beherrschen bestimmter Regeln, nicht zuletzt was gutes Benehmen angeht, durchaus vorteilhaft und auch vergnüglich sein kann, ist es oft zu spät. Deshalb dürfen wir es unseren Söhnen und Töchtern und erst recht deren Kindern im Grunde gar nicht übelnehmen, wenn sie sich uns gegenüber manchmal reichlich unhöflich verhalten: Wie sollen sie Benimmregeln beherzigen, die sie schlicht nicht kennen?

Äußerst aufschlussreich ist es im Übrigen, zu beobachten, wenn ein Angehöriger der Generation Käfer einen vollbesetzten Bus oder eine Straßenbahn betritt. Scheinbar unauffällig wird er durch halb geschlossene Wimpern nach einem Kind Ausschau halten, von dem er erwartet, dass es wie elektrisiert hochspritzt und ihm seinen Platz anbietet; für uns wie gesagt früher ein absolutes Muss. Dann wird er – kaum merklich, aber doch sichtlich indigniert – den Kopf schütteln, da natürlich keiner der auf ihren Sitzen herumlümmelnden Jugendlichen auch nur die geringsten Anstalten macht, den Hintern zu heben. Darauf folgt das eigentlich Bemerkenswerte: Über das Gesicht des Neueinsteigers, der nun gezwungen ist, wegen juveniler Unhöflichkeit die Fahrt stehend zu verbringen, wird ein mildes Lächeln der Erleichterung huschen. Denn insgeheim haben wir samt und sonders Angst, in einem öffentlichen Verkehrsmittel vor den Augen aller anderen Fahrgäste als betagt abgestempelt zu werden.

So stehen wir also nur allzu gerne, suchen in jeder Kurve verzweifelt an irgendeiner Stange Halt, verzichten darauf, die Zeitung zu lesen, und bilden uns dabei ein, das Nichtaufstehen eines Kindes sei keinesfalls Folge unzureichender Erziehung, sondern schlicht der Tatsache zuzuschreiben, dass wir noch so jung und dynamisch wirken. Manch einer von uns steigert diese Fehleinschätzung sogar so weit, dass er selbst, wenn er einen Platz ergattert hat, diesen bei erster Gelegenheit mit selbstgefälliger Geste einem anderen, nur wenig Älteren anbietet. Wie pflegte mein Vater immer zu sagen: Man kann alles auch übertreiben!

Ein äußerst angenehmes Erlebnis dieser Art beschert uns ein Greis, der uns an der Supermarktkasse mit den köstlichen Worten »Junger Mann« beziehungsweise »Junge Frau, gehen Sie ruhig vor« Platz macht. In solchen zugegebenermaßen seltenen, aber gerade deshalb so wundervollen Augenblicken verdrängen wir nur zu gerne, dass nicht besonders viel dazugehört, in den Augen eines Fünfundachtzig- oder Neunzigjährigen als vergleichsweise jung zu gelten.

Außerordentlich schlimm ist es dagegen, von einem Jugendlichen mit »Opa« oder »Oma« tituliert zu werden. Das mag allenfalls hingehen, wenn wir – durchaus wissend, dass wir dort nichts verloren haben – unbedingt meinen, in einer Disko auftauchen zu müssen. Dann nehmen wir das Risiko diskriminierender Kommentare in Gottes Namen in Kauf, wobei wir noch froh sind, wenn nicht »Grufti«- oder »Katakombie«-Rufe laut werden oder jemand uns fragt, warum wir zum Sterben unbedingt Technomusik brauchen. Ansonsten reicht ein »Opa« oder »Oma« durchaus, um uns geschockt zusammenzucken zu lassen.

So weit geht inzwischen die Abneigung gegen die beiden althergebrachten Begriffe – selbst wenn unsere geliebten Enkel sie aussprechen –, dass etliche von uns sie im innerfamiliären Sprachgebrauch rigoros abgeschafft haben und stattdessen auf Anreden wie »Großpapi«, »Granny« (die anglophile Fraktion, die statt »Käfer« schon immer lieber »Beetle« sagte) oder »Nonna« (die Toscana-Fraktion, die beim Italiener zu zwei Espressi noch zwei Grappe ordert) bestehen. Zwar kann man auch von diesen Anredeformen nicht behaupten, sie würden eine ausgeprägt juvenile Assoziation hervorrufen, aber immerhin haben sie nicht den in höchstem Maß beleidigenden Beiklang von »Oma« und »Opa«.

Im Grunde hat die Generation Käfer mit dem Älterwerden ein Problem, an dem sie selbst schuld ist. Während unsere

Großeltern und mehrheitlich auch unsere Väter und Mütter das Altern als etwas völlig Selbstverständliches hinnahmen, tun wir zwar alles, um älter zu werden, wollen es aber auf keinen Fall sein. Nicht wenige von uns empfanden es geradezu als empörend, fünfzig zu werden, und den sechzigsten Geburtstag feiern wir am liebsten gar nicht, so, als könnten wir auf diese Weise den Alterungsprozess aufhalten. In einem Lebensabschnitt, in dem unsere Großeltern ganz selbstverständlich und in Würde Kleidung in dunklen Farben trugen, laufen wir in ausgefransten Jeans, schlabberigen Pullis und Turnschuhen herum und bilden uns ernsthaft ein, dadurch blieben unseren Mitmenschen die Falten in unserem Gesicht und die Flecken auf unserer Haut verborgen. So werden wir die ersten Opfer des von uns selbst propagierten Jugendwahns, mit dem wir früher das Älterwerden verächtlich gemacht und die Älteren als hoffnungslos rückständig etikettiert haben. Reumütig erkennen wir jetzt, dass es klüger gewesen wäre, uns Kulturen zum Vorbild zu nehmen, in denen man auf die Betagten nicht geringschätzig herabsieht, sondern sie wegen ihrer Weisheit und Erfahrung geradezu verehrt.

Denn die bedauernswerten Älteren sind mittlerweile wir selbst.

LEHRANSTALTEN
*Von brechenden Griffeln, rigiden Strafen
und Zähnen ohne Spangen*

Mein erstes eigenes Auto war natürlich ebenfalls ein Käfer –
was sonst? Zwar war der Kadett schwer im Kommen, aber mit
den bescheidenen Mitteln, die mir für einen Gebrauchtwagen
zur Verfügung standen, und in Anbetracht der Tatsache, dass
mir ein Goggo- oder Fuldamobil doch ein wenig zu popelig erschienen, kam einzig und allein ein betagter Käfer in Frage.
Der, den ich schließlich erwarb, war schwarz, besaß ein weit
zu öffnendes Stoffschiebedach, die obligatorische längliche,
unten spitz zulaufende Vase am Armaturenbrett und – für einen Käfer eher außergewöhnlich – Weißwandreifen in recht
ordentlichem Zustand.

Nach zähem Feilschen einigte ich mich mit dem Verkäufer auf einen Preis von 1 050,– Mark, wovon ich mangels Liquidität ganze fünf anzahlte, um so die Ernsthaftigkeit meiner
Kaufabsicht zu dokumentieren. Das geschah an einem Samstagnachmittag, und am darauf folgenden Montag erschien ich
dann mit den restlichen 1 045,– Mark – fast meinen ganzen
Ersparnissen – und holte das Fahrzeug ab (obwohl die Rost-
spuren jetzt beim zweiten, weniger durch Besitzgier getrübten
Hinsehen doch wesentlich mehr auffielen.)

Das Geld hatte ich mir durch Nachhilfeunterricht verdient, den ich jüngeren Gymnasiasten in Mathe, Physik und
vor allem Englisch erteilte – anfangs für drei, später für fünf
Mark die Stunde. Zusammen mit meinem Freund Herbert,
der nach dem Tod seines Vaters über den elterlichen Käfer
verfügen durfte, war ich der Einzige in der Klasse, der mit ei-
genem Auto in die Schule kam.

Wenn ich an meinen ersten Käfer denke, dann unweigerlich auch an Herrn Firnbach, meinen ehemaligen Fahrlehrer, der mir ein halbes Jahr zuvor zum Führerschein verholfen hatte und der so ungemein ordinär lachen konnte, ansonsten aber ein feiner Kerl war. »Bist du schon einmal Auto gefahren?«, hatte er mich vor der ersten Fahrstunde gefragt – mitten in der Nürnberger Innenstadt, die damals noch keine Fußgängerzone war. Auf mein Nicken – tatsächlich hatte ich mit meinem Vater schon ein paarmal heimlich auf Feldwegen geübt – lächelte er, das hätte er schon vermutet, dann wüsste ich ja, wie's geht, und dann sprach er den aufmunternden Satz, den ich bis heute nicht vergessen habe: »Also, in der Mitte ist die Hupe (genau genommen sagte er »Hubbn«, denn er war Franke), dann fahr los!«

Ich brauchte damals mit dem dunkelblauen Käfer elf Fahrstunden – jede zu 12,– Mark –, und der Führerschein – Herr Firnbach sprach immer nur vom »Labbn« – kostete mich deshalb mit Prüfungsgebühren und Unterrichtsmaterial nur knapp 150,– Mark. Seinerzeit immer noch eine Menge Geld, aber dennoch nicht mit den astronomischen Summen vergleichbar, die man heutzutage für die Fahrerlaubnis hinblättern muss. In den Sechzigern war es übrigens noch keinesfalls obligatorisch, den Schein schon zum 18. Geburtstag in der Tasche zu haben. Vielmehr ließen sich etliche meiner Altersgenossen mit dem Erwerb erheblich mehr Zeit, und einige hatten überhaupt kein Interesse daran und gingen weiterhin zu Fuß, fuhren mit dem Fahrrad oder benutzten Bus und Straßenbahn.

Zwölf Jahre zuvor waren meine Eltern, mein Bruder und ich, bedingt durch einen beruflichen Wechsel meines Vaters, von Norddeutschland nach Nürnberg umgezogen – was mir das Vergnügen bescherte, zum zweiten Mal eingeschult zu werden. Diese feierliche Zeremonie fand in Süddeutschland nämlich nicht zu Ostern, sondern im Herbst statt und war für mich zwar einerseits mit dem Verlust eines halben Schuljahres, andererseits aber mit einer zweiten Schultüte voller Süßigkeiten verbunden.

So saß ich denn eines grauen Septembertages – übrigens ohne jemals einen Kindergarten besucht zu haben, was für viele meiner Altersgenossen galt – in einem für heutige Begriffe ziemlich altmodischen Klassenzimmer der unserer Wohnung nächstgelegenen Volksschule (die differenzierenden Begriffe »Grund-« und »Hauptschule« existierten noch nicht) und bemühte mich, durch einen möglichst gelangweilten Gesichtsausdruck meine einschlägigen Erfahrungen mit derlei Veranstaltungen kundzutun. Während die anderen Kinder auf den knarzenden, mit Tintenfass und Füllfederhalter-Ablagerinne versehenen Bänken aufgeregt hin und her rutschten und den Worten des Lehrers nur zum Teil und höchst oberflächlich folgten, gab ich – so hat meine Mutter es mir später erzählt – durch wiederholtes wohlwollendes Kopfnicken meine grundsätzliche Zustimmung zu den unterrichtsbezogenen Ausführungen zu erkennen. Immerhin konnte ich mit meinem Griffel schon einfache Wörter auf die Schiefertafel kritzeln und auch schwierigere Texte zwar langsam, aber fast fehlerfrei lesen, und ich war dank der Bemühungen meines Vetters Heiko, der schon in der Vorschulphase eifrig und geduldig mit mir geübt hatte, auch in der Lage, Rechenaufgaben bis zwanzig einigermaßen zügig und vor allem fehlerfrei zu lösen.

Obwohl es ein durchaus frischer Herbstmorgen war, trugen wir Jungen durch die Bank unsere Lederhosen, über die bei etlichen von uns grellbunte und fast nachtgewandlange Oberteile – merkwürdigerweise nannte man sie »Buschhemden« – herabhingen, die jedoch zu kurz waren, um die mit dickem Schorf gepanzerten Knie zu verbergen. Die üppige, dunkelrote Wundbedeckung hatte bei uns Jungen seinerzeit dieselbe Funktion wie bei den heutigen Inline-Skatern die monströsen schwarzen Knieschützer und bewahrte uns bei weiteren unvermeidlichen Stürzen mit unseren Ballon-Tretrollern vor üblen Verletzungen.

Was Mädchen bei der Einschulung trugen, weiß ich nicht, denn außer den anwesenden Müttern, die sich mühsam in die viel zu engen Bänke gequetscht hatten, gab es im Schulzimmer nichts Weibliches. Die Klasse bestand aus fast fünfzig Jungen, und auch der Lehrer war männlichen Geschlechts. Diese Unisex-Ausrichtung, die jeglichem koedukativen Gedanken Hohn sprach, sollte sich später beim Wechsel auf das Gymnasium – in den ersten Jahren meiner Zugehörigkeit hieß es schlicht »Oberrealschule« – noch verstärken, denn dieses war vom Erdgeschoss bis unters Dach eine reine Knabenanstalt. Die wenigen Lehrerinnen, die dort Dienst taten, schien man unter einem einzigen Gesichtspunkt ausgewählt zu haben: Sie mussten in einer Weise unattraktiv sein, dass wir armen Schüler kein Objekt fanden, an dem wir unsere aufkeimenden pubertären Fantasien zumindest theoretisch hätten festmachen können.

Doch über derlei Dinge machte ich mir am Tag meiner zweiten Einschulung verständlicherweise noch keine Gedanken. Der Lehrer – er trug stets einen bodenlangen weißen Kittel, den er nur einmal jährlich zum obligatorischen Klassenfoto ablegte – übte mit uns angehenden ABC-Schützen ein kurzes Liedchen ein, und gleich darauf erklang aus 48 vom Stimmbruch noch unbehelligten Knabenkehlen ein Lobpreis auf frühes Aufstehen und fleißige Arbeit.

Oft denke ich, dass die heutigen Schulkinder gut dran sind. Abgesehen davon, dass sie den Raum allenfalls mit zwanzig bis dreißig Kameraden teilen müssen, sitzen sie auf Einzelstühlen, die sie nach Belieben verschieben können, auf denen es sich herrlich vor- und zurückwippen lässt und die es ihnen erlauben, sich mühelos zur Seite und nach hinten umzudrehen. Wir hatten damals Zweiertische: hölzerne, am Boden befestigte, tief dunkelbraun gestrichene Ungetüme, bei denen jeweils eine Bank – nicht etwa zwei Stühle – mit einer geneigten Tischfläche verbunden war, sodass man sich, wenn man sich setzen oder aufstehen wollte, mühsam hinein- oder herauszwängen musste. Parallel zur oberen Kante waren zwei rillenförmige Vertiefungen für die Schreibutensilien und ein kleines Tintenfass mit klappbarem Metalldeckel eingelassen.

Verglichen mit uns sind die heutigen Kinder vor allem ganz zu Beginn ihrer Schullaufbahn im Vorteil, weil es für sie keine Griffel-und-Schiefertafel-Phase gibt. Sie schreiben von Anfang an in Schulhefte und können dank der Erfindung des Tintenkillers sogar kleinere Fehler und Kleckse ausbessern, sodass es ihnen erspart bleibt, wegen einer Unachtsamkeit am Fuß der Seite noch einmal ganz von vorne beginnen zu müssen. Diese frustrierende Erfahrung war für uns an der Tagesordnung. Kaum hatten wir unsere Schiefertafel zwecks Erledigung der Hausaufgaben mithilfe eines zur Hälfte mit buntem Papier umwickelten Griffels, den wir einer eigens dafür konstruierten Griffelschachtel entnommen hatten, vollgeschrieben, da erschien unweigerlich unsere Mutter, fällte über das Ergebnis unserer stundenlangen Bemühungen ein vernichtendes Urteil und löschte das Geschriebene mit dem am Tafelrahmen befestigten Läppchen oder mit einem nassen Schwamm, der außen am Schulranzen baumelte, kurzerhand wieder aus. Dann hieß es, die aufsteigenden Tränen mannhaft zu unterdrücken und zähneknirschend von neuem zu beginnen. Da Mütter aber bekanntlich davor zurückschrecken, Seiten aus Schulheften herauszureißen, sind derartige Tränen ohnmächtiger Wut den heutigen Schulanfängern gänzlich fremd.

Es mag Mütter geben, die zur Strafe für schlampig ausgeführtes Schönschreiben Zusatzarbeiten in Form von Extrazeilen verhängen, aber was ist das schon gegen eine komplett neue Tafelseite? Zumal das Schreiben mit dem angespitzten Griffel alles andere als einfach war: Entweder man drückte zu wenig auf und konnte dann nichts erkennen, oder man erhöhte den Druck, und der Griffel brach ab. Außerdem bekam die Tafel dadurch tiefe Rillen, was nachfolgendes Schönschreiben von vornherein vereitelte.

Besonders übel dran waren die Linkshänder. Diesen gewöhnte man ihren »Fehler« nämlich zügig und konsequent ab – notfalls mit Stockschlägen auf die »böse« Hand. Dass derart rigide Methoden ihrer Schreibkunst alles andere als zuträglich waren, kann man sich denken.

Später wurden die Griffel dann durch Füllfederhalter ersetzt: längliche, nach unten spitz zulaufende Holzgeräte, in deren oberes Ende man eine metallene Feder steckte. Von denen gab es eine ganze Reihe unterschiedlicher Formen, mit denen ich jedoch ausnahmslos größte Mühe hatte. War es schon ein in höchstem Maße diffiziles Unterfangen, einen solchen Federhalter nach dem Herausziehen aus dem Tintenfass und dem Abstreifen am Rand über das Papier zu bugsieren, ohne zu tropfen – wobei er, wenn er kleckste, dies perfiderweise immer erst ganz zum Schluss tat –, so versiegte der Tintenstrom noch dazu unweigerlich mitten in einem schwungvoll angefangenen Buchstaben, einem O etwa oder einem B, sodass man ausgerechnet dort neu ansetzen musste, wo der Alt-Neu-Übergang selbst bei ausgesprochenen Schönschreibern ein alles andere als harmonisches Schriftbild zur Folge hatte. Darüber hinaus war die Schultinte von minderer Qualität, und außerdem fand man darin regelmäßig Späne vor, die Mitschüler beim Bleistiftspitzen produziert hatten.

Hefte und Schulbücher wickelten wir seinerzeit noch nicht in durchsichtige, für romantische Naturen mit bunten Blumen oder Herzchen bedruckte Plastikfolien ein, sondern in stabiles, eigens dafür auf dicken Rollen angeschafftes Packpapier, das merkwürdigerweise in den unteren Klassen blau und später schwarz zu sein hatte. Dadurch war zwar der Einbanddeckel einigermaßen vor Beschädigungen geschützt, dafür konnte man ihn aber auch nicht mehr sehen und vor allem nicht mehr seine Beschriftung lesen, was bei eiligst in letzter Sekunde gepacktem Schulranzen den Nachteil hatte, dass man regelmäßig statt des Lese- das Rechen- und statt des Heimatkunde- das Religionsbuch dabeihatte. Umgekehrt bot das blickdichte Verpacken einen nicht zu unterschätzenden Vorteil: Man blieb dadurch beim Lesen schulfremder Lektüre, etwa eines in schwarzes Papier gehüllten *Fix-und-Foxi*-Sammelbandes, mit hoher Wahrscheinlichkeit unentdeckt.

Einen besonders tiefen Eindruck haben bei mir die damaligen Lesebücher mit ihren so ungemein aktuellen Beiträgen hinterlassen: Da war vom alten Töpfer die Rede, von der treuen Magd (»Du klagtest kaum, du murrtest nie«), der fleißigen Waschfrau und Johann, dem munteren Seifensieder. Eine Untersuchung brachte schon damals zutage, dass in mehr als 95 Prozent der verstaubten und wirklichkeitsfernen Schul-Lesestücke die Arbeit immer hart, dramatisch, ja, oft sogar tödlich war – und dass dennoch überall sozialer Friede herrschte. Aus unseren Schulbüchern atmete der Geist Otto von Bismarcks und August Bebels. Als es darum gegangen war, nach der – aus manchen Lehrerköpfen nur sehr schwer zu tilgenden – Nazizeit das Schulwesen wieder aufzubauen, hatte ganz Deutschland sich offenbar auf den wilhelminischen Geist besonnen. Aber anders als in der DDR, wo Margot Honecker den Lehranstalten bis 1989 den militaristischen Charakter des 19. Jahrhunderts verordnete, änderten sich die westdeutschen Schulen im Zuge der 1968er-Reformen radikal. Dabei schlug das Pendel allerdings derart heftig in die Gegenrichtung aus, dass wir nun vor dem PISA-Debakel stehen.

Das Fach Sport hieß in jenen Tagen Turnen und hatte selbst damit nicht allzu viel zu tun, weil für die Hälfte der Klasse schlicht die zum Turnen nötigen Geräte fehlten. Deshalb bestand der Unterricht – eine Stunde pro Woche – daraus, dass wir eine Viertelstunde stumpfsinnig an der Wand entlang durch die Halle trabten, was mir zutiefst zuwider war und mir auch in der Erinnerung noch eine Gänsehaut verursacht. Den Rest der Stunde verbrachten wir mit Gymnastik, mit Rumpf- und Kniebeugen und allen möglichen Übungen, nach denen uns regelmäßig drei Tage lang der ganze Körper wehtat. So etwas wie Vergnügen empfand ich dabei jedenfalls nie.

Spaß kam erst später am Gymnasium auf, als das, was wir zum Zweck der körperlichen Ertüchtigung betrieben, tatsächlich ein bisschen mit Sport zu tun hatte und auch Ballspiele – besonders beliebt waren Völker- und Prellball – sowie Leichtathletik einschloss. In der Volksschule dagegen war das Turnen nichts weiter als stumpfsinniger Drill, der mir aus heutiger Sicht große Ähnlichkeit mit der vormilitärischen Ausbildung der ehemaligen Hitlerjugend hatte.

In der großen Pause gab es – gegen einen geringen Geldbetrag – wahlweise Milch oder Kakao, die wir jeweils für die gesamte nächste Woche – also für Montag bis Samstag, denn nur sonntags war schulfrei – vorbestellen mussten. Kurz vor der großen Pause konnte man den Gehilfen des Hausmeisters hören, wie er mit klappernden Kästen durch die Gänge schlurfte und in jedes Klassenzimmer einen Behälter mit kleinen, bauchigen, je nach Inhalt weißen oder braunen Flaschen schob. Ich entschied mich grundsätzlich für Kakao, da ich die Schulmilch in ihrem warmen Zustand und mit ihrem merkwürdigen Beigeschmack – einer Mischung aus Kreide und abgestandenem Marzipan – verabscheute.

Wer es noch billiger wollte, konnte sich in der großen Eingangshalle der Schule an einem Trinkbrunnen bedienen, an dem aus zahlreichen kleinen Öffnungen etwa dreißig Zentimeter hohe, anmutige Wasserfontänen spritzten. Das hatte objektiv den Vorteil, dass wir, um zu trinken, nur unsere geöffneten Münder über den Strahl halten mussten und so jeglichen Kontakt des Getränks mit unseren oft alles andere als sauberen Händen vermieden. Ausgemacht hätte uns das allerdings nicht das Geringste.

Unsere Lehrer begrüßten wir stehend im Chor und redeten sie nicht etwa mit ihrem Namen, sondern ausschließlich mit »Herr Lehrer« an. Noch leichter hatten es die Kameraden, die eine Lehrerin hatten, da weibliche Pädagogen ungeachtet ihres Alters und Familienstandes grundsätzlich mit »Fräulein« tituliert wurden. Wir lernten seitenlange Balladen auswendig, deren Texte ich zum Großteil bis heute behalten habe, bei denen es mir allerdings schwerfällt, sie Goethe oder Schiller zuzuordnen; wir strengten uns an, um nicht nur das kleine, sondern auch das große Einmaleins in unsere Köpfe zu hämmern, und prägten uns im Erdkundeunterricht, was heute verpönt zu sein scheint, sogar noch Namen und Lage deutscher Städte, Flüsse und Mittelgebirge ein; ja, wir lernten sogar, unsere Nachbarstaaten – im Uhrzeigersinn und anders herum – aufzuzählen. Dass man so etwas heute nicht einmal von einem Abiturienten verlangen darf, belegen die oft mehr als blamablen Antworten in Quizsendungen à la »Wer wird Millionär?« auf erschütternde Weise.

Das alles funktionierte jedoch nicht ohne massiven Druck, und schon für geringere Vergehen gab es gesalzene Strafarbeiten. So erinnere ich mich noch mit Unbehagen daran, dass ich einmal mein Rechenheft erst nach langem Suchen fand – etwa eine halbe Minute, nachdem der Lehrer mit seinem »Ich zähle eins – zwei – drei …« fertig war. Zur Strafe musste ich hundertmal schreiben: »Halte Ordnung, liebe sie, sie erspart dir Zeit und Müh!« Noch heute balle ich innerlich die Fäuste, wenn jemand dieses Sprichwort zitiert.

Viele Pädagogen beließen es jedoch nicht bei Strafarbeiten, sondern wandten drastischere Methoden an. Herr Voith etwa, mein Grundschullehrer in den Klassenstufen drei und vier, nannte die vorderste Bank schlicht das »Schafott«, und ich bin sicher, dass er beim mehrfach wöchentlich mit einem pfeifenden Bambusrohr zelebrierten Durchprügeln der Missetäter vor versammelter Klasse ein sadistisches Vergnügen empfand. Aber vielleicht hatte er auch nur in der 36. Auflage des *Knigge* von 1955 gelesen, in dem es hieß: »Jeder ist nur das wert, was er im Interesse seiner Gemeinschaft leistet. Der Junge auf der Schwelle zum Mannestum und das Mädchen auf der Entwicklungsstufe zur Jungfrau haben sich zu läutern, um ein wertvolles Glied in der großen Kette zu werden, die aus grauer Vergangenheit in die fernste Zukunft reicht.« Zu dieser Läuterung hat Herr Voith jedenfalls nach Kräften beigetragen.

Einige unserer Lehrer waren – darüber bin ich mir mittlerweile im Klaren – mit Sicherheit bekennende Nazis gewesen. So zum Beispiel unser Turnlehrer, ein ansonsten durchaus freundlicher Mann, der jedoch einen verdächtigen Spaß an militärischem Drill, an Antreten, Strammstehen, Abzählen und subtilen Strafmaßnahmen wie Rundenlaufen mit Händen »in der Vorhalte« hatte, den wir mit einem gemeinsam gebrüllten »Guten Morgen, Herr Haas!« zu begrüßen hatten, wobei wir uns schon seinerzeit fragten, ob er nicht lieber mit »Herr Obersturmbannführer« tituliert worden wäre. Von ihm ist mir ein Satz nachhaltig in Erinnerung geblieben, den er bei jeder passenden Gelegenheit gern von sich gab: »He, mach den Mund zu, sonst wird die Scheiße kalt!«, wobei er in der Regel nach einer gewissen Pause süffisant grinsend hinzufügte: »Wie man so schön sagt.«

Betrachte ich heute ein Klassenbild von damals, auf dem wir Jungen alle vorschriftsmäßig in die Kamera grinsten (»Cheeeeese«), so bin ich nicht nur jedes Mal wieder über die gewaltige Klassenstärke erstaunt, sondern vor allem darüber, dass niemand von uns eine fest sitzende Zahnspange trug – ohne dass deshalb irgendwer einen bleibenden psychischen Schaden erlitten hätte. Heutzutage kommt sich ja jedes Kind minderwertig und vom Schicksal vernachlässigt vor, wenn es nicht während einiger Jahre seiner Entwicklung ein derartiges Gerät auf den Zähnen kleben hat; und wenn ihm das tatsächlich verwehrt bleibt, so holt es das Erlebnis eben im Erwachsenenalter nach und demonstriert damit trotzig sein ungebrochenes oral-ästhetisches Bewusstsein.

SCHAM
Von deutscher Schuld, unwilligen Soldaten
und Eigelb, das aus Ohren spritzt

Frühere Nazis waren seinerzeit trotz aller Entnazifizierungs-
bemühungen noch allgegenwärtig. So berichtete der Bayeri-
sche Rundfunk im März 1952, rund 90 Prozent der Referats-
und Abteilungsleiter im Auswärtigen Amt seien ehemalige
Parteigenossen, womit der Anteil sogar noch höher sei als
unter Hitler. Als einen besonders üblen Vertreter dieser Gat-
tung bezeichnete unser Geschichtslehrer den während des
Nationalsozialismus groß herausgekommenen Regisseur Veit
Harlan, der vor allem für seinen antisemitischen Hetzfilm *Jud
Süß* – mit seiner eigenen Frau und Heinrich George in den
Hauptrollen – berühmt geworden war. Zweimal wurde er nach
dem Krieg wegen des Vorwurfs der Verbrechen gegen die
Menschlichkeit angeklagt, doch sowohl 1949 als auch ein Jahr
später, im April 1950, endete die Verhandlung mit einem Frei-
spruch. Und weitere zwei Jahre später, im Dezember 1952, wa-
ren laut einer amerikanischen Umfrage noch immer 44 Prozent der Deutschen davon überzeugt, dass die NS-Zeit mehr
Gutes als Schlechtes gebracht habe. Das sagt eigentlich alles!

Als wir älter wurden und mehr über die unselige jüngere
Geschichte – und damit über die Generation unserer Eltern –
erfuhren, veränderte sich unser bis dahin eher blauäugiges
Bild von Politikern und dem, was sie anrichten können, ganz
erheblich. So wie uns war wohl noch nie einer Generation
vor Augen geführt worden, was passieren kann, wenn die falschen Leute mit unbegrenzter Macht ausgestattet werden,
und welche Katastrophen durch die wahnsinnigen Entscheidungen von Despoten heraufbeschworen werden können.

Noch niemals, seit diese Welt existiert, wurde eine Generation derart drastisch damit konfrontiert, wie wichtig es ist, kritisch zu beobachten, was die Obrigkeit plant und tut, und ihr gegebenenfalls rechtzeitig Einhalt zu gebieten.

Und noch nie haben sich junge Menschen für das, was ihre Eltern stillschweigend geduldet und möglicherweise sogar selbst getan haben, dermaßen geschämt. Für das in der deutschen Geschichte einmalige Privileg, eine derart lang währende Periode des Friedens zu erleben, bezahlten wir durchaus einen Preis. Als wir heranwuchsen und mit unseren Eltern die ersten Reisen ins benachbarte Ausland unternahmen, mussten wir erleben, was es bedeutet, verachtet und beschimpft zu werden, nur weil wir Deutsche waren, und lernten zwangsläufig, etwas als unsere Schuld zu empfinden, für das wir persönlich nicht verantwortlich waren.

»Nie wieder soll von deutschem Boden ein Krieg ausgehen« ist die Botschaft, die wie keine andere unser Leben geprägt hat und noch immer prägt. Doch weit mehr noch als der Zweite Weltkrieg, in dem Millionen unschuldiger Menschen ihr Leben verloren haben, war es der auf einem aberwitzigen Rassedenken beruhende Völkermord, der unser Dasein derart überschattete, wie dies noch bei keiner Generation vor uns der Fall gewesen war und hoffentlich auch bei keiner nach uns je wieder der Fall sein wird. Ein Problem war für viele von uns die Rolle unserer Eltern – die schwer erträgliche Ungewissheit darüber, wie weit wir ihrer jämmerlichen Beteuerung trauen konnten, sie hätten von alldem nichts gewusst. Das Entsetzen, das mich und meine Klassenkameraden erfasste, als man uns durch das Konzentrationslager Dachau führte, wird mich und die ganze Generation Käfer wohl zeitlebens nicht loslassen. Wir alle leben in der Überzeugung, dass nichts die Schuld, die unsere Eltern beziehungsweise ihre Altersgenossen auf sich geladen haben, jemals wieder wird tilgen können. Je älter ich wurde, desto öfter ertappte ich mich bei der Frage, wie mein Vater, der mir ansonsten in vielerlei Hinsicht ein Vorbild war, wohl gehandelt hätte, wenn er zum Kommandanten eines KZs befördert worden wäre. Dann machte sich regelmäßig eine zweite Stimme in mir breit, die mir sagte, dass er, der ja kein SS-Angehöriger war, nie eine solche Position hätte innehaben können. Doch die quälende Ungewissheit, ob das nicht vielleicht alles nur ein glücklicher Zufall war, wollte und will nicht verstummen. Und immer wird die Frage unser Denken beherrschen, ob so etwas auch in unserer Generation möglich gewesen wäre.

Wie anders geht es da unseren Kindern! Sie sind überrascht und vor allem genervt, wenn sie im Urlaub hier und da noch antideutsche Ressentiments zu spüren bekommen, denken ansonsten aber kaum über die deutsche Vergangenheit nach. Sie führen uns erschreckend deutlich vor Augen, wie leicht es ist, etwas zu verdrängen, zu ignorieren, ja vielleicht sogar zu vergessen, das nach unserer Überzeugung niemals vergessen werden darf und das uns bis heute beschäftigt, prägt und hemmt.

Ich selbst habe es jedenfalls nie geschafft, mir die Fernsehserie »Holocaust« oder den Film »Schindlers Liste« anzusehen, und werde es auch in Zukunft nicht können. Und damit stehe ich keinesfalls allein. Und wenn Gerhard Schröder 2002 mit dem offenkundigen Wahlkampftrick »Unter mir keine Soldaten im Irak« erfolgreich war, dann hat das für mich und meine Altersgenossen der Generation Käfer zumindest einen positiven Aspekt: Es ist ein hochwillkommenes Signal an die Welt, dass die Deutschen ihre Lektion aus der Geschichte gelernt haben.

Apropos Soldaten: Mit jedem Jahr, das wir älter wurden, mit jeder Schulklasse, die wir mehr oder minder erfolgreich abschlossen, mussten wir uns intensiver mit dem auseinandersetzen, was nach dem Abitur auf uns zukommen würde: die

Bundeswehr oder der »Barras«, wie man umgangssprachlich sagte. Spätestens bei der Musterung wurde so manchem von uns klar, dass die sorgsam gehätschelten körperlichen Mängel nicht ausreichten, um vom Wehrdienst freigestellt zu werden. Natürlich hätten wir verweigern können – dass wir damit ein Grundrecht ausgeübt hätten, hatte man uns in der Schule beigebracht –, aber das kam für kaum einen von uns in Frage, denn niemand hatte Lust, als Feigling oder Drückeberger beschimpft zu werden. (Ich selbst musste mir deswegen zum Glück keine Gedanken machen, denn das Kreiswehrersatzamt hatte frühzeitig meinem Antrag stattgegeben, meine Einberufung bis nach dem Medizinstudium zu verschieben. Danach tat ich als Stabsarzt – im Hauptmannsrang – Dienst und konnte mich in dieser Position jeglichem militaristischen Gehabe recht gut entziehen.)

Zu verdanken hatten wir das alles Konrad Adenauer, der mit seiner bedingungslosen Anlehnung an den Westen 1955 den NATO-Beitritt herbeigeführt hatte, dem zwangsläufig die Aufstellung der Bundeswehr folgte – die »Wiederbewaffnung«, wie man das seinerzeit reichlich pathetisch nannte. Schon seit 1950 – das erfuhren wir allerdings erst später – existierte das »Amt Blank«, das trotz verlorenem Ersten und Zweiten Weltkrieg und der Parole vom deutschem Boden, von dem nie wieder ein Krieg ausgehen sollte, die erneute Aufstellung von Heer, Marine und Luftwaffe intensiv vorantrieb.

Der erste Schritt in diese Richtung war bereits 1951 mit der Aufstellung des Bundesgrenzschutzes erfolgt, der letztlich nichts anderes war als eine militärisch strukturierte Sonderpolizei und dessen Mitglieder später zum Großteil in die Bundeswehr überwechselten. Erheblichen Anteil an dessen Entstehung hatte mit Sicherheit der Koreakrieg, der in der Bundesrepublik die Angst schürte, von der bereits weit aufge-

rüsteten Nationalen Volksarmee der DDR und damit letztendlich von der Sowjetunion genauso überfallen und womög-
lich unterworfen zu werden wie die Südkoreaner von ihren
nördlichen Brüdern.

Nachdem im Januar '56 die ersten Soldaten in Ander-
nach, Nörvenich und Wilhelmshaven in die Kasernen einge-
rückt waren, beschloss der Bundestag die zwei Jahre zuvor
durch eine Grundgesetzänderung möglich gewordene allgemeine Wehrpflicht. Das Ganze ging nicht ohne erbitterten
Widerstand der Bevölkerung vonstatten. Bundesweit gab es
gewaltige Protestveranstaltungen, die jedoch letztendlich
keinen messbaren Erfolg hatten. Ich weiß noch genau, wie ich
mit meinen Eltern in der Nürnberger Innenstadt am Rand der
Königstraße stand, durch die sich ein schier endloser Protest-
marsch schob. »Nie wieder Krieg!«, riefen die Leute, und von
ihren Transparenten leuchtete in grellen Buchstaben »Ohne
mich!«, und bei denen, die schon etwas weiter dachten, auch
»Kampf dem Atomtod!« In einer der vorderen Reihen entdeckte ich Herrn Hörster, einen Lehrer unserer Schule, der,
seinen kleinen Sohn an der Hand, die Parolen lautstark mit-
skandierte. Als er mich sah, forderte er mich mit einem Hand-
zeichen auf, mich ihm anzuschließen, doch ich machte keinerlei Anstalten, denn ich wusste genau, dass mein Vater mir
eine aktive Beteiligung niemals erlaubt hätte.

Dabei war auch er – so viel hatte ich mitbekommen – ein
strikter Gegner der erneuten Aufrüstung. Einerseits befürchtete er, dass damit die Wiedervereinigung erschwert würde,
andererseits war er der Überzeugung, das im Ausland allmählich wieder entstehende Vertrauen zu Deutschland bekäme
einen Dämpfer. Dennoch wäre er nie auf die Idee gekommen,
seinen Unmut lautstark zu artikulieren oder sich gar einer Demonstration anzuschließen. Dazu war er viel zu sehr von der
Überzeugung durchdrungen, »die da oben« – er meinte vor allem Adenauer – wüssten schon, was sie täten. Und selbst,

wenn man damit nicht einverstanden war, gehörte es sich in seinen Augen nicht, offen dagegen aufzumucken.

Gern verglich er den Staat mit einer Familie, in der der Vater »nach bestem Wissen und Gewissen« die Entscheidungen traf und von Frau und Kindern (sprich: Bürgern) ganz selbstverständlich erwartete, dass sie sich diesen vertrauensvoll unterwarfen. Selbst als ich schon kurz vor dem Abitur und vom Alter her politisch mündig war, erlaubte mein Vater mir nicht, an einer Kundgebung gegen den Vietnam-Krieg teilzunehmen – was bemerkenswerterweise nicht zu einem leidenschaftlich ausgetragenen Generationenkonflikt im 68er-Stil führte, sondern lediglich dazu, dass ich ihn bei der nächsten Demonstration anlog und behauptete, ich müsse unbedingt eine wichtige schulische Veranstaltung besuchen.

Rückblickend haben viele von uns nicht nur großes Verständnis für die Menschen, die lautstark gegen die Aufstellung der Bundeswehr demonstrierten, sondern bewundern sie sogar. Wir sind überzeugt, dass sie weit mehr als die – oder sollte man vielleicht ehrlicherweise sagen: wir? – angepassten Raushalter und Duckmäuser dazu beigetragen haben, Deutschlands Ruf bei unseren europäischen Nachbarn zu verbessern. Aber wir selbst trauten uns erst viel später, aufzubegehren. Für etliche Angehörige unserer Generation war es erst Willy Brandt, der uns Anfang der Siebzigerjahre mit seinem Slogan »Mehr Demokratie wagen!« die Augen öffnete und uns ermutigte, das, was uns missfiel, nicht einfach hinzunehmen, sondern uns dagegen aufzulehnen.

Tatsache war, dass die Bundeswehr – Proteste hin, Proteste her – kam und dass wir Jungen uns damit abzufinden hatten, ihr einen Teil unseres Lebens zu opfern – ob uns das nun passte oder nicht. Aus den Medien erfuhren wir von der »Inneren Führung«, einer Art Zauberformel, mit der man versuchte, uns zu besänftigen, uns die Furcht vor dem militärischen Drill, vor dem Angebrülltwerden und all dem zu nehmen, was wir mit dem Soldatsein verbanden.

Wie weit es aber mit der Inneren Führung tatsächlich her war, mussten wir Anfang der Sechzigerjahre erleben, als Zeitung, Rundfunk und Fernsehen Tag für Tag neue, schreckliche Details über die »Schleifer von Nagold« berichteten, die durchaus vergleichbar waren mit aktuellen Enthüllungen über Folterungen durch US-Truppen im Irak. (Und das Thema »misshandelte Bundeswehrrekruten« tauchte ja auch im Winter 2004 wieder in den Medien auf.) Ein Satz ist mir bis heute in Erinnerung geblieben: der zynische Ausspruch eines Nagolder Unteroffiziers zu einem Fallschirmspringer-Rekruten, der sich bei den harten Sprungübungen über heftige Hodenschmerzen beklagte: »Halten Sie die Klappe, Mann! Von Schmerzen können Sie erst reden, wenn Ihnen das Eigelb aus den Ohren spritzt!«

Als ich das hörte, ärgerte ich mich im Nachhinein, dass ich damals bei der Demonstration in Nürnberg nicht schneller gewesen und mich, bevor mein Vater es hätte verhindern können, Herrn Hörster angeschlossen hatte.

FANTASIE
Von reglosen Käuzen, Wiking-Autos und
wirbelnden Reifen aus den USA

Wir Kinder spielten vorzugsweise mit Wiking-Autos, malten auf riesige Papierbögen – Verpackungsmaterial aus einer nahe gelegenen Glaserei – großzügige Straßenpläne und träumten davon, eines der herrlichen Fahrzeuge, die es später sogar mit durchsichtigen Fenstern gab, irgendwann einmal in Originalgröße chauffieren zu dürfen. Noch schöner als das Spielen war jedoch, sich ein nagelneues Wiking-Exemplar kaufen zu können. Je nach Fahrzeugklasse kosteten sie zwischen 50 Pfennige und 1,50 Mark, und wir mussten schon eine ganze Weile sparen, bevor wir unseren Fuhrpark um ein weiteres Gefährt bereichern konnten. Zumal kaum einer von uns regelmäßig Taschengeld bekam – das gab das Einkommen unserer Väter nicht her. Für meine seltenen Anschaffungen mussten die fünf Mark reichen, die mein Opa mir – wie auch meinem Bruder – jeden Monat zusteckte; hinzu kamen ein paar Pfennige für Besorgungen, die ich von Zeit zu Zeit für eine alte gehbehinderte Nachbarin machte, und der Lohn, den ich erhielt, wenn ich für unseren Kaufmann Schlemmer gelegentlich kleine Auslieferungsaufträge erledigte.

Einem solchen Wiking-Kauf gingen ein tage-, ja, nicht selten wochenlanges Katalogstudium und so manche tiefgründige Diskussion mit fachlich versierten Altersgenossen voraus, denn die Entscheidung für oder gegen ein bestimmtes Modell wollte wohlüberlegt und ein paarmal intensiv überschlafen sein. Wenn wir das neue Spielzeugauto dann nach langem Für und Wider und zigmal über den Haufen geworfener Entscheidung endlich in Händen hielten, war der größte Spaß im Grunde schon vorbei.

Wenn wir uns draußen vergnügten, dann vorzugsweise in Ruinen, also den mehr oder minder zerbombten Häusern, die es seinerzeit noch an jeder Ecke gab und die beim Versteckspielen unzählige raffinierte Möglichkeiten boten. Das machte deshalb besonders viel Spaß, weil es strengstens verboten war. Zwar kann ich mich nicht entsinnen, dass eines von uns Kindern, von ein paar Kratzern oder Schürfwunden abgesehen, jemals eine ernsthafte Verletzung davongetragen hätte, dennoch wurden unsere Eltern nicht müde, uns die akute Einsturzgefahr der Gebäude immer und immer wieder in den schwärzesten, oder besser gesagt: in blutroten Farben zu schildern.

In einer dieser Ruinen saß, bewegungslos in eine Ecke gekauert, eine kleine Eule. Aus heutiger Sicht würde ich sagen: ein Steinkauz, aber das wusste ich damals noch nicht, und es wäre mir auch egal gewesen. Was ich jedoch fatalerweise ebenfalls nicht wusste, war, dass Eulen überwiegend nachtaktiv sind. So stand ich Tag für Tag stundenlang vor dem dösenden Tier und wartete geduldig darauf, dass es sich endlich einmal bewegte. Soweit ich mich erinnern kann, tat es das allerdings nicht oft, oder, um ehrlich zu sein, kein einziges Mal. Und dennoch baute ich mich immer wieder in der festen Überzeugung vor seiner Tagesschlafstelle auf, dass heute die Sensation passieren würde, dass der Kauz ein paar Schritte herumhopsen oder vielleicht sogar in die gegenüberliegende Ecke flattern würde.

Später wurde mir klar, dass gerade die beharrliche Regungslosigkeit des Vogels der eigentliche Glücksumstand war. Wäre die Eule getrippelt, gehüpft oder gar geflogen, so hätte es nichts mehr gegeben, auf das ich voller Aufregung hätte warten können, und das Tier hätte für mich rasch jeglichen Reiz verloren. Das Spannende am Leben ist nun einmal nicht das, was ist, sondern das, was vielleicht sein könnte – nicht das Erreichte, sondern das Erhoffte. Wer nichts mehr zu erwarten hat, für den ist das Dasein reizlos geworden. Diese Lektion haben wir gelernt – und zwar spätestens, als wir an unseren eigenen Wohlstandskindern studieren konnten, welch geringe Herausforderungen ein Leben bietet, in dem alle Wünsche umgehend erfüllt werden.

Im Lauf der Jahre verschwanden die Ruinen, eine nach der anderen, und wir wurden Zeugen eines gewaltigen Baubooms. Immerhin hausten Anfang der Fünfziger noch fast 40 Prozent der Deutschen, unter ihnen knapp zehn Millionen Flüchtlinge und Vertriebene, notgedrungen zur Untermiete oder in primitivsten Behausungen wie Kellern, Baracken und halbrunden »Nissenhütten« aus Wellblech, oft ohne fließendes Wasser und mit einer einzigen Toilette für sämtliche Bewohner. Nur jeder zweite Jugendliche verfügte über ein eigenes Bett, die andere Hälfte musste ihres mit den Geschwistern teilen.

Von den neu errichteten Räumlichkeiten – von 1950 bis 1960 mehr als fünf Millionen (!) – waren über die Hälfte Sozialwohnungen, die, weil staatlich gefördert, Anfang der Fünfzigerjahre auch für eine vierköpfige Familie nicht mehr als 50 und bis 1960 immerhin 68 Quadratmeter Fläche aufwiesen. Obwohl sie, mit heutigen Standards verglichen, nur einen sehr bescheidenen Komfort boten – ein Kinderzimmer war oft nicht größer als zwei mal drei Meter –, bedeuteten sie für die meisten im Vergleich zu den vorherigen, extrem beengten Verhältnissen doch einen gewaltigen Fortschritt.

Aber darüber machte ich mir seinerzeit natürlich noch keine Gedanken. Vollkommen klar war mir hingegen, dass ich beim Schussern härter trainieren musste, um endlich meine Spielstärke zu steigern und nicht immer nur zu verlieren. »Schussern« nannten wir im Fränkischen das ungemein beliebte Spiel mit Murmeln, kleinen, bunt bemalten Tonkugeln, die man mit rechtwinklig abgeknicktem mittlerem Fingerglied in eine zuvor durch drehende Bewegungen mit dem Schuhabsatz erzeugte flache Erdmulde hineinschnipste. Dass man heutzutage keine schussernden Kinder mehr sieht, muss daran liegen, dass seit den Fünfzigerjahren jeder Quadratmeter, der sich für eine derartige Lehmkuhle eignen würde, gnadenlos zubetoniert worden ist. Zehn Schusser waren so viel wert wie eine jener großen, im Inneren mit schillernden bunten Einschlüssen versehenen Glaskugeln, die wir »Beggers« nannten – oder »Baggers« oder »Geggers«, so genau weiß ich das nicht mehr. Zwar waren die Schusser im Grunde durchaus erschwinglich, aber wenn man wie ich Woche für Woche an die hundert nachkaufen musste, weil man die vom letzten Mal schon wieder ebenso leichtsinnig wie glücklos verspielt hatte, ging praktisch das ganze Taschengeld drauf, und an ein neues Wiking-Auto war die nächsten Monate nicht zu denken.

Die Schusser-Spielregeln waren so ähnlich wie die beim Boccia oder Eisstockschießen: Man musste die eigenen Kugeln in eine möglichst günstige und die gegnerischen gleichzeitig in eine möglichst fiese Position schubsen. Dummerweise gelang mir im Allgemeinen weder das eine noch das andere, und wenn es schließlich ums Einlochen ging, lagen meine Tonkugeln überall, nur nicht da, von wo aus ich sie erfolgreich hätte ins Ziel bugsieren können.

Mein Freund Theo – er wohnte mit seinen Eltern und seiner Schwester Brigitte ebenso wie wir in einem fünfgeschossigen Haus mit zehn »Parteien« – war unbestritten der Schusserkönig. Ich habe nie herausgefunden, was er mit den unzähligen Kugeln angefangen hat, die er den Mitspielern dank seiner raffinierten Effet-Kicks abgeknöpft hatte, aber ihn offen danach zu fragen wäre absolut undenkbar gewesen. Das hätte wie ein Ersuchen gewirkt, wie das mehr als unmoralische Begehren, doch bitte einige der ergatterten Murmeln zurückzugeben. Wenn ich sie wiederhaben wollte, musste ich sie zurückgewinnen, und das war mit meiner höchst bescheidenen Spielkunst gegen Theo praktisch nicht zu machen.

Mädchen hatten mit Schussern nur wenig im Sinn. Sie vertrieben sich die Zeit gerne mit einem Ballspiel, das im Fränkischen »Zehnerle« hieß und anderswo meines Wissens als »Ball gegen die Wand« bezeichnet wurde und bei dem die Aufgabe darin bestand, den Ball zehnmal hintereinander an eine Mauer zu schlagen, ohne dass er zwischendurch den Boden berührte. Knifflig war die Sache deshalb, weil die Plastikkugel jedes Mal mit einer anderen Körperstelle getroffen werden musste, mit Handfläche und -rücken, dann baggerartig mit beiden Unterarmen, mit der Stirn und – für uns Jungen besonders interessant – mit der Brust.

Das heißt, interessant war das Ganze eigentlich nur, wenn Brigitte mitspielte. Sie war das, was man »für ihr Alter gut entwickelt« nennt, was so viel bedeutet, dass bei ihr eine auffallende Diskrepanz zwischen den bereits schwellenden weiblichen Rundungen und dem noch eher kindlichen Gemüt bestand. Wenn sie den Ball mit ihrer Brust Richtung Wand schubste, konnte es passieren, dass er, anders als bei den übrigen Mädchen, anatomisch bedingt, in einem geradezu obszön wirkenden Winkel wegsprang, was uns Jungen jedes Mal ein dämliches Lachen entlockte.

Vor der Schusser- beziehungsweise Zehnerle-Phase, aber auch noch während dieser verbrachten wir Jungen ebenso wie die Mädchen viel Zeit damit, einen kleinen kegelförmigen Kreisel mit gekonnten Peitschenschlägen rotieren zu lassen. In dieser Disziplin gab es wahre Könner, die den Kreisel stundenlang in Bewegung hielten, aber auch Stümper wie Holger, dem es trotz verzweifelter Bemühungen immer wieder gelang, das kleine Teufelsding mit dem ersten Hieb zu Boden zu strecken, wo es leblos liegen blieb. Worauf er regelmäßig zu verkünden pflegte:»Ein Spiel für Dumme!«, um sich anschließend maulend zu verziehen.

Ansonsten sah man häufig Mädchen, die auf das Straßenpflaster eine aus Quadraten zusammengesetzte, grob an ein Männchen mit ausgestreckten Armen erinnernde Figur zeichneten und anschließend die einzelnen Kästchen, auf einem Bein hüpfend, in einer bestimmten Reihenfolge und möglichst ohne Unterbrechung durchsprangen. Dieses Spiel – wir nannten es »Hinke-Pinke«, anderswo hieß es wohl »Hopse« – war das weibliche Pendant zum männlichen Straßenfußball. Sehr en vogue war zudem das Spiel, bei dem wir in einer größeren Gruppe abwechselnd Pfennigstücke gegen eine Mauer warfen. Am Ende gewann derjenige das ganze Geld, dessen Münze der Wand am nächsten lag, wobei als Maß eine Fingerbreite diente, was unseren dickfingrigen Spielkameraden einen nicht zu unterschätzenden Vorteil verschaffte.

Auch an das Stockschlagen erinnere ich mich noch mit großem Vergnügen. Dazu schnitten wir – ohne befürchten zu müssen, von irgend jemandem dafür gescholten zu werden – von einem Baum oder Strauch einen möglichst geraden Stock ab, etwa zwei Zentimeter dick und einen knappen Meter lang, und dazu noch einen viel kürzeren, der vielleicht zehn Zentimeter maß. Diesen kleinen spitzten wir an beiden Enden an und unterlegten ihn so mit einem Stein, dass eines der spitzen Enden schräg nach oben stand. Nun galt es, mit dem langen Stock derart auf die Spitze des kurzen zu schlagen, dass dieser mit Wucht nach oben geschleudert wurde. Und jetzt kam das Schwierigste: Der Spieler musste versuchen, das wild durch die Luft kreiselnde Hölzchen mit dem langen Stab mitten im Flug und dazu noch kraftvoll zu treffen und so weit wie möglich wegzuschlagen – so ähnlich wie beim Baseball. Dass wir dabei ein Auto trafen, kam nur sehr vereinzelt vor, da kaum welche unterwegs waren oder parkten. Auf den Straßen gab es ausreichend Platz und Ruhe zum Spielen. Eher waren schon Fußgänger gefährdet, aber da passten wir schon auf, und ich kann mich nur an ein einziges Mal erinnern, dass wir einen älteren Herrn im Rücken trafen, woraufhin er uns laut schimpfend zur überhasteten Flucht zwang und uns sogar seinen Regenschirm nachschleuderte – freilich ohne uns zu treffen.

An Regentagen beschäftigten sich die Mädchen gerne damit, aus Versandhauskatalogen, vorzugsweise von Quelle und Otto, Bilder von Männern, Frauen und Kindern auszuschneiden, diese zur Verstärkung rückwärtig mit dünner Pappe zu bekleben und ihnen dann mit ebenfalls ausgeschnittenen Kleidungsstücken, die sie mithilfe kleiner Papierlaschen befestigten, immer wieder ein neues Outfit zu verpassen. Meine Kusinen Jutta und Margret verfügten über eine komplette Pappfamilie mit gut aussehendem Vater, adretter Mutter, drei lieblichen Kindern und sogar einem zottigen Hund. Für diese Figuren, die selbstverständlich alle Namen hatten, besaßen sie Unmengen von »Anziehsachen« – so nannten wir Jungen das, was wir ebenso regelmäßig wie ungern zu Weihnachten geschenkt bekamen –, angefangen vom Schlafanzug beziehungsweise Nachthemd über Unterwäsche bis hin zum Smoking und langen Abendkleid. Heute gibt es solche An- und Auskleidespiele fertig konfektioniert, mit magnetischen Einzelteilen, damit die armen Kinder bloß nicht selbst basteln, ausschneiden und kleben müssen. Sie könnten sich ja verletzen – oder gar eigene Ideen entwickeln müssen. Gott bewahre!

Während die Mädchen stundenlang die Angehörigen ihrer Fantasiefamilien neu einkleideten, beschäftigten wir Jungen uns mit unseren Briefmarken. Sie zu sammeln war nicht nur sehr verbreitet, sondern geradezu obligatorisch. Fast jeder von uns kannte jemanden, der ihn hin und wieder mit höchst begehrten Postwertzeichen aus dem Ausland versorgte. Die wurden dann von den Briefumschlägen abgelöst, getrocknet und gepresst und schließlich in Alben einsortiert, mit denen wir regelmäßig zu Tausch-Treffs zusammenkamen. Dort wurden die angebotenen Stücke fachmännisch mit der Pinzette gefasst, mit der Lupe auf Unversehrtheit der Zähnung, einen sauberen Stempel sowie mithilfe weiterer Utensilien auf Wasserzeichen und Fluoreszenz untersucht. Wer keine Marken sammelte oder sich auf dem Gebiet der Philatelie nicht auskannte, war ein Außenseiter.

Wenn wir Karten spielten, dann mit solchen, die wir aus den Vorderseiten von Zigarettenpackungen selbst hergestellt hatten. Dazu kontrollierten wir heimlich die Päckchen unserer Väter, Onkel und sonstigen rauchenden Verwandten, seinerzeit fast ausschließlich Männer. War endlich eine leer, schnitten wir die Frontseiten heraus und sammelten sie. Wer genug und vor allem möglichst viele unterschiedliche – HB, Zuban, Roth-Händle, Ernte 23, Overstolz, später auch Camel – beisammen hatte, konnte versuchen, einem Spielpartner noch mehr abzuluchsen, und das ging so: Jeder Mitspieler hatte seinen Stapel vor sich liegen, und dann wurde der Reihe nach die bedeckende Karte auf einen zentralen Haufen geschichtet. Derjenige, dessen Schachtelausschnitt mit dem zuoberst liegenden identisch war, durfte den ganzen Stapel an sich nehmen. Besonders begehrt waren dabei die eher selten gerauchten Sorten wie Mercedes, Peer oder Texas. Besaß man diese, konnte man sich des Neids der anderen erfreuen, verlor man sie, fieberte man dem nächsten Spiel umso mehr entgegen.

All diese Freizeitaktivitäten waren jedoch von einer Woche auf die andere abgemeldet, als neben Rock 'n' Roll, Fast Food und Coca Cola ein ebenso schlichtes wie hübsches, ursprünglich US-amerikanisches Sportgerät bei uns populär wurde. Es war nichts weiter als ein farbiger Plastikring von etwa einem Meter Durchmesser, der trotz oder vielleicht gerade wegen seiner Einfachheit die Herzen und vor allem die Hüften der Menschen im Sturm eroberte. Er nannte sich Hoola-Hoop-Reifen, und schon nach kurzer Zeit gab es keine Familie, die nicht mindestens ein Exemplar dieser simplen und deshalb auch nicht übermäßig kostspieligen Geräte ihr Eigen nannte.

Unter anderem wurden die Reifen von der Firma Geobra aus Zirndorf bei Nürnberg hergestellt, die später auf die Produktion von Playmobil-Figuren umstieg und damit ebenso wie mit dem Hoola-Hoop ein exzellentes Gespür für den Markt bewies. Überall, in Schulhöfen, Stadtparks, Freibädern, ja, sogar auf Plätzen im Zentrum der Städte, sah man Jung und Alt mehr oder minder elegant, aber immer sehr heftig mit dem Unterleib kreisen, in dem verzweifelten Bemühen, den Reifen – so wie früher den gepeitschten Kreisel – möglichst lange am Rotieren zu halten.

Schon bald kristallisierten sich Könner heraus, die den Ring scheinbar mühelos auch um Hals, Oberkörper und Beine wirbeln ließen, es gab regionale und überregionale Meisterschaften im Dauer- und Kunst-Hoola-Hoopen, aus dem Radio erklang Dany Mann's *Hoola-Hoop-Song*, und die Werbung wurde nicht müde, dem schlichten Gerät immer neue wunderbare Wirkungen auf Gesundheit und Fitness anzudichten. Dort, wo die Jungens früher Fußball gespielt hatten, zirkulierten die Reifen ebenso wie vor den Wänden, an denen die Mädchen ihr Ball-gegen-die-Wand-Spiel zelebriert hatten. Es war wie eine gigantische Welle, vergleichbar vielleicht mit dem Zauberwürfel der Achtzigerjahre – nur dass man für den keinen Hüftschwung brauchte.

Wenn es Mai wurde, kamen die Maikäfer; zuverlässig. Mal mehr, mal weniger, aber dass man in einem Jahr einmal gar keinen zu Gesicht bekam, gab es nicht. Und wenn die Maikäfer da waren, mussten wir sie fangen, daran führte kein Weg vorbei. Wenn sie in großen Mengen erschienen, konnte von Fangen indes keine Rede sein. Dann genügte es, wenn man in Max-und-Moritz-Manier einen jungen Baum kräftig schüttelte, und schon kamen die braunen Krabbler in Massen heruntergepurzelt und man musste sie nur noch aufsammeln und einsperren, in Schuhkartons oder Zigarrenkisten mit Löchern im Deckel, damit sie nicht erstickten.

Zu Hause ging es dann ans Sortieren. Die dunklen mit wenig Flaum nannten wir Schornsteinfeger, die weißlich behaarten, die aussahen, als wären sie mit Mehl bestäubt, hießen Müller, und diejenigen mit auffallend rötlichem Kopf- und Brustschild waren die Kaiser. Die waren mit Abstand am seltensten, und man konnte für einen besonders prächtigen Kaiser drei Müller und fünf Schornsteinfeger eintauschen. Einige von uns spannten die Käfer vor kleine Wägelchen, die sie aus Streichholzschachteln mit Rädern aus Knöpfen gebastelt hatten, und veranstalteten mit ihnen Wagenrennen à la Ben Hur, andere bemalten ihre Flügel in den buntesten Farben, und die Hartgesottenen bissen ihnen die Köpfe ab und behaupteten, es schmecke herrlich nach Schokolade.

Hatten wir mit den Krabbeltieren lange genug unseren Spaß gehabt, dann brachten wir sie dem alten Schuster Hausmann, der am Stadtrand einen kleinen Schrebergarten besaß, in dem er auch ein paar Hühner hielt. Für die waren die Käfer eine Delikatesse, und sie pickten sie voller Begierde auf. Mein Vater behauptete zwar, das würde man den Eiern anmerken, die dann tranig – und erstaunlicherweise nicht schokoladig – schmeckten, doch ich kann mich nicht erinnern, jemals ein Ei mit speziellem Käfer-Aroma verzehrt zu haben.

War die Maikäferzeit vorbei, verlegten wir unseren Jagdeifer auf Eidechsen. In größerer Anzahl fand man sie auf einem Trümmergrundstück nicht weit von unserer Wohnung, wo sie sich an warmen Tagen träge auf den Steinen sonnten, sodass es bei einigem Geschick nicht allzu schwierig war, in einer Stunde vier oder fünf zu erwischen. Die nahmen wir dann mit nach Hause, hielten sie in einer Holzkiste, deren Deckel wir abgenommen und durch Fliegengitter ersetzt hatten, und fütterten sie mit Mehlwürmern, die wir eigens zu diesem Zweck in haferflockengefüllten Marmeladegläsern züchteten.

Dummerweise ist mir so ein Terrarium einmal umgestürzt, und ehe ich recht begriff, was passiert war, hatten alle sechs darin lebenden Reptilien das Weite gesucht und waren unter dem Sofa und hinter diversen Schränken verschwunden. Zwei davon, ein braunes Weibchen und ein leuchtend grünes Männchen, konnte ich wieder einfangen, die anderen waren trotz intensivster Suche nicht zu finden. Meine Mutter entdeckte sie dann einige Wochen später beim Großreinemachen unter dem Küchenherd – vertrocknet und alles andere als angenehm riechend. Die Moralpredigt, die sie mir anschließend mit sich überschlagender Stimme hielt und mit der sie mich zu einer Woche Hausarrest verdonnerte, werde ich ebensowenig vergessen wie die klatschende Ohrfeige, mit der sie ihren Worten Nachdruck verlieh. Von diesem Tag an war es mit der Eidechsenhaltung ein- für allemal vorbei!

Dafür beschäftigte ich mich fortan intensiv damit, für alle möglichen Verwandten und Bekannten Geburtstags- und Weihnachtsgeschenke zu basteln, vorzugsweise mit der Laubsäge aus Sperrholz geschnittene und anschließend bunt bemalte Schlüsselbretter oder bastumwickelte Reagenzgläser, die, an die Wand gehängt, dekorative Blumenvasen abgaben. Doch das erschien mir von einem Tag auf den anderen schnöde und einfallslos, als Brigitte mir das überaus originelle Kunstwerk zeigte, das sie eigenhändig für ihren Opa kreiert hatte: eine Art unregelmäßig geformten Teller, den sie kreuz und quer mit farbenfrohen Bauchbinden der unterschied-

lichsten Zigarrenmarken beklebt und dann mit Klarlack über-
pinselt hatte und der dem Beschenkten künftig als Aschenbe-
cher dienen sollte.

Wenn wir zum Spielen weder Wiking-Autos noch Schusser
oder einen Ball hatten, wenn die Maikäferzeit vorbei war und
niemand auf ein Geburtstagsgeschenk von uns wartete, dann
schufen wir uns kurzerhand eine eigene imaginäre Welt, zu
der wir nicht mehr brauchten als Fantasie und Einfallsreich-
tum. Aus festgestampftem Sand bauten wir uns ein Auto-
Cockpit (damals sagte man noch »Fahrerplatz« dazu), benutzten einen in die Erde gerammten Holzknüppel als Ganghebel
und, sofern vorhanden, einen verbeulten Kochtopfdeckel als
Lenkrad. Darin fuhren wir dann so lange Autorennen, bis wir
von der andauernden stimmlichen Imitation des Motorgeräu-
sches heiser geworden waren.

Stunde um Stunde konnten wir uns zudem mit Rollenspie-
len nach dem Motto »Du wärest …, ich täte …« vergnügen,
spielten mit Begeisterung »Vater, Mutter, Kind« sowie »Räuber und Gendarm« oder tobten uns bei »Stehbock, Freibock«
aus, einem Laufspiel, bei dem ein oder zwei Fänger die übrigen
Mitspieler durch Abklatschen an die Stelle bannten, woraufhin ihre noch nicht erhaschten Partner versuchen mussten, sie
auf dieselbe Weise wieder zu befreien.

Wo sieht man heute – außer vielleicht in Waldorf-Kinder-
gärten – noch Jungen und Mädchen, die draußen Fangen oder
Versteck spielen und sich mit einfachsten Mitteln ihre eigene Spielwelt erschaffen? Ihre Freizeit verbringen die Kids heute in ihrem Zimmer vor dem Computerbildschirm, schießen
Aliens ab oder bekriegen sich gegenseitig mit Raketen. Wenn
sie Autorennen fahren, dann nicht im Sandkasten, sondern
an einer Playstation, auf täuschend echt gestalteter Strecke
und mit einem schalter- und hebelübersäten Joystick, der dem
Lenkrad eines Formel-1-Boliden gleicht. So bewegen sie sich

schon beim Spielen in vorgegebenen Bahnen, die keinen Raum lassen für eigene Kreativität und Fantasie.

Ich will gar nicht behaupten, dass diese Art der Beschäftigung vollkommen stumpfsinnig wäre, denke jedoch, dass sie nur bedingt geeignet ist, zu lernen, wie man Probleme unkonventionell und einfallsreich angeht und dabei mit den vorhandenen Gegebenheiten auskommt. Kein Wunder daher, dass die jungen Menschen heute, bevor man sie in ihrem Beruf mit komplexen Aufgaben betraut, zuerst wochenlang Seminare in »kreativer Problemlösung« besuchen müssen, in »Brainstorming«, »Mind-Mapping«, »Survey Feedback« und wie diese neumodischen Methoden alle heißen. Und kein Wunder auch, dass die Generation Käfer, die sich die dort vermittelten Fähigkeiten von Kind auf beim Spielen angeeignet hat, so viele überragende Wissenschaftler, Künstler und Denker hervorgebracht hat – ganz ohne Seminare und Workshops.

LANDSTRASSE
Von falschem Gesang, Käfern auf
dem Kleeblatt und der anrüchigen Zone

Einmal im Jahr unternahmen wir mit unserem Käfer eine Art Weltreise: von Nürnberg nach Nessmersiel in Ostfriesland, zu meiner Tante Lene, bei der ich im Übrigen auch – dann allerdings mit dem Zug anreisend – ausnahmslos alle meine Sommerferien verbrachte. Wir benutzten ganz überwiegend Landstraßen – und das nicht etwa, weil die Autobahnen überfüllt gewesen wären, sondern weil es so wenige gab. Den Käfer musste man auf Land- oder Bundesstraßen in seinem Temperament keineswegs zügeln – die Höchstgeschwindigkeit lag mit vier Insassen und Gepäck nach viertelstündigem Schwungholen und auf leicht abschüssiger Fahrbahn bei höchstens 90 –, und die größte Schwierigkeit lag darin, dass es selbst für einen verwegenen Fahrer ein absolutes Unding war, damit einen Laster zu überholen. Stundenlang mit 65 – und die Berge der Rhön hinauf sogar mit nur 45 – hinter einem Brummi herfahren zu müssen war einem halbwegs passablen Reisedurchschnitt alles andere als zuträglich.

So rollten wir denn gemächlich durch unscheinbare Dörfer und größere Städte, in denen oberleitungsgebundene Trolley-Busse verkehrten und auf deren Straßenkreuzungen behelmte Polizisten mit theatralischen Gesten und Trillerpfeife im Mund den Verkehr regelten. Mit großen Augen bestaunten wir im Vorbeifahren das eine oder andere frisch herausgeputzte Bauwerk, empfanden den schwarzen, stinkenden Rauch, der überall aus wolkenkratzerhohen Schornsteinen quoll, als Zeichen des industriellen Aufschwungs und freuten uns gleichzeitig an den Pferden, die allenthalben Wagen,

Pflüge und Eggen zogen und ebenso wie wir nicht ahnten, dass ihre Zeit im Grunde abgelaufen war und sie schon bald in Mengen den Weg in die Schlachthäuser würden antreten müssen.

Wenn mein Vater es ausnahmsweise tatsächlich einmal geschafft hatte, einen der qualmenden Laster – seinerzeit fast immer mit separatem, meist leicht hin und herschlingerndem Anhänger – hinter sich zu lassen, was vorzugsweise auf den schnurgeraden Straßen Norddeutschlands gelang, konnte er sich hundertprozentig darauf verlassen, dass innerhalb der nächsten zwei Kilometer eines von uns Kindern dringend aufs Klo musste. Egal, wie heftig er in solchen Momenten fluchte, es half alles nichts: Er musste anhalten, meinen Bruder oder mich oder meist sogar alle beide hinauslassen, und bis wir unser Geschäft verrichtet hatten und wieder eingestiegen waren, war der nervige Brummi längst wieder vorne. Auf diese Weise dauerte die Fahrt quer durch Deutschland locker zwölf bis vierzehn Stunden.

Einen Großteil dieser Zeit haben wir gesungen – lauthals und falsch, aber mit großer Begeisterung. Meine Mutter stimmte ein Lied an, mein Vater fiel grölend ein, und dann waren wir Kinder an der Reihe. Volkslieder trällerten wir – *Das Wandern ist des Müllers Lust, Ein Jäger aus Kurpfalz* und *Horch, was kommt von draußen rein,* um nur einige wenige zu nennen –, aber auch aktuelle Schlager von Vico Torriani, Margot Eskens, Freddy und wie die Stars von damals alle hießen: *Tiritomba; Addio, Donna Grazia* und *O, mein Papa.* Stundenlang, ein Lied nach dem anderen, bis wir allesamt heiser, erschöpft oder – das war der Normalfall – beides waren.

Manchmal sangen wir auch Lieder aus dem Autoradio mit, aber die Qualität der Übertragungen war nicht besonders, und vor allem musste man ständig einen neuen Sender suchen, weil der bisherige mit wachsender Entfernung immer stärker rauschte. Eine automatische Stationssuche gab es ebensowenig wie halbstündige Verkehrsmeldungen, auf die wir jedoch auch gut verzichten konnten, denn was hätten sie angesichts nicht vorhandener Behinderungen schon berichten sollen? (Später, als ich selbst Auto fuhr, bestand der Wert derartiger Nachrichten für mich in der Regel darin, zu erfahren, wie lang der Stau war, in dem ich schon eine ganze Weile steckte; daran, dass ich aufgrund einer Radiodurchsage einmal einen vermieden hätte, kann ich mich nicht entsinnen.) Andererseits waren wir, wenn wir während der Fahrt Musik hören wollten, auf das Autoradio angewiesen, denn Kassetten- oder CD-Player waren noch nicht erfunden. Welch enormen Vorteil das für unsere Eltern hatte, ist diesen nie bewusst geworden, uns hingegen in späteren Jahren sehr wohl, denn als wir selbst Kinder hatten, waren wir mit fortschreitendem Alter unserer Sprösslinge gezwungen, auf Urlaubsfahrten zuerst *Räuber Hotzenplotz* und *Benjamin Blümchen*, dann *Die drei Fragezeichen*, *Fünf Freunde* oder *TKKG* und schließlich Michael Jackson, Madonna und Queen zu ertragen.

Zum Glück verfügte mein Vater über ein gutes Orientierungsvermögen, denn wenn er sich auf das, was meine Mutter aus der Straßenkarte herauslas, hätte verlassen müssen, wären wir überall angekommen, nur nicht am geplanten Ziel. Dabei konnte man damals noch damit rechnen, dass man beim Wechsel von nördlicher in östliche Richtung tatsächlich nach rechts und von westlicher in südliche nach links abbiegen musste. Will sagen: Das räumliche Empfinden hatte noch eine Chance. Heute ist es eher die Regel, dass man, wenn man nach links will, rechts abbiegen und darauf vertrauen muss, dass man irgendwann in kühnem Schwung in die beabsichtigte Richtung geführt wird. Kreuzungsfreie Fernstraßen und Richtungswechsel waren in den Fünfzigern noch so gut wie unbekannt, und ich entsinne mich, als wäre es gestern gewesen, welche Begeisterung das neu eingeweihte Frankfurter Kreuz auslöste, das wegen seiner futuristischen, großbogigen Verkehrsführung rasch den Namen »Kleeblatt« bekam und dessen Bau heute wegen des dafür nötigen Abholzens des Stadtwalds nicht ohne lautstarke Bürgerproteste und nur unter massivem Polizeischutz möglich wäre.

Ein anderer Zeitvertreib auf den langen Fahrten bestand für uns Kinder darin, dass wir entgegenkommende Autos zählten, die es seinerzeit übrigens noch in sämtlichen – dafür aber auch blasseren – Farben und nicht nur in einheitlichem Silber gab. Wir losten, wer VW nehmen durfte, und der andere hatte dann drei Marken gleichzeitig frei. Doch egal, wofür er sich auch entschied – Ford, Opel, Mercedes, DKW oder so exotische Varianten wie Lloyd, Borgward oder Goliath –, gegen die Heerscharen der Käfer hatte er von vornherein keine Chance. Allenfalls konnten noch Zweiräder – Roller, Mopeds und Motorräder, diese häufig mit Beiwagen – einigermaßen konkurrieren, aber die zählten nicht.

Später habe ich mich oft gefragt, ob die Käfer vielleicht gar nicht ihrer Form wegen so hießen, sondern weil Deutschland, aus einer gewissen Höhe betrachtet, ausgesehen haben muss wie ein gigantisches Kartoffelfeld, auf dem Unmengen davon hin und her krabbelten. Immerhin lief im August 1955 schon das millionste Exemplar vom Band – ein goldfarbenes Auto, das werbewirksam zu einer Fahrt rund um den Globus aufbrach, um zu beweisen, dass »er läuft – und läuft – und läuft – und läuft …«, und das doch im Grunde noch immer wie der Ur-Käfer aus den Dreißigerjahren aussah, getreu dem VW-Slogan »Es gibt Formen, die kann man nicht verbessern.«

Eines stand fest: Ein Käfer war nicht nur ein Auto, sondern eine Persönlichkeit! Und Käfer-Fahrer waren eine verschworene Gemeinschaft, in der einer dem anderen niemals das vielleicht neuere Modell mit stärkerem Motor neidete, sondern ihm, wenn wirklich einmal Not am Mann war, ganz selbstverständlich Hilfe anbot. »Kein anderes Automobil hatte eine derartige soziale Auswirkung«, schrieb Arthur Railton in »The Beetle«, seinem Lobgesang auf den Käfer, »er wurde Teil unserer Folklore. Er hat seine eigene Mythologie. Man schrieb Bücher darüber, gab eigene Zeitschriften heraus und drehte Filme mit ihm als menschenähnlichem Star. Der Käfer war Mittelpunkt von Hunderten von Witzen und wurde für Karikaturisten zum Symbol für den Rebellen gegen das Establishment.«

Und die VW-Werbung beschrieb die Einmaligkeit des Käfers Mitte der Sechzigerjahre so: »Man sieht ihm nicht an, was sein Fahrer ist. Ob er beispielsweise Glück bei Frauen oder an der Börse hat. Oder sogar beides. Ob er ein Grundstück im Tessin besitzt, in Bonn zur Prominenz gehört, Platon im Original liest.«

Bis Mitte der Achtziger, als man die – inzwischen nach Mexiko verlegte – Produktion allmählich einstellte, wurden sage und schreibe mehr als 21 Millionen der buckligen, mit einem luftgekühlten Boxermotor ausgestatteten Fahrzeuge gebaut. Es ist daher kein Wunder, dass in jenen Tagen unter zwanzig entgegenkommenden Fahrzeugen bisweilen sechzehn Käfer waren, und wer bei unserem Spiel dazu verdonnert war, auf andere Marken zu setzen, hatte allenfalls in der unmittelbaren Umgebung von Köln oder Rüsselsheim Chancen, ein achtbares Resultat zu erzielen, musste sich jedoch ansonsten mit dem wenig hilfreichen olympischen Gedanken trösten, wonach es nicht auf den Sieg, sondern einzig und allein auf die Teilnahme ankommt.

Später, unmittelbar nach der »Wende«, haben wir das Spiel auf der A 9 zwischen Nürnberg und Hof mit Trabis anstelle von Käfern wiederholt. Der Unterschied bestand lediglich darin, dass derjenige, der die Trabis zählte, auch mit geschlossenen Augen gewann, weil man die Dinger genauso leicht akustisch und geruchlich wie visuell wahrnehmen konnte. Doch während die Käfer ihre Vorherrschaft auf den deutschen Straßen viele, viele Jahre aufrechterhielten, war es mit der Trabi-Plage so schnell vorbei, wie sie begonnen hatte.

In den Fünfzigerjahren nannte man den Nordosten Deutschlands, aus dem sich einmal die Trabis in gewaltigen Scharen über die West-Straßen ergießen sollten, naturgemäß noch nicht »Neue Bundesländer«, aber auch nicht DDR, sondern stereotyp »Ost-« beziehungsweise »Sowjetzone« oder – wenn man das Unrechtmäßige ihrer Entstehung betonen wollte – »Sowjetische *Besatzungs*zone«, wobei es auf die Anführungs- und Schlusszeichen durchaus ankam. Erst später wurde dann, initiiert von der Springer-Presse, die Bezeichnung »*sogenannte* DDR« üblich. Einfach nur DDR zu sagen war frühestens mit der Entspannungspolitik unter Willy Brandt erlaubt; die Springerpresse blieb indes bis 1989 konsequent bei den Anführungszeichen, schrieb also beharrlich »DDR«.

Für uns Kinder war die Existenz einer zweiten Nation auf deutschem Boden ein feststehendes Faktum, über das wir uns keine großen Gedanken machten, das wir als ebenso gottgegeben hinnahmen wie die unzähligen Ruinen, die täglich neu entdeckten Blindgänger und die Schuttberge, die sich abseits der Hauptstraßen überall auftürmten. Außer denen, die »drüben« Verwandte hatten, interessierte sich nämlich niemand für die DDR. Wir hatten eine mehr oder minder genaue Vorstellung davon, wo Rom, Neapel, Madrid, Paris, London und Glasgow lagen, doch von Halle, Leipzig, Magdeburg und Dresden wussten wir bestenfalls, dass es sie gab. Zwar lernten wir, dass Deutschland angeblich vor noch gar nicht langer Zeit ein einziger, zusammenhängender, weder von Mauer noch Stacheldraht durchschnittener Staat gewesen sei, doch das konnten wir uns ebensowenig vorstellen wie die Tatsache, dass weiland im Reich Karls V. die Sonne niemals untergegangen sein sollte. Krieg und deutsche Teilung lagen für uns in ebenso ferner Vergangenheit wie für die heutige Jugend die Wiedervereinigung.

Das Einzige, was uns manchmal auffiel, waren die widersprüchlichen Aussagen der Politiker sowie der – damals allerdings noch nicht sogenannten – Medien und auch unserer Lehrer: Einerseits gaben sie sich größte Mühe, uns den anderen Staat als völkerrechtswidrig, bösartig, ja, sagen wir getrost: als kriminell hinzustellen, andererseits bekamen wir Jahr für Jahr pünktlich zum 17. Juni eingetrichtert, die Bewohner der Ostzone seien allesamt unsere Brüder und Schwestern. Wenn wir im Fernsehen Walter Ulbricht in seinem komischen Sächsisch näseln hörten, empfanden wir seinen Dialekt als unverständliche Fremdsprache, und seit DDR und Bundesrepublik ab 1968 bei den Olympischen Spielen mit getrennten Mannschaften antraten, gönnten wir den Athleten aus Kenia oder Pakistan ihre Medaillen weitaus mehr als den so lächerlich redenden Sportlern aus der berüchtigten Zone.

Doch trotz unserer Abneigung gegen den Osten und seine dubiosen, im Fernsehen immer irgendwie kriecherisch wirkenden Bewohner war es mir paradoxerweise peinlich, dass meine Eltern»drüben« keine Bekannten, Freunde oder Verwandten hatten, denen sie in gönnerhafter Großmut Bohnenkaffee, Lebkuchen, Zigaretten oder Nylonstrümpfe schicken konnten. So wurden wir vor allem in der Vorweihnachtszeit Jahr für Jahr von Gewissensbissen heimgesucht, weil wir nichts zur innerdeutschen Verständigung – den Ausdruck finde ich rückblickend auch heute noch reichlich heuchlerisch – beitragen konnten. Deshalb waren wir unendlich erleichtert, als ein mit unserer Adresse versehener, beim Stadtfest abgeschickter Luftballon im fernen Bautzen von einer Pilzsammlerin gefunden wurde, die uns die anhängende Karte zurücksandte.

Innerhalb eines Jahres holten meine Eltern all das nach, was sie seit Ende des Zweiten Weltkriegs so schmerzlich ver-

misst hatten, und überhäuften die alte Dame dermaßen mit
allen möglichen mehr oder eher minder nützlichen Errungenschaften des kapitalistischen Westens – wobei Bohnenkaffee,
Markenseife, Nylonstrümpfe sowie Kinderkleidung und -spiel-
zeug besonders beliebt waren –, dass diese sich damit in einem
Staat, in dem Beziehungen alles waren, bis an ihr Lebensen-
de der aufopferungsvollen Dienste sämtlicher Schreiner, In-
stallateure, Bodenleger, Glaser, aber auch Internisten und
Zahnärzte gewiss sein konnte.

Doch um auf die Fahrt nach Ostfriesland beziehungsweise das
Ziel unserer Reise zurückzukommen: Bei meiner Tante Lene,
wo ein unbekanntes Auto auf der Dorfstraße wochenlange
Spekulationen darüber auslöste, wem es gehörte, woher es
wohl kam und wohin es wollte, gab es nicht einmal fließendes Wasser – kein kaltes und schon gar kein warmes. An der
Seite des Hauses, vom Küchenfenster aus gut erreichbar, befand sich eine Art Zisterne, aus der sie mit einem an einem
langen Seil befestigten Eimer Regenwasser hochzog. Wenn
ich an dieses Wasser denke, habe ich noch heute den würzi-
gen Geschmack im Mund. Damit konnte sich auch später
kein anderes messen, egal ob aus der Leitung oder der Flasche.
Weiß der Himmel, welche Inhaltsstoffe wohl dafür verantwortlich waren.
   Der alljährliche Höhepunkt auf dem Bauernhof meines
Onkels kam immer Mitte August, wenn die Dreschmaschine
anrückte. Unter der heißen Sonne schufteten mehr als zwanzig Männer mit nacktem Oberkörper um das lärmende Unge-
tüm herum, aus dem an einer Seite ein unaufhörlicher Strom
von Getreidekörnern in voluminöse Jutesäcke floss, auf der
anderen ruckend ein Strohballen nach dem anderen erschien
und mittels eines dröhnenden Gebläses die Spreu – wir nannten sie damals »Kaff« – durch die Luft auf einen immer höher
anwachsenden Haufen geblasen wurde. Darin durften wir

Kinder uns verstecken, und aus den Strohballen bauten wir Höhlen und Gänge, in denen es sich prächtig spielen ließ. Mittags gab es dampfende Erbsensuppe aus riesigen Pötten, die Männer tranken Bier und wir Jungen und Mädchen nach Kuh schmeckende Milch oder selbst gepressten Saft. Und nachmittags brachte meine Tante dann noch Weißbrot, dick mit Butter und Marmelade bestrichen, dazu Kaffee und Tee für die Erwachsenen und herrlich rahmigen Kakao für uns. Vom frühen Morgen bis tief in die Dämmerung hinein dauerte der Spaß, und wenn wir schließlich ausgepumpt, aber glücklich in die Betten plumpsten, träumten wir von staubumhüllten, ratternden Maschinen, schwitzenden Männerkörpern und Erbsenbrei satt.

In der dem Wohnhaus nächstgelegenen Scheune befand sich ein Plumpsklo, mit hölzernem Deckel, in quadratische Stücke geschnittenem Zeitungspapier und einer regenwassergefüllten Keramikkanne, durch die sich, solange ich denken kann, schräg von oben nach unten ein dunkler Sprung zog. Aus heutiger Sicht spricht eine Menge dafür, dass wir eigentlich alle an Typhus erkranken, Krätze oder zumindest eine eitrige Harnröhrenentzündung hätten bekommen müssen, von allen möglichen Allergien ganz zu schweigen. Doch weit gefehlt. Die meiste Zeit spielten wir im Freien, robbten durch Getreidefelder, kletterten auf Birken, Erlen oder Eichen und versteckten uns im frischen Heu. Dabei kann ich mich nicht erinnern, dass jemals einer von uns unter Heuschnupfen gelitten hätte. Daher dachte beim Wetterbericht im Radio – er war zugegebenermaßen weitaus weniger zuverlässig als heute – auch niemand daran, sich über die Konzentration von Hasel-, Birken- oder Beifußpollen zu verbreiten. Die Werte wurden vermutlich gar nicht gemessen, aber sie hätten auch niemanden interessiert. Und Smog-Alarm war ohnehin unbekannt.

Die Krankheiten, unter denen meine Klassenkameraden von damals heute leiden, haben sie sich alle erst später zugezogen. Als es ihnen wirtschaftlich besser ging. Als sie träger wurden. Als der Leibesumfang im Gleichschritt mit Einkommen und Stress wuchs. Als sie jeden Morgen ausgiebig duschten, täglich frische Unterwäsche anzogen und allenfalls einmal am Sonntag vier, fünf Kilometer mit dem auf dem Dachträger transportierten Fahrrad fuhren.

Mit zwanzig Gängen. Und natürlich mit Helm.

FREIHEIT
*Von jugendlichen Überlebenskünstlern, Generationen
ohne Konflikt und dem wahren Grund
für den Zusammenbruch des Neuen Marktes*

Aus heutiger Sicht waren wir Kinder wahre Überlebens-
künstler. In ABS-losen Autos saßen wir vorne auf dem Beifahrersitz, und das ohne spezielle Halterung, ohne
Sicherheitsgurt und ohne Front- oder Seitenairbag. Fuhren
wir Fahrrad – natürlich ohne Gangschaltung und Helm –,
dann grundsätzlich auf der Straße, denn Radwege fand man
nur sehr vereinzelt.

Nur in einigen Großstädten gab es vereinzelte Fußgänger-
ampeln, und wer nicht dort wohnte, war gezwungen, die Straßen jedes Mal unter Einsatz seines Lebens zu überqueren. Daran änderten auch die Zebrastreifen nichts, die nach und nach
in Mode kamen, denn sie stellten lediglich eine Art Empfeh-
lung dar, sie doch bitte als Übergang zu benutzen, boten indes
keinerlei Sicherheit, weil auf ihnen grundsätzlich die Autos
Vorrang hatten. Dass unter diesen Umständen erstaunlich
selten etwas Schlimmes passierte, lag zum einen sicher daran,
dass, verglichen mit heute, weit weniger Fahrzeuge – diese
allerdings bis Ende der Fünfzigerjahre ohne innerstädtisches
50- oder gar 30-Kilometer-Tempolimit – unterwegs waren,
zum anderen jedoch auch daran, dass wir mit erheblichen
häuslichen Strafmaßnahmen rechnen mussten, wenn wir
nicht aufpassten.

Als mein Klassenkamerad Winni einmal beim Einsteigen
in die Straßenbahn – einen eigenen Gleiskörper hatte die
noch nicht – von einem Moped gestreift wurde, wären seine
Eltern nie auf die Idee gekommen, dem jungen Fahrer einen

Vorwurf zu machen, ihn einen Raser zu nennen oder gleich alle motorisierten Zweiradlenker als verantwortungslose Rocker zu bezeichnen; vielmehr musste Winni, der zum Glück außer einem Riesenschrecken und einer leichten Oberschenkelprellung keine bleibenden Schäden davongetragen hatte, den aus heutiger Sicht rücksichtslosen Fahrer auch noch zu Hause besuchen und sich bei ihm für seine Unachtsamkeit entschuldigen. Danach hat er besser achtgegeben.

In unseren Wohnungen verwehrten uns keine Kindersicherungen den Zugang zu den Steckdosen, und ich kann mich nicht an eine einzige Treppe erinnern, die mit einem Scherengitter oder einer ähnlich raffinierten Vorrichtung gegen unbefugtes Betreten und Hinunterstürzen gesichert gewesen wäre. Wir tranken das Wasser direkt aus der Leitung, wobei wir unsere ungewaschenen hohlen Hände als Becher benutzten, aßen im Sommer gerne Würstchen und Kartoffeln, die wir zuvor mit Benzpyrenen und Nitrosaminen verseucht, sprich: auf Stöcken über offenem Feuer gegrillt hatten; und die Flaschen mit Arznei- und ätzenden Reinigungsmitteln waren noch nicht mit jenen pseudogenialen Drehverschlüssen gesichert, die ich heutzutage grundsätzlich erst nach mehreren Fehlversuchen und mit Verletzungen an den Händen aufbekomme.

Unsere Schulranzen bestanden aus schlichtem, naturfarbenem Leder, ohne jeglichen modischen Schnickschnack und vor allem ohne leuchtende Reflexstreifen, die von hinten heranbrausende Autofahrer an düsteren Herbst- und Wintermorgen hätten warnen können. Selbst unsere Turnschuhe – natürlich noch ohne dicke, stoßdämpfende Sohlen – waren durchweg in mattem Blau oder Schwarz gehalten und wären, wenn wir sie außerhalb der Turnhalle getragen hätten, ebenfalls nicht in der Lage gewesen, im Licht von Fahrzeugen zu fluoreszieren und uns dadurch vielleicht zu schützen. Wahrscheinlich lag in ihrem schmucklosen Design der Grund dafür, dass wir sie ausschließlich bestimmungsgemäß, nämlich zum Schulsport verwendeten und gar nicht daran dachten, von morgens bis abends darin herumzuschlappen.

Doch wegen all dieser Gefahren, die uns von früh bis spät bedrohten, ließen sich unsere Eltern keine grauen Haare wachsen. Wenn wir von der Schule zurückkamen, gab es Essen, anschließend mussten wir unsere Hausaufgaben machen und unserer Mutter beim Spülen und Abtrocknen helfen. War das erledigt, ging es raus zum Spielen. Das durften wir dann ausdehnen, bis es abends dunkel wurde. Erst wenn die Straßenlaternen ihr milchiges Licht verströmten, mussten wir wieder zu Hause sein. Was wir zwischenzeitlich trieben, interessierte niemanden. Regelmäßige Kontrollanrufe unsererseits wurden mangels Handy und Telefonkarte nicht verlangt, und auch wenn wir abends – vielleicht weil wir beim Baumhausbauen abgestürzt waren oder bei einer der zahlreichen Raufereien den Gegner unterschätzt hatten – mit blutigen Ellenbogen oder Knien oder gar tiefen Kratzern im schmutzverschmierten Gesicht wieder auftauchten, machten unsere Eltern keinerlei Anstalten, deswegen den Notarzt zu rufen. Schließlich konnten sie sich darauf verlassen, dass die Wunden bereits fachmännisch versorgt waren, indem wir entweder darauf gespuckt oder gepinkelt hatten oder der Nachbarhund daran geleckt hatte.

Der Lieblingsspruch meines Vaters lautete: »Jeder Mensch muss im Leben drei Kilo Schmutz essen. Je früher er das hinter sich bringt, desto besser!« Im Bestreben, uns daran zu halten, waren wir, wenn wir abends vom Spielen nach Hause kamen, oft so dreckverschmiert, dass unsere Eltern uns nur mit Mühe erkannten, aber das machte nichts, weil wir keine empfindliche Markenkleidung, sondern alte Klamotten trugen, die ohnehin schon vielfach geflickt waren und eine Menge aushielten. Im Sommer, wenn es warm war, hatten wir ohnehin meist nur eine kurze Hose und ein dünnes Leibchen an.

Und liefen natürlich barfuß herum. Da konnte nicht viel schmutzig werden. Natürlich mussten wir uns vor dem Abendessen waschen. *Waschen* wohlgemerkt – nicht duschen. Bei uns zu Hause stand dafür nur so viel warmes Wasser zur Verfügung, wie der spärlich bemessene Boiler hergab, danach musste es mit kaltem gehen. Und doch trug niemand von uns wegen allgemeiner Verdreckung oder Verlausung bleibende Schäden oder gar die Räude davon, und wenn an den Händen ein wenig Schmutz hängen blieb und etwas davon über ein belegtes Brot in unseren Mund geriet, so betrachteten wir das als Teil der bereits erwähnten drei Kilo und machten uns deswegen keine großen Gedanken.

Jeden Tag gab es mehrere Stunden, in denen kein Erwachsener wusste, was wir eigentlich trieben. Für moderne Eltern, die ihren Sprössling mit dem Auto zum Spielplatz fahren und dort am liebsten zu zweit aufpassen, damit das Kleine während des Aufstiegs zur Rutschbahn bloß nicht von der fünfsprossigen Leiter in den weichen Sand stürzt, mag es undenkbar klingen, aber es wäre unseren Eltern nie in den Sinn gekommen, uns Kinder vor sämtlichen denkbaren Gefahren schützen zu wollen.

Das Draußen-Spielen war allein schon deswegen weitaus üblicher als heute, weil die Wohnungen in den eilig hochgezogenen Nachkriegshäusern extrem hellhörig waren. Das ständige, mit dem Finger auf den Lippen hervorgestoßene »Psssst!« meiner Mutter, mit dem sie uns Kinder aus ängstlicher Rücksicht auf die Nachbarn immerfort zur Ruhe mahnte, habe ich noch genau in den Ohren. Unter diesen Bedingungen war es schlicht unmöglich, Freunde mit nach Hause zu bringen. Selbst zu unseren Geburtstagen waren nur unsere Großeltern, keinesfalls aber, wie heute gang und gäbe, auch Freunde und Klassenkameraden eingeladen.

In der Nähe unserer Wohnung gab es einen kleinen, schlicht »Anlage« genannten Park, in dessen Zentrum sich ein einfacher Kinderspielplatz mit einem großen, runden Sandkasten befand. Dass zahlreiche Hunde und Katzen der Nachbarschaft diesen Sandkasten mit großer Begeisterung als Latrine benutzten, war nicht nur uns, sondern auch unseren Eltern bestens bekannt. Dennoch wäre ihnen nicht im Traum eingefallen, uns das Spielen dort zu verbieten. Oder einen Leserbrief an die Zeitung zu schreiben.

Trotz der aus heutiger Sicht unglaublichen Sorglosigkeit unserer Mütter und Väter kann ich mich nicht erinnern, dass jemals einer von uns ernsthaft zu Schaden gekommen wäre. Und wenn wir uns wirklich einmal richtig wehgetan hatten, dann waren wir selber schuld – und lernten daraus, beim nächsten Mal besser aufzupassen. Ganz selbstverständlich gewährte man uns die Freiheit, aus Schaden klug zu werden.

Überhaupt waren die Fünfziger – bei allem Mief und allen Einschränkungen – geprägt von einer »großen intellektuellen Freiheit«, wie Joachim Fest es genannt hat. Das ist eine durchaus dialektische Angelegenheit, denn es war gerade das in alten Normen befangene, kleinkarierte Denken eines Großteils der Bevölkerung, das – in produktiver Spannung mit der überaus freiheitlichen Verfassung der jungen Bundesrepublik – den vielfältigen geistigen Aufbruch in den Fünfziger- und Sechzigerjahren überhaupt erst ermöglichte. Ohne den Funken, der durch die Reibung zwischen konservativem Beharren und nach vorne blickendem Fortschrittsglauben entfacht wurde, wären weder die gesellschaftskritischen Filme eines Rainer Werner Fassbinder noch die literarischen Diskussionen und Reflexionen der Gruppe 47 und schon gar nicht der wachsende Einfluss der Frankfurter Schule mit ihren Protagonisten Herbert Marcuse, Theodor W. Adorno und Max Horkheimer auf die deutsche Jugend möglich gewesen, die schließlich in den Ereignissen von 1968 gipfelten. Ebenfalls eine Rolle für die nicht nur subjektiv empfundene Freiheit der Fünfziger spielte zweifellos, dass es die heute allgegenwärtige Vollkaskomentalität so noch nicht gab. Dem Staat wurde noch nicht die alleinige Verantwortung für die soziale Geborgenheit des Einzelnen zugeschoben; es gab eine größere individuelle Risikobereitschaft, die ja eine unabdingbare Voraussetzung für intellektuelle Freiheit ist.

Doch bei alledem führten unsere Eltern – so widersprüchlich es klingen mag – ein eisernes Regiment. Nicht umsonst kamen uns später die Äußerungen der Vaterfiguren in dem Film *Die Frühreifen* so bekannt vor: »Halt deinen frechen Mund!« – »Riskier hier nicht die große Lippe!« – »Ich dulde nicht, dass in meinem Haus … !« und so weiter. Meinem Vater, der die ganze Woche lang, oft sogar noch am Samstagmorgen, bei seinen Kunden unterwegs war, oblag nach der Heimkehr üblicherweise zuerst einmal die Aufgabe, meinen Bruder und mich für die während der Woche begangenen Verfehlungen zu bestrafen. Mit dem Rohrstock im Keller! Und das Ganze nicht zu knapp! Dass der Gedanke an die baldige Rückkehr unseres Vaters von seiner Geschäftstour bei uns Kindern unter diesen Umständen keine großen Begeisterungsstürme auslöste, ist da wohl verständlich.

Vom heutigen Standpunkt aus betrachtet, waren die meisten Familienoberhäupter brutale Schläger. Später auf seine rigiden Erziehungsmethoden angesprochen zu werden war meinem Vater sichtlich unangenehm, und ihm fiel zu seiner Verteidigung nur die hinlänglich bekannte Phrase ein, das sei seinerzeit eben so üblich und in seiner eigenen Jugend kein bisschen anders gewesen. Kinder seien nach der Devise erzogen worden, dass ein paar hintendrauf noch niemandem geschadet hätten; darüber habe man sich damals keine großen Gedanken gemacht, das sei eben so gewesen.

Wie die meisten Menschen, die in die Enge getrieben werden und keine stichhaltigen Argumente zu ihrer Verteidigung vorbringen können, beriefen unsere Väter sich also darauf, nur getan zu haben, wovon sie glaubten, dass es getan werden musste, das heißt, eigentlich nur Anweisungen ausgeführt zu haben und im Grunde lediglich Befehlsempfänger gewesen zu sein. Das kam mir schon damals irgendwie bekannt vor.

So wuchsen wir also durchaus zwiespältig auf: Einerseits hatten wir erheblich mehr Freiheiten als die heutigen Kinder, andererseits wurden wir schon für kleine Vergehen hart bestraft. Optimal scheint mir beides nicht zu sein, und deshalb haben viele von uns versucht, bei der Erziehung ihrer eigenen Sprösslinge einen Mittelweg einzuschlagen. Vielleicht ein bisschen weniger Sorglosigkeit und Freiheit, dafür aber mehr Verständnis. Dass die Kinder mit allem, was sie bedrückt, so schlimm es auch sein mag, zu ihren Eltern kommen, dass sie auch in scheinbar aussichtslosen Situationen felsenfest auf die Unterstützung von Vater und Mutter bauen können, schien (und scheint) uns das ideale Erziehungsziel zu sein.

In seinem Buch *Generation Golf zwei* schreibt Florian Illies über seine Altersgenossen, also unsere Kinder: »Wir lebten fast dreißig Jahre nett, dank der Gnade der sehr späten Geburt, und mussten uns keine Gedanken darüber machen. Für uns gab es eigentlich keine Widerstände mehr, gegen die wir hätten anrennen müssen, und deshalb kamen wir gar nicht in die Verlegenheit, nach Feierabend noch nach irgendwelchen Argumenten für einen Generationenkonflikt suchen zu müssen.« Und an anderer Stelle: »Weil unsere Eltern so gelitten hatten unter der prüden Strenge ihrer Eltern, luden sie uns dazu ein, unsere Freundin über Nacht mitzubringen, noch bevor wir selber wussten, was für Unterwäsche sie trug.«

Mit diesen beiden Sätzen ist das Verhältnis der Generation Käfer zur Generation Golf, also die Beziehung zwischen uns und unseren Nachkommen, treffend charakterisiert. Nach den grauenvollen Erlebnissen des Krieges und den zum Teil noch entsetzlicheren Zuständen der Nachkriegszeit waren unsere Eltern derart mit dem Wiederaufbau der Existenz und dem Bemühen um ein würdiges Weiterleben beschäftigt, dass sie für uns Kinder schlicht keine Zeit hatten. Deshalb ließen sie uns, solange wir unseren schulischen Verpflichtungen nachkamen, jegliche Freiheit, waren zufrieden, wenn wir bei Einbruch der Dunkelheit vom Spielen wieder nach Hause kamen, bestraften uns andererseits aber für kleinste Vergehen unangemessen hart. Unsere Eltern waren für uns gottgleiche Respektspersonen, die von uns erwarteten, dass wir uns wortlos fügten und gegen deren Anordnungen aufzumucken uns nicht eingefallen wäre. Was fehlte, war das gegenseitige verständnisvolle Gespräch.

Das wurde uns allerdings erst so richtig in der Phase der eigenen Familienplanung bewusst, die ja bei den meisten mit der pädagogischen Aufbruchstimmung der späten Sechziger zusammenfiel – und wir nahmen uns vor, es besser zu machen. Wir wollten mit unseren Kindern reden, ihnen unsere Entscheidungen erklären und bei ihnen weniger Gehorsam als vielmehr Einsicht wecken. Und dabei haben wir es wahrscheinlich ziemlich übertrieben. Viele von uns haben das Wohl ihrer Söhne und Töchter zu ihrem primären Lebensziel erkoren, dem sie nicht selten die eigenen Interessen unterordneten. Dass unsere Kinder immer reichlich zu essen und zu trinken hatten, dass sie eine gute Ausbildung bekamen, dass ihre körperlichen und geistigen Fähigkeiten optimal gefördert wurden, war für uns selbstverständlich. Nie wären wir auf die Idee gekommen, unserem Nachwuchs die Finanzierung eines Studiums zu verweigern, und wäre es das des Gemälderestaurators, nach dessen Abschluss aller Voraussicht nach nicht einmal der Semesterbeste einen Arbeitsplatz finden würde. Und das galt selbstverständlich auch dann, wenn wir keine Ahnung hatten, woher wir das Geld nehmen sollten.

Wir wollten, dass unsere Kinder uns ehrlicher liebten als wir unsere Eltern – und haben dabei wohl übersehen, dass Liebe und Strenge durchaus zusammenpassen können. Aus heutiger Sicht wäre es nicht nötig gewesen, die Tochter dreimal wöchentlich zum Reiten und den Sohn zum Tennistraining zu fahren, und unsere Nachbarn hätten ihrer Tochter ruhig den Musikunterricht streichen sollen, nachdem sie dreimal innerhalb eines Jahres das Instrument gewechselt hatte, sobald die ersten Schwierigkeiten auftraten. Noch besser wäre freilich gewesen, sie konsequent zum fleißigen Üben anzuhalten – und sie so auf den Umgang mit späteren Widrigkeiten vorzubereiten.

Was aber taten wir? Wir ordneten unsere eigene Zeiteinteilung vollkommen der unserer Sprösslinge unter, sagten Einladungen ab, weil die nicht in deren allnachmittäglichen Terminplan passten, und schrieben unseren Kindern, wenn sie keine Lust hatten, in die Schule zu gehen, augenzwinkernd eine Entschuldigung. Schließlich führte unsere Kumpelhaftigkeit anstelle einer konsequenten Erziehung so weit, dass wir uns mehr vor den Vorwürfen unserer Kinder fürchteten als diese sich vor unseren.

Andererseits: Hätten wir unserem Sohn einen kostspieligen Amerika-Aufenthalt verweigern können – in den Fünfzigern und Sechzigern wäre der Wunsch danach noch keinem Schüler auch nur in den Sinn gekommen –, wenn sein bester Freund nach Belieben zwischen Europa und den USA pendeln durfte? Und unseren Kindern mit dem Argument zu kommen, meine Mutter habe niemals einen Führerschein besessen und uns schon deshalb nicht ständig von einer Freizeitaktivität zur anderen chauffieren können, hätte verständnisloses Kopfschütteln zur Folge gehabt. Dass es eine Zeit gab, in der nicht jeder, sobald er 18 war, die Fahrerlaubnis in Händen hatte, überstieg ganz einfach ihre Vorstellungskraft.

Darüber hinaus wollten wir eines auf keinen Fall: so prüde sein wie unsere Väter und Mütter – ich komme noch ausführlich darauf zu sprechen. Deshalb haben wir unseren Kindern ab einem gewissen Alter erlaubt, mit ihren Freundinnen und Freunden in unserem Haus zu nächtigen, haben allenfalls darauf geachtet, dass unsere Töchter die Pille nahmen, und kamen uns dabei überaus liberal und fortschrittlich vor. Dabei hätten wir doch eigentlich wissen können, dass unsere eigene, ganz persönliche Stärke nicht aus Bequemlichkeit erwachsen war, sondern aus dem Zwang, uns durchzusetzen. Unter anderem gegen Eltern, die nicht alles erlaubten und uns nicht jeden Stolperstein aus dem Weg räumten.

Wir hätten früher erkennen sollen, dass der prinzipielle Unterschied zwischen uns und unseren Kindern darin besteht, dass wir uns vieles selbst erarbeiten mussten, was unseren Sprösslingen gleichsam in den Schoß fiel. Wir hatten gezwungenermaßen gelernt, gegen Widerstände anzukämpfen und Strategien zu ihrer Überwindung zu entwickeln. All das ist unseren Kindern erspart geblieben – keinesfalls nur zu ihrem Vorteil.

Als ich mit siebzehn schrecklich gerne einen kleinen Motorroller haben wollte, um schneller in die Schule zu kommen und mich bei längeren Strecken nicht mehr auf mein Glück als Anhalter verlassen zu müssen, war mir von vornherein klar, dass meine Eltern nein sagen würden. Es hat ein ganzes Jahr gedauert, bis ich sie so weit hatte, dass sie ihre Zustimmung gaben – und das auch nur, weil ich mir das Geld für den Roller durch Nachhilfestunden und Ferienarbeit selbst zusammengespart hatte. Als mein eigener Sohn mit sechzehn gern ein Moped haben wollte, hatte er den Wunsch noch gar nicht richtig ausgesprochen, da stand das Gefährt schon vor der Tür. Im Gegensatz zu uns hat die Generation Golf nie lernen müssen, sich zu behaupten, und hierin liegt der eigentliche Grund, warum wir mit den dreißig PS unserer Käfer letztendlich mehr erreicht haben als unsere Söhne und Töchter mit den hundertzehn ihrer Golf GTIs.

Deshalb empfinde ich das, was der Soziologe Helmut Schelsky 1957 in seinem berühmten Buch *Die skeptische Generation* über uns geschrieben hat, rückblickend durchaus als Kompliment: »Diese Generation ist in ihrem sozialen Bewusstsein und Selbstbewusstsein kritischer, skeptischer, misstrauischer, glaubens- oder wenigstens illusionsloser als alle Jugendgenerationen vorher, sie ist tolerant, wenn man die Voraussetzung und Hinnahme eigener und fremder Schwächen als Toleranz bezeichnen will, sie ist ohne Pathos, Programme und Parolen. Diese geistige Ernüchterung macht frei zu einer für die Jugend ungewöhnlichen Lebenstüchtigkeit.«

So viel zum Thema Generationenkonflikt. Manchmal denke ich, dass im Endeffekt vielleicht die Generation Golf – und damit in letzter Konsequenz doch wieder die Generation Käfer – für den Untergang vieler Neuer-Markt-Firmen verantwortlich ist. Als die jungen Firmengründer merkten, dass ihre Ideen doch nicht der letzte Schrei waren und ihnen mangels Kunden das Geld ausging, kamen sie gar nicht auf den Gedanken, die Schuld bei sich zu suchen und sich aus eigener Kraft aus dem Schlamassel zu befreien. Vielmehr hätten sie gerne jammernd nach ihren Eltern gerufen, und etliche haben das wohl auch getan. Die anderen haben – sie kannten es ja nicht anders – fest auf einen *Deus ex Machina* gehofft, der ihnen die Probleme schon aus der Hand nehmen und sie reichlich mit Kapital zum Überstehen der Durststrecke versorgen würde. Und als sie sich zu ihrer grenzenlosen Verblüffung zum ersten Mal im Leben allein gelassen fühlten, schmissen sie den Kram hin, zogen sich in den Schmollwinkel zurück und weinten bitterlich.

LÄUFER
*Von dringend benötigten Helden, Fußball spielenden
Söldnern und reizvollen Verkehrszielen*

In die Zeit des darniederliegenden und nur ganz allmählich
wieder erwachenden deutschen Nationalbewusstseins platzte
der vollkommen unerwartete Gewinn der Fußballweltmeisterschaft 1954 – eine ungeheure Sensation! Nie zuvor in
der deutschen Geschichte hatte ein Sportereignis derart weit-
reichende Auswirkungen, und das wird wohl auch so bleiben.
Selbst wenn Schumi noch fünfmal Formel-1-Champion wird
oder Deutschland die nächsten drei Weltmeisterschaften – in
welcher Sportart auch immer – für sich entscheidet: Nichts
wird je wieder an das Wunder von Bern heranreichen.

Es war, als hätte man aus der deutschen Brust einen riesigen Tumor herausgeschnitten, der das Atmen fast unmöglich
gemacht hatte und nach dessen Beseitigung das Leben eine
völlig neue Qualität gewann, ja, nach dessen Entfernung Leben überhaupt erst wieder möglich war. Die Deutschen wagten wieder, die Köpfe zu erheben und ansatzweise so etwas wie
Stolz zu empfinden. Keiner sprach davon,»die deutsche
Mannschaft« habe die Weltmeisterschaft gewonnen, selbst
»Deutschland« war nicht der Sieger, sondern wir waren es!
Wir hatten gewonnen! *Wir* hatten der Welt gezeigt, wozu wir
trotz des verlorenen Krieges fähig waren! (Dass dieser wieder-
belebte Nationalstolz auf die Völker, die noch zehn Jahre zuvor unter deutschen Soldaten gelitten hatten, durchaus be-
klemmend und bedrohlich wirken musste, wurde uns erst viel
später bewusst.)

Als Max Morlock, einer der Helden von Bern, im offenen,
blumengeschmückten Mercedes durch die Nürnberger Innen-

stadt chauffiert wurde, säumten derart viele begeisterte Menschen den Weg, dass die Fahrt einer der legendären Konfettiparaden auf dem New Yorker Broadway glich. Ich stand mit meiner Großmutter am Straßenrand, fühlte, dass hier etwas Großes geschah, und wünschte mir inständig, der Mann im Cabrio, dem alle derart begeistert zujohlten und -winkten, möge mein Vater sein. Wohl niemals zuvor hat ein Land so dringend Helden gebraucht wie Deutschland in jener Zeit, wohl selten hat die Heldenverehrung für die Verehrenden eine so viel größere Bedeutung gehabt als für die Verehrten.

Klar, dass wir Jungen unsere bisherigen Berufswünsche – vorzugsweise Lokomotivführer, Treckerfahrer oder Aufzugbediener – ad acta legten, weil sie im Lauf der Weltmeisterschaft immer mehr vom Traumbild des begnadeten Fußballkünstlers überstrahlt wurden. Was mich betrifft, so war mir allerdings schon damals schmerzlich bewusst, dass mein unzureichendes fußballerisches Talent ein solches Karriereziel in höchstem Maße unrealistisch erscheinen ließ.

Dabei mangelte es uns keinesfalls an Trainingsgelegenheiten, denn an allen Ecken und Enden sah man Kinder Bälle treten. Wenn ich heute daran zurückdenke, weiß ich gar nicht, wie lange es her ist, dass ich irgendwo ein paar Jungen habe kicken sehen. Nicht Fußball spielen, sondern *kicken* in dem Sinn, den ich als Kind darunter verstand. Irgendwo, wo Platz dafür war: in einem Hinterhof, vor einer Schule oder, wie in meinem Fall, neben einer katholischen Kirche, wo zwei starke Bäume prächtige Torpfosten abgaben – obwohl sie natürlich nicht den richtigen Abstand hatten und obendrein auch noch versetzt standen.

Wir verabredeten uns weder, noch gab es so etwas wie offizielle Spielstunden. Wir hatten so etwas nicht nötig, denn nachmittags war normalerweise schulfrei, und so verplant wie die armen Kids heutzutage – 14 Uhr Musikstunde, 15 Uhr Ballett,

16 Uhr Reitunterricht, 17 Uhr Nachhilfe, 18 bis 20 Uhr Hausaufgaben – waren wir zum Glück noch nicht. Ein paar Kickwillige traf man immer, und wenn bereits ein Spiel im Gange war, gesellte man sich einfach der Mannschaft mit der geringeren Anzahl an Spielern zu. Mir war dieses Verfahren durchaus angenehm, denn auf diese Weise entging ich der doch oft quälenden Wahl, bei der die beiden anerkannt besten Spieler ihre Teams zusammenstellten.

Zunächst ermittelten sie, wer anfangen durfte. Dazu stellten sie sich etwa zehn Meter voneinander entfernt auf, das Gesicht dem anderen zugewandt. Dann schritten sie aufeinander zu, indem sie den rechten Schuh immer unmittelbar vor den linken und diesen dann wieder ohne Abstand vor den rechten stellten. Bei jedem dieser Minischritte murmelten sie abwechselnd »Piss – pott – Piss – pott – Piss – pott …« und so weiter, bis jeder so nahe vor seinem Gegenüber stand, dass dazwischen nur noch wenige Schuhlängen Platz hatten. Jetzt wurde es spannend. Denn verloren hatte derjenige, für dessen Fuß kein Platz mehr war, der ihn also nicht mehr vollständig in den verbliebenen Raum stellen konnte.

Dann begann der Sieger mit der Auswahl der Spieler. Viele Jahre lang war es mein Schicksal, grundsätzlich als Letzter oder, wenn Dieter auf seiner Mitwirkung bestand, als Vorletzter aufgerufen zu werden – als einer, den man in Gottes Namen mitmachen ließ, auch wenn man in ihm keinerlei mannschaftliche Verstärkung sah. Und jedweder Protest gegen die Rangfolge war selbstverständlich undenkbar. Da es mich ordentlich wurmte, in der sportlichen Wertschätzung so weit unten zu rangieren, nahm ich bei meinem jüngeren Bruder, der seit jeher weitaus besser mit Bällen umgehen konnte als ich, Nachhilfeunterricht. Im Lauf der Zeit stellten sich dann tatsächlich bescheidene, aber immerhin merkliche Fortschritte ein, die den anderen Spielern nicht verborgen blieben und mich in der Hierarchie der Auserwählten schrittweise nach oben brachten, bis ich irgendwo im mittleren Leistungsbereich landete. Von da gab es trotz aller Bemühungen keinen weiteren Aufstieg mehr. So lernten wir nebenbei, unsere Lage durch eigenes Handeln zu verbessern und uns, wenn das nicht ging, klaglos mit schmerzlichen Tatsachen abzufinden – eine Lektion, die mir in meinem späteren Leben mehr als einmal von Nutzen gewesen ist.

Zwar spielten wir so gut wie nie mit Blechdosen oder anderen vollkommen ungeeigneten Gegenständen, aber die Bälle, die wir verwendeten, waren auch nicht gerade das Gelbe vom Ei. In der Regel waren sie aus billigem Plastik und entweder viel zu groß oder zu klein, auf jeden Fall aber viel zu leicht. Einen Lederball konnte sich keiner von uns leisten, und ehrlich gesagt habe ich auch nie einen vermisst. Vielleicht haben die Fünfzigerjahre ja deshalb so viele überragende Fußballspieler hervorgebracht – Günter Netzer, Franz Beckenbauer, Paul Breitner und Gerd Müller, um nur einige zu nennen –, weil diese gelernt hatten, mit unterschiedlichsten Plastikkugeln und holprigsten Bodenverhältnissen zurechtzukommen, und auf diese Weise ein phänomenales Ballgefühl entwickelten.

Wenn ich heute Jungen meines damaligen Alters Fußball spielen sehe, dann ausschließlich auf eigens dafür bestimmten, sorgfältig gemähten Sportplätzen, in einheitlichem Dress und natürlich mit Lederbällen, deren Design speziell für die jüngste Europa- oder Weltmeisterschaft entwickelt worden ist. So einer wie ich, der seine höchst bescheidenen fußballerischen Qualitäten durch Begeisterung ausglich, hätte heute keine Chance mehr. Schon in der E- oder F-Jugend hätten die Mitspieler mich gnadenlos hinausgemobbt und mir das beschämende Gefühl gegeben, ein totaler Versager zu sein. Und bei Mädchen, die wir seinerzeit immer gerne mitspielen ließen, sofern sie nur ein wenig mit dem Ball umgehen konnten, sah es lange Zeit sogar noch erheblich düsterer aus. In den letzten zwanzig Jahren habe ich kein einziges irgendwo inmitten einer Schar fröhlich kickender Jungen entdeckt. Erst jetzt geht es langsam wieder los, dass Mädchen mit- oder sogar für sich alleine kicken.

Ich wundere mich oft, dass sich heute noch so viele heranwachsende Knaben dem Fußballspiel verschreiben, sich Woche für Woche in genau festgelegten Zeitspannen abrackern und von irgendwelchen Trainern herumscheuchen lassen, obwohl sie doch eigentlich wissen müssten, dass weder ihr Talent noch ihre Einsatzbereitschaft ausreichen, jemals Karriere zu machen. In den Fünfzigern war das noch ganz anders: Da bot der Fußball jungen Männern oft die einzige Möglichkeit, ärmlichen Familienverhältnissen zu entrinnen, und entsprechend legten sie sich ins Zeug. Tag für Tag trainierten sie wie besessen, ließen dafür die Schule schleifen und nahmen enorme Strapazen auf sich, um so den bescheidenen Verhältnissen zu entkommen, aus denen sie überwiegend stammten. Doch ein gut bezahlter Star zu werden gelang natürlich nur den wenigsten; die allermeisten wurden für ihre Entbehrungen und ihr hartes Training allenfalls mit einer – keinesfalls hoch bezahlten – Existenz als Zweit- oder Regionalligakicker belohnt. Welcher Junge will das heute noch? Im Zweifel zieht er der Quälerei für eine ungewisse Starkarriere eine solide Ausbildung vor, was ja im Grunde auch vernünftig ist, da er sonst das Risiko eingeht, am Ende zwischen allen Stühlen zu sitzen und weder in einem angesehenen bürgerlichen Beruf noch als Profifußballer sein Auskommen zu finden.

Insofern hatten die deutschen Fußballgrößen der Fünfziger- und Sechzigerjahre viel mit den Kaukasiern, Afrikanern und Südamerikanern gemeinsam, die heute in der Bundesliga eine so große Rolle spielen. Auch für diese ist der Sport vielfach die einzige Chance, einem Leben in Armut und ohne jegliche Aufstiegschance zu entgehen. Hinzu kommt, dass sie bereit sind, für weit weniger Geld als die deutschen Wohlstandsjünglinge ihr Letztes zu geben. Daher muss man sich bei der Übertragung eines Bundesligaspiels nicht über die vielen exotischen Namen wundern, die den Eindruck erwecken, der Reporter kommentiere keine Partie zwischen Schalke und Freiburg, sondern eine zwischen Kamerun und Usbekistan. Wenn nur noch ein in sämtlichen Sprachen dieser Welt sattelfester Journalist in der Lage ist, die Namen der Mitwirkenden einer Bundesligabegegnung halbwegs korrekt auszusprechen, wenn man Maiers, Schmidts und Schulzes in den deutschen Mannschaften vergeblich sucht, ist doch wohl irgendetwas schiefgelaufen. Die Zeiten, in denen der erfolgreichste Torschütze in Deutschland ganz teutonisch Müller hieß (egal, ob Gerd oder Dieter), scheinen jedenfalls ein- für allemal vorbei zu sein.

Doch nicht nur die enorme Anzahl ausländischer, oft scheinbar aufs Geratewohl zusammengekaufter Spieler stört viele von uns am modernen Profifußball. Mindestens ebensosehr missfällt uns, dass sich kaum mehr ein Spieler mit seinem Verein identifiziert. Genaugenommen spielen die hoch dotierten Kicker ja schon lange nicht mehr für einen Verein, sondern nur noch für einen Geldgeber. Im Fußball herrscht die pure Söldnermentalität: Wer mir das meiste Geld gibt, für den spiele ich. Zumindest eine Saison lang, denn nächstes Jahr bin ich vielleicht schon wieder ein paar Millionen mehr wert und wechsle dann zu Bayern München oder Real Madrid.

Wenn in unserer Jugend der Hamburger SV gegen den 1. FC Nürnberg antrat – mit nur einem einzigen Ball, der gegebenenfalls von Balljungen zurückgeworfen wurde –, dann kämpften elf Norddeutsche gegen elf Franken. Heute ist es durchaus denkbar, dass unter den wenigen Deutschen in den Reihen der Hamburger mehr Franken spielen als bei den Nürnbergern.
Der Club ist der Verein, für den seit jeher mein Herz schlug

und noch immer schlägt. Wie haben mir Winter für Winter in der Fankurve die Füße gefroren, und wie habe ich mir die Stimmbänder lädiert, wenn ich die »Cluberer« bei jedem ihrer Heimspiele laut schreiend anfeuerte – Männer wie Heinz Strehl, Helmut Hilpert und Roland Wabra, die wir zärtlich »Heinzi«, »Hellmers« und »Rolli« nannten. Undenkbar, dass einer von denen plötzlich beim Erzrivalen, den Münchener Sechzigern, gespielt hätte. Wie ein Verräter wäre er uns und – im Gegensatz zu heute – zweifellos auch sich selbst vorgekommen. Strehl, Hilpert und Wabra waren Synonyme für den Club wie Uwe Seeler für den HSV. Uwe Seeler beim FC Bayern oder – einige Jahre früher – Fritz Walter in Hamburg? Undenkbar!

Mit den Trainern ist es kein bisschen anders: Da versprechen sie vollmundig, einen Verein vor dem drohenden Abstieg zu retten, haben damit keinen Erfolg, werden entlassen und bekommen kurz darauf beim Rivalen einen Vertrag. Ohne die geringsten Skrupel tun sie von Stund an ihr Möglichstes, ihrem Ex-Club, für den Wochen zuvor angeblich noch ihr Herz schlug, den Todesstoß zu versetzen. Nur weil sie ihr Geld jetzt woanders verdienen. Wes Brot ich ess, des Lied ich sing. Abscheulich!

Diejenigen von uns, die sich ernsthaft Hoffnungen auf eine Fußballer-Karriere machten, spielten jeden Samstag oder Sonntag in einer anerkannten Jugendmannschaft gegen dieselbe Altersgruppe eines anderen Vereins, und am Montag konnten wir dann in der Tageszeitung lesen, wie die Partie ausgegangen war. Wie beneidete ich meine kickbegabten Kameraden, wenn sie in ihren schmucken Trikots in den Farben ihres Clubs aufs Feld gelaufen kamen! Trikots, die noch keine Namen geldgebender Sponsoren aufwiesen, dafür aber hinten Nummern trugen, aus denen man Rückschlüsse auf die jeweilige Position in der Mannschaft ziehen konnte. Der Torwart hatte die Eins, der Mittelstürmer die Neun, und auf wessen Rücken eine Vier, Fünf oder Sechs prangte, der konnte nur ein Läufer sein.

Schiedsrichter waren einheitlich in schwarz gewandet und benötigten außer ihrer Pfeife keine weiteren Utensilien, da gelbe und rote Karten zur Maßregelung von Foulspielern noch nicht üblich waren. Wer ein Tor geschossen hatte, durfte seiner Freude nach Belieben Ausdruck verleihen und hätte dabei sogar – man höre und staune! – sein Hemd über den Kopf ziehen dürfen, ohne verwarnt zu werden. Und wer einen gegnerischen Spieler in der Hitze des Gefechts mit der Hand leicht an die Brust stieß, brauchte sich dies nicht gleich als grobe Tätlichkeit anrechnen zu lassen und musste demnach nicht wie heutzutage Angst haben, schneller vom Platz zu fliegen als derjenige, der einem gegnerischen Angreifer ohne jede Rücksicht auf dessen Gesundheit brutal die Beine wegsäbelt.

Vom gelegentlichen Kicken abgesehen, hatten wir mit sportlicher Betätigung nicht allzu viel am Hut. Fitness-Center waren noch gänzlich unbekannt, und nie wären wir auf die Idee gekommen, in unserer Freizeit einfach nur so zum Spaß durch die Gegend zu traben. Als der Sportmediziner Ernst van Aaken Mitte der Fünfziger versuchte, das Joggen – damals noch »Dauerlauf« genannt – populär zu machen, fanden wir diejenigen, die auf ihn hörten und fortan keuchend durch Wald und Feld sprangen, jedenfalls ziemlich bescheuert. Man sah die Dauerläufer – in Trainingsanzügen, deren Tragen in der Öffentlichkeit verpönt war – allerdings fast nur weit abseits menschlicher Siedlungen und bei fortgeschrittener Dämmerung, wo sie nicht fürchten mussten, erkannt zu werden. Stießen wir doch einmal auf einen, war er selbst schuld, wenn wir uns mit hämischen »Hopp – hopp – hopp«-Rufen über ihn lustig machten.

Wer auf die Idee gekommen wäre, einen Lauftreff – heute

gibt es davon rund 3 000 – zu gründen, hätte damals damit rechnen müssen, für verrückt erklärt zu werden. Kein Mensch sprach von Anti-Aging, Wellness, Nordic Walking und was es an derlei englischen Bezeichnungen mehr gibt, und das Sportabzeichen war ebenfalls noch nicht sonderlich populär. Schließlich hatten wir in der Schule gelernt, dass der legendäre Grieche, der seinen Landsleuten die Kunde vom Sieg gegen die Perser bei Marathon überbringen sollte, am Ende tot zusammengebrochen war. So etwas gibt zu denken.

Bis zum Alter von zehn, zwölf Jahren schnallten wir uns in der warmen Jahreszeit Roll- und im Winter Schlittschuhe unter die Stiefel. Die schraubten wir mithilfe von Vierkantschlüsseln fest, deren Handhabung bei Eiseskälte mit klammen, nur von dünnen Wollhandschuhen geschützten Händen eine höchst mühsame Angelegenheit war, und sicherten sie zusätzlich mit zwei stramm über die Schuhe gezogenen Einmachgummis. Damit holten wir uns dann blutige Knie und verstauchte Handgelenke. Die ohnehin ramponierten Knie bei unseren verwegenen Jagden mit Gummipolstern zu schützen wäre uns Jungen nicht im Traum eingefallen, das hätten wir albern und vor allem »unmännlich« gefunden. Doch selbst die Mädchen, die sich mehr oder minder erfolgreich an wirbelnden Figuren und graziösen Pirouetten versuchten, verzichteten auf jegliche Verletzungsprophylaxe. Im Winter zauberten sie mit den Kufen ihrer klobigen Schlittschuhe erstaunlich anmutige Muster in das Eis, das sich noch auf sämtlichen Seen in zuverlässig tragbarer Schichtdicke bildete. Wir Jungen hielten es mehr mit dem Eishockey, wobei wir als Schläger einen entrindeten Ast benutzten, den wir mitsamt schräg abgehender Verzweigung aus einem Busch geschnitten hatten. Erst später wurde es nach und nach üblich, richtige, im Sportgeschäft erstandene Eishockeyschläger zu verwenden, deren Trefferfläche wir zum Schutz gegen Risse sorgfältig mit Isolierband umwickelten.

Außer den Fußballern waren nur wenige von uns Mitglieder in einem Sportverein – der Slogan »Sport ist im Verein am schönsten« war noch nicht erfunden – und spielten dort Faustball, Tischtennis oder Feldhandball oder schwammen mehrmals wöchentlich kraulend oder im Schmetterlingsstil ihre Bahnen. Bei den Mädchen war Feldhockey sehr beliebt, und Klassenkamerad Christian, ein schon damals ausschließlich Markenklamotten tragender Arztsohn, war der Einzige, der Tennis spielte. Tennis galt in jenen Tagen als ebenso snobistisch wie Reiten und verlieh demjenigen, der es betrieb, etwa denselben elitären Status wie heute Golf oder Polo.

Insofern hätte ich mir durchaus privilegiert vorkommen können, gehörte doch auch ich schon seit einigen Jahren einem Tennisverein an – allerdings leider nicht als Mitglied, sondern als Balljunge. Für 50 Pfennig pro Stunde klaubte ich älteren Spielern, denen das Bücken schwerfiel, bereitwillig die seinerzeit noch grauweißen Bälle auf und musste daneben mehrfach als eine Art Schiedsrichter herhalten, wobei ich im Hinblick auf künftige Engagements peinlich darauf achtete, mir keinen der Kontrahenten zum Feind zu machen und meine positiven und negativen Entscheidungen gleichmäßig auf beide zu verteilen.

Ähnlich wie mit dem Tennis war es mit dem Skifahren: Ohne rot zu werden, durfte man zugeben, es nicht zu beherrschen, ja, nicht einmal die dazu erforderliche Ausrüstung zu besitzen. Die ersten Ski, die ich mir mit aus heutiger Sicht primitiv anmutenden Strammer-Bindungen unter die wanderschuhähnlichen Stiefel schnallte, waren zwei Meter fünf lang und für eine winterliche Klassenfahrt ausgeliehen, die uns in die Gegend von Werfenweng im Salzburger Land führte. Dort sollten wir Schneepflug und Stemmbögen lernen, was jedoch schon daran scheiterte, dass die Hütte, in der wir hausten, von der Bergstation der nächsten Seilbahn etwa vier Stunden Fußmarsch durch hüfthohen Schnee entfernt war und dass es in ihrer Nähe weit und breit weder eine präparierte Piste noch gar einen Lift gab. So mussten wir, nachdem wir die selbst gestampften Hügel hinuntergerutscht waren, mühsam Schritt für Schritt wieder aufsteigen, was dem Spaß an der Sache doch sehr abträglich war. Deshalb nimmt es nicht wunder, dass kaum einer von uns am Skifahren besonderes Vergnügen empfand und wir allesamt froh waren, als es nach einer Woche übler Schinderei wieder zurück nach Hause ging.

Natürlich fuhren wir Fahrrad. Aber das betrachteten wir nicht als Sport, sondern als unter den gegebenen Umständen praktischste und kostengünstigste Art der Fortbewegung. Obwohl von »praktisch« streng genommen erst die Rede sein konnte, als wir größer wurden. Bis dahin waren wir Kinder gezwungen, mit den Erwachsenen-Fahrrädern zurechtzukommen, was vor allem bei Herrenrädern gar nicht so einfach war. Denn mangels Körpergröße konnten wir unser Bein nicht über die Stange schwingen, also mussten wir es notgedrungen schräg darunter hindurch auf das gegenüberliegende Pedal bugsieren. Dabei kamen wir aber mit dem Fuß zwangsweise der Kette sehr nahe, und wenn diese, was fast die Norm war, über keinen Schutz verfügte, blieb es nicht aus, dass sie uns am Fuß oder – weitaus schlimmer – am Strumpf entlangratschte. Das gab unweigerlich hässliche schwarze Schmierer, die von der Haut mit Waschbenzin und kräftigem Rubbeln zwar noch recht gut wegzubekommen waren, einen Strumpf aber, wenn er nicht ohnehin durchgescheuert war, dauerhaft entwerteten. Die mütterliche Strafpredigt, die mich erwartete, als ich einmal mit einer kohlschwarz gestreiften, ursprünglich weiß gewesenen Socke nach Hause kam, werde ich nie vergessen!

Auch deshalb ist es kein Wunder, dass wir alle den 16. Geburtstag herbeisehnten, von dem an es erlaubt war, Moped zu fahren. Glaubt man einer zeitgenössischen Umfrage, so war ein Moped das, was sich die Jungen seinerzeit am sehnlichsten wünschten, gefolgt von einem Tonbandgerät und einem leichtgewichtigen Kofferradio für Wochenende und Freizeit, während den Mädchen vor allem anderen an einem Plattenspieler – umschaltbar zwischen 33, 45 und 78 Umdrehungen pro Minute – oder an einem Fotoapparat gelegen war, wobei sich die *Rolleicord* mit Einblick von oben und quadratischem Bildformat besonderer Beliebtheit erfreute.

Dabei war das Fotografieren seinerzeit alles andere als einfach, oder anders ausgedrückt: Man musste, um gute Bilder zu machen, noch etwas davon verstehen, musste wissen, was es mit Blende und Belichtungszeit, mit Tiefenschärfe und Blitzleitzahlen auf sich hatte. Dagegen hat man es heute leicht: Die Kamera nimmt einem alles ab. Man darf nur nicht vergessen, den Automatik-Modus zu wählen, was indes kaum passieren kann, da man den Apparat normalerweise ständig in dieser Einstellung belässt.

Das Einzige, was einem die heutigen Hightech-Digitalkameras nicht abnehmen können, ist die Motivwahl, also die Beurteilung der Bildwirkung mit Vorder- und Hintergrund und natürlich dem zentralen Mittelpunkt. Vielleicht ist das der Grund, weshalb man heute weit mehr ausgesprochen miese Aufnahmen sieht – dunkel gekleidete Personen, die vor einem dunklen Gebäude, sehr gerne dem Eiffelturm oder dem Petersdom, irgendwo am düsteren Bildrand stehen, mit abgeschnittenen Extremitäten, dafür aber vollkommen unnatürlich in die Kamera starrend. Entscheidenden Anteil am Qualitätsverfall hat wohl auch die Tatsache, dass man digitale Fotos nach Belieben löschen kann, dass man sich vor der Aufnahme also keine Sorgen um unnötige Entwicklungs- und Abzugskosten machen muss. Da knipst man eben munter drauflos und muss dann irgendwann feststellen, dass man trotz massenhafter Versuche am besten die Funktion »Alles löschen« aktivieren sollte.

Da hatten es die Jungen mit ihren heiß begehrten Mopeds

schon wesentlich leichter. Das mit Abstand beliebteste Modell war die *Victoria Avanti* – zum einen ihres sportlich-rassigen Aussehens wegen, das sich durch radikale Lenkerverkürzung noch erheblich aufpeppen ließ, zum anderen, weil man sie ohne großen Aufwand frisieren konnte. Vor allem aber bot sie den Vorteil einer durchgehenden Sitzbank, wodurch das Mitnehmen eines Mädchens doch gleich erheblich spannender wurde.

Dabei durften wir eigentlich gar nicht nur so zum Spaß Moped fahren. Schließlich gab es seit 1956 ein Gesetz, das jedem Mopedlenker eine empfindliche Strafe androhte, wenn er zu einem anderen Zweck als »zur Erreichung eines Verkehrsziels« unterwegs war. Und damit war natürlich der Straßenverkehr und nicht die Fahrt zur Freundin gemeint. Im Grunde erreichte das Gesetz jedoch genau das Gegenteil: Die Chance, der Polizei, die hinter einem her war, durch trickreiche Fahrmanöver zu entwischen, erhöhte den Reiz des wilden Durch-die-Gegend-Knatterns ganz erheblich.

TÖNE

Von farbenfroher Raumgestaltung, zeitgemäßer
Heiztechnik und Freude, die man anderen macht

Dem Elend und der Düsternis der Nachkriegsjahre versuchten die Deutschen in den Fünfzigern ein Ende zu bereiten, indem sie sich mit schrillen Farben umgaben. In den Wohnungen waren weiße, ja ganz allgemein einfarbige Wände tabu, und die Qual der Wahl reduzierte sich auf die Frage: Tünchen oder tapezieren? Das Tünchen ging so: Zuerst strich man die Wand hell an, dann nahm man eine Gummirolle, auf deren Oberfläche sich Erhöhungen in Form von Noppen, Stegen und allen möglichen geometrischen Mustern befanden, tauchte diese in Farbe und rollte sie nach Art eines Stempels über den Untergrund. Das Ergebnis waren, einige Geschicklichkeit vorausgesetzt, gleichmäßige Muster, die durchaus einen freundlichen Eindruck vermittelten und dem Raum eine wohnliche Note verliehen. Besonders kunstsinnige Geister arbeiteten abwechselnd mit mehreren unterschiedlichen Musterrollen und diversen Farbnuancen und schufen auf diese Weise wahre Kunstwerke.

Was die Tapeten anbelangte, so hatten auch dabei die geometrischen Designs Hochkonjunktur. An diejenige in unserem kombinierten Wohn-Esszimmer kann ich mich noch gut erinnern: Die Grundstruktur bestand aus mehr oder minder horizontal und vertikal verlaufenden, etwa zehn Zentimeter langen schwarzen Strichen, die sich scheinbar willkürlich kreuzten und dabei Winkel bildeten, die auf anmutige Weise mit allen möglichen Farben ausgefüllt waren. Auf diese Weise entstanden rote, grüne, gelbe und blaue Quadrate, Rechtecke, Rauten und Rhomben, und man benötigte Geduld sowie ein geschultes Auge, um die regelmäßige Abfolge der Muster zu erkennen. So manche stille Mahlzeit – »Beim Essen spricht man nicht!« – verbrachte ich damit, die bunten Strukturen gedanklich zueinander in Beziehung zu setzen oder, nach Art eines Rösselsprungs, miteinander zu verbinden, wobei es galt, so spät wie möglich in einer ausweglosen Sackgasse zu landen.

Unterbrochen wurde die unterhaltsame Tapete von einem Kunstdruck – er zeigte Van Goghs *Sonnenblumen* – und von einer Wandlampe, deren Hauptaufgabe es war, ein Arrangement aus Gummibaum, Sansiverie und Philodendron auf einem dreistöckigen Ständer in gedämpftes Licht zu tauchen. Die Leuchte bestand aus zwei tütenförmigen Schirmen von plisseeartig gefaltetem Pergamentpapier, die aparterweise anders gefärbt waren als die ansonsten gleichartig gestylte Deckenlampe. Während die Trichter an der Wand zartblau und karminrot leuchteten, strahlten diejenigen an der Decke in goldgelb und dunkelgrün und tauchten das Zimmer damit in wald- und feldartige Naturtöne.

Der Boden bestand ursprünglich aus schlichtem blau-grauem Linoleum, was jedoch deswegen kaum auffiel, weil er fast vollständig von einem Teppich bedeckt war. Auch dieser war von vielfarbigen, verspielten Mustern durchsetzt, hatte aus der Sicht meiner Mutter jedoch den entscheidenden Nachteil, nicht echt zu sein. Echte, das heißt handgeknüpfte orientalische Teppiche waren für all unsere Mütter etwas Großes, Erhabenes, überaus Erstrebenswertes, und schon bei deren bloßer Erwähnung bekamen ihre Augen denselben eigentümlichen Glanz wie beim Persianermantel, den sie sich mit ähnlicher Inbrunst wünschten. Ich habe nie begriffen, was an unserem textilen Wohnzimmerbelag nicht echt, also falsch sein sollte, habe aber auch nie gewagt, danach zu fragen, weil ich fürchtete, damit ein Sakrileg zu begehen. Tatsache ist, dass für meine Mutter ein echter Teppich ebenso ein Synonym für gediegenen Wohlstand war wie für andere der Daimler in der Garage.

Besonders attraktiv war die Sitzgruppe. Sie bestand aus einem auf vier grazilen Beinchen stehenden blauen Sofa und zwei erstaunlicherweise gleichfarbigen, nicht minder zerbrechlich wirkenden Sesseln, die konsequenterweise nur verrückt werden durften, wenn man sich vorher aus ihnen erhoben hatte. Sofa und Sessel gruppierten sich um einen Couchtisch, den man heute wohl als Nierentisch bezeichnen würde (obwohl ich keinesfalls begeistert wäre, eine Niere dieser Form in meinem Körper zu wissen). Auch dieses Möbel wies zierliche, nach unten spitz zulaufende Beine auf, die seiner Belastbarkeit enge Grenzen setzten und allenfalls erlaubten, ihn bei Anwesenheit von Gästen mit einigen wenigen Gläsern – selbstverständlich auf runden Untersetzern – sowie ein oder zwei farbenfroh gestylten Gebäcktellern zu belasten, die in ihrer gewollten Asymmetrie gar nicht erst den Gedanken aufkommen ließen, sie wären auf einer gewöhnlichen Töpferscheibe entstanden.

Die Gläser waren selbstverständlich alle in unterschiedlichen Farben gehalten, was einerseits praktisch war, da auf diese Weise jeder Gast – so wie später bei den Fondue-Gabeln – sein eigenes mühelos identifizieren konnte, andererseits jedoch im Fall des Bruchs die Neuanschaffung eines identischen Exemplars erheblich erschwerte. Als mein Bruder und ich eines Abends in Abwesenheit der Eltern »Bar« spielten und dabei eines der bunten Cognacgläser in Scherben ging, bedurfte es wochenlangen Bemühens, dafür einen Ersatz zu finden, der den Eltern nicht beim ersten Blick als dazugekauft aufgefallen wäre.

Von unterschiedlicher Farbe waren auch die Sammeltassen meiner Oma: monströse, größtenteils blumengeschmückte und mit einem Goldrand verzierte Trinkgefäße, die allerdings nie zum Trinken verwendet wurden. Denn wie der Name schon sagt, waren sie einzig und allein zum Sammeln bestimmt, und natürlich zum Ausstellen in eigens dafür vorgesehenen Vitrinen. Aus ihnen zu trinken wäre allein schon wegen der alles andere als praktischen, barockhaft verschnörkelten Henkelform nicht möglich gewesen – ganz abgesehen vom Volumen, das eine solche Tasse in gefülltem Zustand zu einem höchst schwergewichtigen Behältnis machte.

Die Oma besaß davon ungefähr zwanzig bis dreißig Stück, die sie, ebenso wie den zugehörigen Ausstellungsschrank, alle paar Tage penibel abstaubte und polierte. Der Bruchgefahr wegen durften wir Kinder die Tassen nur durch eine Glasscheibe hindurch betrachten; bei Strafandrohung war es uns verboten, eine davon in die Hand zu nehmen. Deshalb wird man meine nur mühsam unterdrückte Schadenfreude verstehen, als der Oma einmal eines der kostbaren Stücke in meinem Beisein aus der Hand glitt und am Boden in tausend Scherben zerschellte.

Und dann gab es da für die kühlere Jahreszeit noch den Ofen. Bei den heutigen, thermostatgesteuerten Zentralheizungen kann man sich kaum vorstellen, dass unsere Eltern Ende der Fünfzigerjahre die Anschaffung und Installation von Ölöfen als beträchtlichen Fortschritt und entscheidenden Zuwachs an Komfort betrachteten. Und doch war es so. Denn vorher waren wir gezwungen, mit Kohlen und Briketts zu heizen, was nicht nur ein eigens dafür bestimmtes, separates Kellerabteil voraussetzte und überdies eine Menge Dreck verursachte, sondern beim Entfachen des Feuers auch eine gehörige Portion handwerklichen Geschicks erforderte.

Wie einfach war dagegen die Bedienung eines Ölofens: Man schwenkte einen handlichen Kessel heraus, drehte behutsam den Ölhahn auf, warf, sobald sich eine kleine Brennstoffpfütze angesammelt hatte, ein Wachsstreichholz – Fidibus genannt – hinein, wartete einen Moment, bis blaue Flammen aufzüngelten, und schwenkte den Kessel wieder zurück. Fertig. Man durfte nur nicht vergessen, sich nach ein, zwei Minuten davon zu überzeugen, dass das Feuer noch brannte, denn wenn es bei weiter einströmendem Öl erlosch, gestaltete sich das Wiederanzünden höchst mühsam, ja, es kam sogar vor, dass man einen Teil des Brennstoffs mit einem Lappen aufsaugen musste, was eine ganz schöne Schweinerei war. Ansonsten galt es nur, von Zeit von Zeit den Ölbehälter aufzufüllen, doch das war weder mit nennenswerter Mühe noch mit Schmutz verbunden. Allenfalls der Geruch, der danach noch eine Weile durch die Räume schwebte, war geeignet, bei empfindlichen Nasen einen gewissen Widerwillen hervorzurufen.

Verglichen mit einer Kohlenheizung war so ein Ölofen wirklich eine feine Sache – und dass ich einmal vergaß, den Kessel zurückzuschwenken und nach dem Anzünden einfach das Zimmer verließ, worauf sich in den nächsten Stunden über das gesamte Inventar, die Bücher im Wohnzimmerregal eingeschlossen, ein schmieriger, stinkender Rußfilm legte, ist wahrlich nicht dem System anzulasten. Selten habe ich meine Eltern so zornig erlebt, und dass mir das Erlebnis so nachhaltig in Erinnerung geblieben ist, liegt mit Sicherheit nicht nur an den zwei saftigen Ohrfeigen, die mir mein Vater ebenso spontan wie wortlos verpasste. Fortschritt heißt eben immer auch Risiko.

Und Fortschritt heißt auch, dass man ständig neue Handgriffe, Wörter und Verrichtungen lernen muss. Das macht mit zunehmendem Alter selbst den Angehörigen der notorisch fortschrittsgläubigen Generation Käfer zu schaffen. Kein Wunder, dass es etliche Jahre dauerte, bis wir endlich begriffen, dass ein Handy etwas anderes ist als ein schnurloses Telefon;

und bis wir einigermaßen damit umgehen können, werden sicher noch etliche weitere Jahre ins Land gehen. Dabei maße ich mir gar nicht an, jemals die Perfektion unserer Kinder, ja, zum Teil schon Enkelkinder zu erreichen, die, während sie sich angeregt mit ihren Freunden unterhalten, mehrere SMS in ihr Gerät hämmern und abschicken, ohne dabei auch nur einen einzigen Blick auf die Tastatur werfen zu müssen; die aus den zahlreichen gespeicherten Nummern jedes Mal ohne nennenswerte Anstrengung die richtige auswählen, und die an den ersten Tönen der diversen Piepsignale mit traumwandlerischer Sicherheit erkennen, wer diesmal etwas von ihnen will.

Im Gegensatz zu diesen Experten sind wir ja schon überglücklich, wenn es uns nach stundenlangem Herumirren in den verschiedenen Menüs schließlich irgendwann gelingt, die heimische Festnetznummer (was für ein grässlicher Ausdruck!) auf eine Kurzwahltaste zu legen, und wenn sich dann nach einem mit feuchten Händen und pochendem Herzen vorgenommenen Probetippen tatsächlich – in mehr oder minder gereiztem Ton, weil es schon ein paarmal geklingelt hat, ohne dass jemand in der Leitung war – unser Ehepartner meldet; oder wenn wir in der Lage sind, eine Nachricht auf der Mailbox vollständig abzuhören, ohne sie vorher versehentlich zu löschen. Beliebter noch ist aber das umgekehrte Spiel: dass wir eine Information, nachdem wir sie mühsam aufgerufen und zur Kenntnis genommen haben, eben nicht löschen und dann beim nächsten Blick auf das Display ein zweites Mal aufgestört werden durch die Meldung »Kurznachricht eingegangen«.

Derartige Probleme gab es in den Fünfzigerjahren nicht. Die Telefone waren schwarz und klobig, besaßen eine ausladende Gabel, in die man den kiloschweren Hörer einhängte, und – der eklatanteste Unterschied zu heute – es gab nur ausgesprochen wenige davon. Deren Benutzung wurde – von der Deutschen Bundespost, die damals noch für nahezu alles zuständig war: für Briefe, Pakete, Geldgeschäfte inklusive Rentenauszahlung sowie »Fernsprechverkehr« – samt und sonders nach einem einheitlichen Tarifsystem abgerechnet, wobei lediglich zwischen den vier Stufen tagsüber, nach sechs Uhr abends, nachts (»Mondscheintarif«) und feiertags unterschieden wurde. Den Telefondienst per Call-by-Call-Verfahren auszuwählen war zum Glück noch unbekannt, was einem ebenso eine Menge Zeit sparte wie das Fehlen des Anrufbeantworters zur Aufzeichnung von Rückrufwünschen.

In den Fünfzigern war es eigentlich sinnlos, jemanden nach seiner Telefonnummer zu fragen. (Das war etwa so wie später, in den Achtzigern, mit der Faxnummer, von der man im Stillen überhaupt nicht erwartete, dass der Gesprächspartner damit aufwarten konnte, sodass allein die Erkundigung danach ausreichte, dem anderen ein beklemmendes Gefühl der Unterlegenheit zu vermitteln.) Man fragte höflich: »Haben Sie vielleicht ein Telefon?«, worauf die wahrscheinliche Antwort war: »Nein, aber Sie können mich jederzeit unter folgender Nummer erreichen …« Dann kam der – natürlich auswendig gewusste – Anschluss eines Bekannten oder Verwandten, der in der Regel im selben oder zumindest im benachbarten Haus wohnte. In unserer Zehn-Familien-Mietskaserne waren wir – der beruflichen Verpflichtungen meines Vaters wegen – die Ersten und lange Zeit auch die Einzigen, die einen Fernsprecher ihr Eigen nannten. Telefonieren war teuer, und wenn man einen Antrag gestellt hatte, dauerte es sehr lange, bis man einen Anschluss bekam. Da jedoch viele andere ebenfalls keinen hatten, konnte man damit auch gar nicht so furchtbar viel anfangen.

Wer nun aber glaubt, der Besitz eines solchen Gerätes, dessen ausladende Wählscheibe umso nachdrücklicher ratterte, je höher die gewählte Ziffer war, hätte für den Eigentümer ein Stück Unabhängigkeit oder gar Freiheit bedeutet, der täuscht sich gewaltig. Das krasse Gegenteil war der Fall: Neun Familien in unserem und dazu noch zwölf oder dreizehn in den benachbarten Häusern verließen sich darauf, dass sie in unserer Wohnung nach Belieben telefonieren konnten, und vor allem, dass wir 24 Stunden am Tag die Gespräche derjenigen Personen entgegennahmen, denen sie in ihrer Großmut unsere Nummer gegeben hatten. Einen erheblichen Teil der körperlichen Fitness, über die ich seinerzeit verfügte, verdankte ich der Tatsache, dass ich jeden Tag mehrfach in den dritten oder vierten Stock hochspurten musste, um Herrn Schneider oder Frau Siegelsheimer so schnell wie möglich an den Apparat zu holen. Denn nur ausnahmsweise beschränkten sich die Anrufer einmal darauf, uns eine kurze Nachricht zu übermitteln, mit deren Weiterleitung an den Adressaten wir uns hätten Zeit lassen können; in neun von zehn Fällen bestanden sie auf der unverzüglichen persönlichen Verbindung mit dem gewünschten Gesprächspartner.

Finanziell lukrativ war die Angelegenheit für meinen Bruder oder mich indes nur bei der alten Frau Klier aus dem ersten Stock, die demjenigen von uns beiden, der sie ans Telefon holte, jedes Mal trotz höflichkeitshalber geheuchelten Protests zehn Pfennig in die Hand drückte. Die anderen Hausbewohner begnügten sich allenfalls mit einem gemurmelten »danke«, und wenn sie selbst, weil sie dringend eine Nachricht loswerden mussten, zu den unmöglichsten Zeiten bei uns klingelten – »Es macht Ihnen doch hoffentlich nichts aus …?« –, blieben sie nicht selten sogar die Gesprächskosten schuldig. Ja, das ging sogar so weit, dass wir, wenn wir ausnahmsweise einmal nicht anwesend waren, um eines der für die Nachbarn so ungemein wichtigen Telefonate entgegenzunehmen, von diesen massive Vorwürfe zu hören bekamen. Kurz gesagt: Wir waren nicht bloß Besitzer eines Fernsprechapparates, sondern im Grunde Betreiber einer kompletten Telefonvermittlung.

Dabei erstaunt vor allem die Selbstverständlichkeit – aus heutiger Sicht könnte man getrost von Dreistigkeit sprechen –, mit der sich Nachbarn und Freunde unseres Telefons bedienten; heute wäre so etwas ganz und gar unmöglich. Aber so, wie man ohne vorherige Ankündigung (die ja ohne Telefon auch kaum möglich war) einfach klingelte, wenn man Zucker, Mehl oder Eier, aber auch einen Hammer oder einen Schraubenschlüssel benötigte, so respektierte man zwar das Eigentum des anderen, hatte aber keinerlei Hemmungen, sich dessen leihweise zu bedienen. Beim Fernsehen war das später nicht anders: Derjenige, der ein Gerät besaß, lud ganz selbstverständlich andere zum Zusehen ein, die nicht darüber verfügten – oder erduldete stoisch ihre Selbsteinladungen. Zwar gab es den Begriff »Intimsphäre« auch damals schon, aber er wurde bei weitem nicht so umfassend gesehen wie in unseren Tagen. Demjenigen, der ein Telefon besaß, blieb daher praktisch gar nichts anderes übrig, als es mit Freunden, Verwandten und Bekannten zu teilen – ohne damit rechnen zu können, dass diese ihm deswegen vor Dankbarkeit um den Hals fielen. (Nett waren übrigens auch die »Doppelanschlüsse«, bei denen sich zwei Partcien eine Leitung teilten, sodass der eigene Apparat ein Besetztzeichen von sich gab, wenn der betreffende Nachbar telefonierte.)

Doch zweifellos hatte ein solches Gerät auch seine guten Seiten. Eine der besten war, dass man damit in Zeiten elterlicher Abwesenheit Freunde, Bekannte oder auch gänzlich fremde Menschen kontaktieren und mit ihnen neckische Scherzchen treiben konnte. So war es bei uns Kindern außerordentlich beliebt, sich als Angehöriger der Post auszugeben und den Angerufenen zu bitten, mittels Zollstock doch bitte rasch das Kabel zwischen Telefonbuchse und Gerät zu messen, um ihn dann mit der Bemerkung »Sie haben aber eine lange Leitung!« zu veräppeln. Oder man konnte am 1. April in aller

Herrgottsfrühe Freunde in München aus den Betten scheuchen und ihnen einen gewaltigen Schrecken einjagen, indem man erklärte, man sei gerade in der Nähe und würde sie gerne zum Frühstück aufsuchen.

All das funktionierte natürlich nur, weil die Telefonapparate seinerzeit noch kein Display aufwiesen, das gnadenlos die Nummer des Anrufers offenbart und damit den Urheber eines solchen Streichs bloßstellt. Zwar war man ohne Anruferkennung gezwungen, auch die Telefonate lästiger Gläubiger, der nicht minder nervigen Schwiegermutter oder eines ebenso hartnäckigen wie ungewollten Verehrers entgegenzunehmen, dafür konnte man aber selbst ebenfalls damit rechnen, dass jeder, den man anrief, auch abnahm.

Ein ebenfalls beliebtes Spiel, an dem mein Bruder und ich jede Menge Spaß hatten und das noch dazu den Vorteil hatte, keinen Pfennig zu kosten, war, sich einem Anrufer gegenüber mit falschem Namen zu melden. Daraufhin entschuldigte sich dieser regelmäßig mit dem gemurmelten Hinweis, sich offenbar verwählt zu haben. Das tat er auch beim zweiten Versuch, wobei er sich in der Regel nunmehr nach unserer Nummer erkundigte, die wir ihm bereitwillig – natürlich mit geringfügig veränderter Ziffernfolge – durchgaben. Beim dritten Anlauf legte der Anrufer entrüstet schnaubend, aber ansonsten wortlos auf und war schließlich beim vierten Versuch – der meist eine beträchtliche Weile auf sich warten ließ, während der Genervte wohl noch einmal im Telefonbuch nachsah oder, seinerzeit noch kostenlos, die Auskunft anrief – hörbar erleichtert, wenn wir uns nun mit richtigem Namen meldeten. Auf diese Weise haben mein Bruder und ich Unmengen von Anrufern eine große Freude bereitet.

Telefonieren war, wie gesagt, noch nicht sehr verbreitet, und es gab weder SMS noch E-Mails – bei deren Versendung an mehrere Adressaten man nebenbei gleich über den gesamten

Bekanntenkreis des Urhebers ins Bild gesetzt wird –, daher waren wir seinerzeit gezwungen, uns gegenseitig Briefe zu schreiben. So richtig mit Füller und Briefpapier. Das war sogar von unterwegs aus jederzeit möglich, weil man die Postleitzahlen der Adressaten noch mühelos im Gedächtnis behalten konnte, zumal jede Stadt, unabhängig von ihrer Einwohnerzahl und Größe, nur eine einzige besaß. Dass München 8000 und Frankfurt 6000 hatte, wusste man einfach, und mit dieser Kenntnis war es auch nicht sonderlich schwierig, sich diejenigen der Orte im Umkreis der großen Metropolen einzuprägen.

Erleichtert wurde die briefliche Kommunikation nicht nur durch die Tatsache, dass es fast an jeder zweiten Straßenecke einen Briefkasten gab, sondern auch dadurch, dass dieser erheblich häufiger als heute geleert wurde. Den nächsten Termin entnahm man einem kleinen Fensterchen, dessen Inschrift der Kasten-Ausleerer jedes Mal mit einem speziellen Schlüssel aktualisierte. Hatte man keine passende Briefmarke zur Hand, so war es zumindest in ländlichen Regionen durchaus üblich, das Porto – mit einem dezenten Hinweis auf dem Umschlag – in Form von Münzen einzuwerfen; auf dem Amt wurde dann das entsprechende Postwertzeichen aufgeklebt.

Während meiner Schulferien habe ich zweimal als Briefträger gearbeitet. Schon morgens um fünf Uhr musste ich im Nürnberger Hauptpostamt sein und hatte dort die Sendungen meines Bezirks in einen Schrank mit zahlreichen Kästchen einzusortieren, von denen jedes ein Wohnhaus repräsentierte. Gegen halb acht begann ich dann mit der Zustellung, der später am Tag – zwischen vierzehn und sechzehn Uhr – noch eine zweite folgte. Nur montags und samstags mussten die Postkunden mit einer einzigen Belieferung auskommen.

In meiner Eigenschaft als Postbote musste ich damals übrigens auch die Rundfunk- und Fernsehgebühren kassieren (Girokonten, Einzugsverfahren und Daueraufträge waren noch weitgehend unbekannt). Dazu stellte ich mich im Treppenhaus einer Mietskaserne in Positur, drückte sämtliche Klingelknöpfe auf einmal und brüllte lautstark: »RADIO!« Kurz darauf gingen überall die Türen auf, die Bewohner kamen angeschlurft, gaben mir die geforderte Summe – die Großzügigeren auch einige Groschen mehr –, und ich überreichte ihnen mit amtlicher Miene eine auf ihren Namen ausgestellte Quittung.

Und noch eine andere Sache machte das Briefeschreiben einfach: Wir kannten uns noch mit der Rechtschreibung aus, zumal diese in Büchern, Zeitungen und Illustrierten ganz und gar einheitlich war. Heutzutage schreibt jeder so, wie er es für richtig hält, denn kein Mensch versteht die Regeln der gänzlich überflüssigen und in vielerlei Hinsicht unlogischen Reform. Dass bei kurz gesprochenem Vokal ein nachfolgendes ß zu ss geworden und man Tipp jetzt mit Doppel-p schreibt, können wir ja vielleicht noch nachvollziehen. Aber warum wir »zufrieden stellen« neuerdings auseinander, »bereitstellen« und »klarstellen« aber weiterhin zusammenschreiben sollen, hat uns bisher ebensowenig jemand erklären können wie, warum »rau« sein End-h verloren, »roh« das seine aber behalten hat oder wieso wir jetzt zwar »Ketschup«, aber nicht, was absolut folgerichtig wäre, gleich »Ketschap« schreiben dürfen. Und im Grunde fanden wir es auch durchaus höflich, die Anreden Du oder Ihr mit einem Großbuchstaben zu beginnen, und können uns nicht recht erklären, aus welchem Grund wir in dieser Beziehung jetzt umdenken müssen.

BILDER
Von zärtlich berührten Einstellhilfen, immer besseren schlechten Sendungen und repräsentativem Halbleder

Doch zurück zur technischen Überlegenheit unserer Familie in den Fünfziger- und Sechzigerjahren. Nicht nur mit unserem Telefon, sondern auch mit einem anderen Gerät standen wir in unserem Mietshaus unangefochten an der Spitze: Wir besaßen nämlich als Erste einen Fernseher – ein Standgerät mit kleinem, ovalem Bildschirm und grazilen, schräg ausgestellten Metallbeinen. Mein Vater hatte es 1956 anlässlich der Olympischen Spiele angeschafft, und ich entsinne mich noch genau, wie die ganze Familie – umgeben von Nachbarn und Freunden – atemlos die spärlichen, von der schmetternden Eurovisionsfanfare feierlich eingeleiteten Sportsendungen verfolgte. In Schwarz-Weiß natürlich und bei höchst bescheidener, grob gerasteter Bildqualität.

Sendungen, die wir nicht verpassen wollten, mussten wir – heutzutage kaum vorstellbar – eben dann ansehen, wenn sie gesendet wurden, und nicht, wenn uns gerade der Sinn danach stand, denn Video gab es noch nicht. Und auch noch keine Fernbedienung. Diese war allerdings durchaus entbehrlich, da man weder von nervigen Werbeunterbrechungen zum hektischen Zappen zwischen verschiedenen Programmen gezwungen wurde noch überhaupt unter mehreren Sendern wählen konnte.

Anfangs gab es nur die ARD, die, seit ich mich erinnern kann, pünktlich um 17 Uhr mit dem Programm begann und viel früher als heute wieder aufhörte. Wollte man den Anfang einer Sendung nicht verpassen, musste man fünf Minuten vorher einschalten, weil es eine ganze Weile dauerte, bis das

Gerät seine Betriebstemperatur erreicht hatte. In der sende-freien Zeit wurde ein trickreich komponiertes, vielschich-tiges, aus diversen geometrischen Strukturen bestehendes Testbild ausgestrahlt; doch da mein Vater dem Rest der Fami-lie streng verboten hatte, an dem Gerät »herumzuspielen«, nutzten wir die vielfältigen Möglichkeiten der in diversen Grautönen gehaltenen und mit zahlreichen filigranen Ele-menten versehenen Hilfe zur Optimierung des Empfangs lei-der niemals aus.

Das traute sich allein mein Vater zu. Wenn er es für er-forderlich hielt, machte er sich äußerst behutsam, ja, fast möchte man sagen: zärtlich an den aus hellem Kunststoff be-stehenden Drehknöpfen zu schaffen, indem er sie nur mit den Spitzen von Daumen und Zeigefinger anfasste, so als würden sie sonst unweigerlich zerbersten. Nie werde ich diese filigra-ne Bewegung vergessen – schon weil ich später feststellte, dass sie in verblüffendem Maße derjenigen glich, mit der Gabriel-le d'Estrée auf dem berühmten Gemälde eines anonymen Meisters aus der Schule von Fontainebleau ihrer badenden Schwester an die Brustwarze fasst.

Aber auch ohne perfekt eingestelltes Bild verfolgten wir – oft im Kreise einer Vielzahl mehr oder minder gelittener Nachbarn und sonstiger Bekannter, die seinerzeit tatsächlich noch ernsthaft glaubten, langfristig auf den Erwerb eines TV-Gerätes verzichten zu können – jeden Montagabend, nach-dem Irene Koss das Programm angesagt hatte, voller Begeiste-rung Robert Lembkes *Was bin ich?* und am Samstag die *Sportschau* mit Adi Furler und Ernst Huberty. Meine Mutter, die mit Sport nie allzu viel am Hut hatte, war eine begeister-te Anhängerin des ersten Fernsehkochs Clemens Wilmenrod und seiner Sendung *Bitte in zehn Minuten zu Tisch – Kochkunst für eilige Feinschmecker*, dessen höchst originelles Markenzei-chen sein Selbstbildnis auf der Schürze war.

Bald darauf kam dann das Regionalprogramm hinzu, und ich weiß noch genau, dass man sich zu Beginn eines Fernsehabends für eines der beiden konkurrierenden Angebote entscheiden musste, da das Umschalten bis zu zwanzig Minuten dauern konnte. Auch auf Seiten der Sender erforderte der Wechsel von einer ARD-Station zur anderen lange Pausen: Mit der Ansage: »Wir schalten um nach ...« begann ein langwieriger Prozess, der in der Regel in einem den jeweiligen Sender kennzeichnenden Emblem, etwa dem SFB für »Sender Freies Berlin«, mündete. Das Ganze war unterlegt mit einem melodischen Pausenzeichen, das damals noch nicht *Jingle* hieß.

Außerordentlich beliebt waren die im Vergleich zu *Wer wird Millionär?* geradezu archaisch gestalteten Ratesendungen *Hätten Sie's gewusst?* mit Heinz Maegerlein und *Tick-Tack-Quiz* mit Fritz Benscher, bei dem der Gewinner nur eine sehr bescheidene Summe und der Verlierer jedes Mal eine Schwarzwälder Kuckucksuhr bekam. Maegerlein hatte für mich viel von einem Lehrer alten Schlages: Wenn er seinen Kandidaten nicht gerade den Rücken zukehrte, fuhr er sie nach falschen Antworten schroff an und ratterte dann weiter hektisch seinen Text herunter.

Gleichsam ein Muss war die *Tagesschau*. Anfangs wurde sie nur dreimal wöchentlich, ab 1956 dann jeden Abend mit Ausnahme des Sonntags ausgestrahlt. Sieht man heute eine Folge aus den ersten Jahren, so fällt die wochenschauartige Gestaltung auf, eine Form der Berichterstattung, die sich erst mit der Einführung aktueller Magnetbandaufzeichnungen (»MAZ ab!«) zur heute gewohnten Form änderte und ab 1959 untrennbar mit dem Gesicht von Karl-Heinz Köpcke verbunden war, *der* Ikone der TV-Nachrichten, der schon bald den Beinamen »Mr. Tagesschau« verpasst bekam.

Später wurde das Programm in puncto Unterhaltung abwechslungsreicher, und wenn ich heute an die Sendungen zurückdenke, die mich am tiefsten beeindruckt haben, so fallen mir spontan drei ein: erstens die herrlich gruseligen *Stahlnetz*-Folgen von Jürgen Roland, die ich allerdings nur ansehen konnte, wenn meine Eltern nicht zu Hause waren; zweitens der Sechsteiler *So weit die Füße tragen* mit dem sich unermüdlich durch hüfthohen Schnee vorankämpfenden Heinz Weiß in der Rolle des Clemens Forell (und Schäferhunden, die auch der Fantasiebegabteste beim besten Willen nicht für Wölfe halten konnte), und drittens natürlich die legendären Francis-Durbridge-Krimis *Melissa* und *Das Halstuch*, über deren Ausgang die gesamte Nation mit Feuereifer spekulierte. Während sie liefen, hätte man auf den Straßen getrost links fahren können, ohne einen Unfall zu riskieren, da man der Einzige gewesen wäre, der nicht vor dem Fernseher saß.

Besonders geschätzt war bei uns und unseren Freunden die *Familie Schölermann*, laut Untertitel *Unsere Nachbarn heute Abend*. Ich glaube, wir haben nicht einmal fünf der insgesamt 111 Folgen, die zwischen 1954 und 1960 über den Bildschirm flimmerten, verpasst. Willy Krüger als Vater und Lotte Rausch als Mutter gehörten gewissermaßen zur Familie, und die großen und kleinen Missgeschicke der drei Kinder Heinz, Evchen und Jockeli erschienen uns als Abbild unserer eigenen alltäglichen Probleme; mit dem Unterschied freilich, dass sie sich bei den Schölermanns am Ende jeder Folge regelmäßig in Wohlgefallen auflösten, was man von unseren realen Misshelligkeiten bedauerlicherweise nicht behaupten konnte.

Tatsache ist jedenfalls, dass die hessischen Hesselbachs, die – ursprünglich einer Radioserie entstammend – die rheinischen Schölermänner irgendwann ablösten, uns nicht annähernd so sympathisch waren, was in meinem Fall möglicherweise auch daran lag, dass ich seinerzeit unter einem höchst widerwärtigen, in breitem Frankfurterisch babbelnden Mathelehrer litt, der maßgeblich dazu beigetragen hat, mir den hessischen Dialekt nachhaltig zu vermiesen.

Sehr gerne sahen wir überdies Professor Grzimek, der mit einem seiner »possierlichen« – dieses Wort habe ich, glaube ich, ausschließlich aus seinem Mund gehört – Tiere auf Schoß oder Schulter milde in die Kamera lächelte und uns in seiner Sendung *Ein Platz für Tiere* nicht nur zoologische Kuriositäten aus aller Welt, sondern gelegentlich auch nackte Wilde – von den katholischen Filmzensoren erstaunlicherweise, wohl wegen ihrer interkulturellen Bedeutung, gelitten – in die gute Stube brachte. Keine andere Tierserie, und zeigte sie auch noch so seltene und spektakuläre Aufnahmen, hat mir jemals wieder so viel Spaß gemacht. Und das trotz des unvermeidlichen und immer ein wenig peinlich wirkenden Buhlens um Spenden für die bedrohte Tierwelt am Ende jeder Sendung.

Auch Humor stand – schon vor Loriot – hoch im Kurs: Wie haben wir gelacht, wenn Chris Howland in seiner Sendung *Vorsicht Kamera* einen Tankwart bei einem Auto ohne Motor nach dem Öl sehen oder seinen Kollegen einen Kleinwagen mit einem versteckten 300-Liter-Behälter volltanken ließ. Und dann waren da natürlich noch die *Bilder aus der Neuen Welt* mit Peter von Zahn sowie – keinesfalls zu vergessen – der *Blaue Bock*, der gute Laune mit derartig impertinenter Eindringlichkeit ausstrahlte, dass wir dafür sogar das breite Hessisch des Gastgebers Otto Höpfner in Kauf nahmen.

Wir Kinder begeisterten uns vor allem für die Abenteuer von Rusty und seinem legendären und ultraklugen Schäferhund *Rin Tin Tin*, die, sämtlich in Schwarz-Weiß, in mehr als 160 halbstündigen Folgen über die Bildschirme flimmerten, sowie über diejenigen von Joey mit seinem schwarzen Hengst *Fury* in Amerikas weitem Westen. Unvergessen auch die Krimiserie *77 Sunset Strip*, die wir von der Handlung her eher durchschnittlich fanden und uns eigentlich nur wegen Kookie und seinen drolligen, stimmbruchhaften Kieksern – von seiner deutschen Stimme Hans Clarin erfunden und kongenial interpretiert – regelmäßig reinzogen.

Und dann gab es natürlich Fußball, auch im Fernsehen unser Lieblingssport. Seinerzeit wurden allerdings nur wenige Spiele übertragen. Die Sendezeit war knapp, die Bundesliga und die zugehörige Medienvermarktung gab es noch nicht (damals mussten Vereine noch dafür bezahlen, dass ihre Spiele übertragen wurden!), sodass wir allenfalls einmal ein Länderspiel oder die Partie eines deutschen Vereins im Europapokal der Landesmeister oder der Pokalsieger zu sehen bekamen. Derartige Spiele fanden nur selten statt, und da an beiden Wettbewerben jeweils nur eine einzige deutsche Mannschaft teilnahm – und nicht wie heute derart viele, dass man, selbst wenn man Abend für Abend die Partien verfolgt, sehr schnell den Überblick verliert –, war die Übertragung stets etwas ganz Besonderes, auf das wir uns freuten wie heute allenfalls noch auf das Halbfinale oder Endspiel eines bedeutenden internationalen Turniers.

Besonders gerne verfolgten mein Bruder und ich Fußballspiele zusammen mit unserem Opa. Der schrie nämlich selbst noch bei lauen Partien unablässig »Hoi, hoi, hoi!« und »Schuss! Schuss!« und ging derart mit, dass er mit seiner Begeisterungsfähigkeit für uns oft sehr viel interessanter war als das Geschehen auf dem Bildschirm. Zu großer Form lief er allerdings erst auf, als es später infolge verbesserter Magnetbandtechnik üblich wurde, besonders spannende Szenen mehrmals hintereinander zu zeigen. Wenn dann ein Tor fiel, brüllte er lautstark: »Toooor! Toooor! Toor!«, um nach der obligatorischen Wiederholung wie verrückt zu kreischen: »UND NOCHMAL EINS!«

War früher im Fernsehen tatsächlich alles besser? Müssen wir seit den ersten grieseligen Schwarz-Weiß-Bildern der frühen Fünfzigerjahre bis heute einen unablässigen Verfall der Programmqualität beweinen? Wenn ich heute mal wieder ziemlich enttäuscht und mit dem Gefühl, ich hätte mit meiner

Zeit wahrlich etwas Besseres anfangen können, aufstehe von einer in Sat 1, Pro Sieben oder RTL ausgestrahlten Daily- oder Doku-Soap-, Sitcom- oder Reality-Show und wie derlei Darbietungen alle heißen, und – wahrscheinlich mit verklärtem Gesichtsausdruck – an die Sendungen von damals zurückdenke, dann kommt es mir manchmal vor, als ob die vielfach propagierte Auffassung, in jenen Tagen sei das Programm an sich und insbesondere jede einzelne Sendung besser gewesen, tatsächlich zutrifft. So unvermeidlich wie der Benzinpreis steigt ja angeblich von Jahr zu Jahr auch das Angebot an Sex and Crime im Fernsehen. Und selbst wenn diejenigen, die den Niedergang der TV-Kultur beklagen, ihre Behauptung oft mit keinem konkreten Beispiel belegen können, zeigt die »gefühlte« Qualitätskurve bei vielen in der Tat beständig nach unten. Andererseits: Wenn wir Ausschnitte aus alten Sendungen sehen, die anlässlich diverser Jubiläen hin und wieder ausgestrahlt werden, haben wir doch den Eindruck, dass der Anteil an flachen, ja, sagen wir getrost: dämlichen Produktionen zu allen Zeiten etwa prozentual gleich war. Der Unterschied war allenfalls, dass der »Bildungsauftrag« des Fernsehens – in Form von Diskussionen, Opern, Schauspielen und aufwändigen Dokumentationen – seinerzeit noch Platz im Abendprogramm hatte, während die Zwanzig-Uhr-fünfzehn-Zeit heute so gut wie ausschließlich für Unterhaltung und Zerstreuung reserviert ist.

Allemal besser als früher ist heutzutage die technische Qualität der Sendungen. Um noch einmal auf das Beispiel des Sibirien-Flüchtlings Clemens Forell zu kommen: Würde man *So weit die Füße tragen* noch einmal für das Fernsehen bearbeiten – in Farbe natürlich und mit all den technischen Raffinessen, die mittlerweile zur Verfügung stehen –, so hätte die damalige Version allenfalls den Vorzug verklärender Nostalgie, aber die Darstellung von Schnee und Sturm, der sibirischen Landschaft und nicht zuletzt der allgegenwärtigen Wölfe wäre heute weit eher geeignet, das Grauen der nicht endenwollenden Flucht wieder aufleben zu lassen, weil sie nicht immer wieder an den unpassendsten Stellen zum Lachen reizen würde.

Wenn wir eine alte *Bonanza*-Folge ansehen, können wir kaum glauben, dass wir die Stimme von Hoss seinerzeit tatsächlich für seine eigene gehalten haben, so auffällig weichen Text und Lippenbewegungen voneinander ab. Und uns scheint, dass die Fernsehköche – schon immer haben sie Mahlzeiten zubereitet, die den Zuschauern allenfalls Bewunderung abnötigten, jedoch für Normalsterbliche kaum nachzukochen waren – früher weder gekonnter noch appetitlicher zu Werke gegangen sind. Im Gegenteil! Wenn wir sehen, welche verführerischen Köstlichkeiten Lafer, Klink oder auch Biolek heute auf den Teller zaubern, sind uns die panierten Schnitzel von damals eher peinlich, erinnerten sie doch fatal an Hundekuchen.

Und die Inhalte? Nun, da hat sich manches zum Guten, anderes jedoch zum Schlechten verändert. Ausgesprochen nervig finden wir die allgegenwärtigen Talkshows, die von morgens bis spät in der Nacht auf irgendeinem der mittlerweile überaus zahlreichen Kanäle laufen. Und uns langweilen Sendungen, in denen Menschen nichts anderes tun, als pausenlos zu reden und ihre persönlichen Probleme auszubreiten, die die Fernsehzuschauer im Grunde ebensowenig etwas angehen wie die intimen Bekenntnisse, mit denen man uns ungefragt zu Voyeuren macht und bei denen man den Eindruck hat, dass die Gäste in den Gesprächsrunden umso begehrter sind, je ausgefallener ihre sexuellen Neigungen und Praktiken sind. Wenn uns eine Frau erzählt, sie müsse, um ihren Partner zu erregen, Babywindeln tragen, oder ein Mann, seine Freundin stehe auf Sex in einem Bett aus Hackfleisch, dann finden wir derlei vulgäre Indiskretionen allenfalls peinlich. Und wenn dann auch noch ein Moderator mit zerfurchter Stirn und der salbadernden Stimme eines Seelsorgers pseudopsychologische Ratschläge erteilt, schalten wir ab.

Was uns obendrein schwer auf den Geist geht, sind die zahllosen ähnlichen Formate, die sich erbarmungslos über uns ergießen, sobald einmal eine derartige Sendung Erfolg gehabt hat. Nachdem eine als Experiment bezeichnete, aber im Grunde vor allem banale Show wie *Big Brother* erstaunliche Einschaltquoten erzielte, mussten natürlich unverzüglich *Girls Camp, Insel-Duell* und *Kämpf um Deine Frau* folgen. Und nach Produktionen wie *Der große Deutschtest, PISA – der Ländertest* und *Deutschlands klügste Schüler* nervt man uns ebenso pausen- wie gnadenlos mit immer neuen, dabei aber immer absurderen und oberflächlicheren Bildungs- und Intelligenztests, die das PISA-Fiasko eher belegen als beheben.

Doch zur Ehrenrettung des heutigen Fernsehens sei eingeräumt, dass im selben Maß wie die flachen Darbietungen auch die Anzahl der besseren oder, um einen etwas abgedroschenen Ausdruck zu bemühen: anspruchsvolleren Sendungen zugenommen hat. Diese werden allerdings mittlerweile zum größten Teil in die dritten Programme oder auf die Zeit nach 23 Uhr abgeschoben.

Ein persönliches Bekenntnis vorweg: Ich bin kein großer Kinofan und war es nie. Insofern ist die unbestritten enorme Bedeutung des Kinos für die – in ihrer Jugend noch kaum vom Fernsehen erfasste – Generation Käfer teilweise an mir vorübergegangen. Allerdings hatte ich nie das Gefühl, dass meine Distanz zum Kino mich zum Außenseiter machte. Da hat es die Generation nach uns schon weitaus schwerer. Von den 25- bis 35-Jährigen wird heute ganz einfach erwartet, dass sie in der aktuellen Filmszene zu Hause sind, dass sie nicht nur sämtliche Schauspieler mit zugehörigen Biografien und wichtigen Rollen, sondern auch alle Regisseure mit den von ihnen bevorzugten Stilrichtungen kennen. Fragen sie sich unter einander ganz selbstverständlich:»Wie findest du Schauspieler A im Film B?«, so erkundigen sie sich bei uns, falls sie überhaupt an unserer Meinung interessiert sind, vorsichtshalber erst einmal:»Hast du vielleicht ausnahmsweise den Film B gesehen?«, und sind uns überhaupt nicht gram, wenn wir wahrheitsgemäß verneinen. Denn die meisten Angehörigen der Generation Käfer sind auch dann, wenn sie als Jugendliche mehrmals wöchentlich – für jeweils nur einige Groschen Eintritt übrigens – im Kino waren, mittlerweile ausgestiegen. Zu viel, zu schnell, zu laut!

Die Jungen führen unser Desinteresse am Kino jedoch vor allem auf die Filme zurück, die sie selbst aus den Fünfzigerjahren kennen und die als Inbegriff nostalgischen Kitsches vorzugsweise an Sonntagvormittagen zwischen zehn und zwölf im Fernsehen wiederholt werden: Heimatfilme wie *Das Rauschen der Birken*, *Heideröslein*, *Der Förster vom Silberwald*, *Wo der Wildbach rauscht* oder *Die Geierwally* mit Barbara Rütting sowie Familienepen, in denen die Welt – zumindest zum Ende hin – noch ganz und gar in Ordnung war, wie *Die Trapp-Familie* mit der Parademutter Ruth Leuwerik. Dafür, dass Menschen, die mit solchen Streifen groß geworden sind, heute nicht besonders gern ins Kino gehen, haben die jungen Leute volles Verständnis.

Dabei gab es seinerzeit durchaus gelungene cineastische Versuche, sich kritisch mit der Vergangenheit auseinanderzusetzen – beispielsweise Bernhard Wickis *Die Brücke* oder *Des Teufels General* mit Curd Jürgens – und zudem gesellschaftskritische Streifen wie *Wir Wunderkinder* mit Hansjörg Felmy und Johanna von Koczian, die – seinerzeit noch alles andere als selbstverständlich – kein Blatt vor den Mund nahmen und den immer satter werdenden und zum Teil schon wieder unerträglich arroganten Nachkriegsdeutschen unbarmherzig den Spiegel vorhielten.

Wer sich ausweinen wollte, ging in *Sissi – Schicksalsjahre einer Kaiserin* mit der zuckersüßen Romy Schneider, und derjenige, dem mehr nach Schmunzeln zumute war, in *Der Hauptmann von Köpenick* mit Heinz Rühmann, einen Streifen, den ich mir ebenso wie die *Feuerzangenbowle* noch heute immer wieder mit derartigem Vergnügen ansehe, dass ich die Rolle des Pennälers Hans Pfeiffer – mit drei f – jederzeit auswendig spielen könnte. Neben Rühmann waren die drei Säulen des deutschen Films der nordisch-kühle Hans Albers, der charmante und pfiffige O. W. Fischer – genial in *Peter Voss, der Millionendieb* – und natürlich Maria Schell, deren Markenzeichen das tränenerstickte Lachen war und über die deshalb der populäre Reim kursierte: »Niemand weint so schön und schnell wie im Film Maria Schell.«

Tief bewegt hat uns damals die Verfilmung des Hemingway-Romans *Wem die Stunde schlägt* mit den grandiosen Schauspielern Ingrid Bergmann und Gary Cooper. Ich weiß noch genau, wie ich nach der Vorführung erschüttert das Kino verließ und mich fühlte wie ein einsamer Rächer, ein Lonely Rider: fest entschlossen, von nun an unbeirrbar meinen Weg zu gehen und allen Widrigkeiten dieser Welt unerschrocken die Stirn zu bieten – wenn es sein musste, bis zum bitteren Ende.

Im Übrigen spielte damals die Zensur noch immer eine nicht zu unterschätzende Rolle. Als *Casablanca* 1953 in die deutschen Kinos kam, war der Film zwanzig Minuten kürzer als die Originalfassung, weil man sämtliche Szenen herausgeschnitten hatte, die Deutsche in Naziuniform zeigten. Den Major Strasser hatte man gänzlich eliminiert, weshalb er im Finale auch nicht von Humphrey Bogart erschossen werden konnte. Und der Widerstandskämpfer Laszlo wurde kurzerhand in einen Wissenschaftler umgewandelt, der irgendwelche ominösen Delta-Strahlen entdeckt hatte. Erst 1975 lief der Film dann in der ungekürzten Originalfassung im Fernsehen.

Auch unsere Väter und Mütter waren zum großen Teil begeisterte Kinogänger. »Lichtspielhäuser« wie *Capitol, Gloria* und – ein wenig schlichter – *Filmeck* boten, vom allgegenwärtigen Radio abgesehen, eine der wenigen und vor allem erschwinglichen Möglichkeiten, das Elend der Fünfziger wenigstens für kurze Zeit zu vergessen und sich für ein, zwei Stunden zu vergnügen. Bei meinen Eltern war es eine geheiligte Tradition, am frühen Freitagabend ins Kino zu gehen, wobei sie uns Kinder ganz selbstverständlich allein zu Hause ließen. (So sind auch wir noch mit unseren eigenen Söhnen und Töchtern verfahren, und erst diese entwickelten später erhebliche Bedenken dagegen, Kinder abends allein zu lassen.)

Neben den Eindrücken, die das jeweilige cineastische Opus auf sie machte, brachten sie ziemlich regelmäßig noch dreierlei mit: erstens ein paar mehr oder minder aktuelle Nachrichten aus *Fox tönender Wochenschau*, die sich dadurch auszeichnete, dass sie auch scheinbar Belanglosem mit Hilfe dramatisch an- und abschwellender Musik noch eine gewisse Spannung abgewann; zweitens einen vierseitigen Prospekt des gesehenen Films, der – die Erkenntnis habe ich allerdings erst weitaus später gewonnen – häufig viel sehenswerter war als der Streifen selbst; und drittens einen Eisbecher mit Sahne von Toscani, einer der ersten Eisdielen weit und breit, die tatsächlich von echten Italienern geführt wurde. Nicht wenige dieser mit ein paar Tischen und bunten Stühlen ausgestatteten Lokale wurden später in *Gelateria* umgetauft – wohl um der wachsenden Zahl der Italienreisenden auch in unseren Breiten südländisches Flair vorzugaukeln. Das geschah aber erst, als wir gelernt hatten, dass italienische Wörter dieser Art nicht auf dem e der drittletzten, sondern auf dem i vor der letzten Silbe betont wurden, dass es also nicht Cafetéria, sondern Cafetería hieß.

Jeden Sonntagmorgen packte mein Vater meinen Bruder und mich in seinen Käfer und fuhr uns zum *Filmeck*, wo es – für achtzig Pfennige auf den billigen und eine Mark zwanzig auf den Logenplätzen – jeweils einen neuen Märchenfilm zu sehen gab. Eigentlich hätten uns diese frühkindlichen, jede Woche aufs Neue herbeigesehnten Erlebnisse prägen und in uns eine innige Beziehung zum Kino entstehen lassen müssen, doch weit gefehlt. Wenn wir heutzutage wieder einmal einen der wenigen Streifen, von denen wir uns fest vorgenommen hatten, ihn unbedingt anzusehen, verpasst haben, wenn wir registrieren müssen, dass er selbst im extrem rückständigen *Capitol* nicht mehr läuft, dann trösten wir uns mit dem Gedanken, dass wir ihn uns ja ein, zwei Monate später problemlos in der Videothek – neuerdings auch als DVD – ausleihen und in aller Ruhe auf dem heimischen Fernseher zu Gemüte führen können, wo wir obendrein die Möglichkeit haben, beliebig viele Kaffeepausen einzulegen und uns besonders gelungene Passagen mehrfach und, falls uns danach zumute ist, sogar in Zeitlupe anzusehen.

Doch wenn dann ein bis zwei Jahre später besagter Film im Fernsehprogramm erscheint, fällt uns ein, dass wir das Ausleihen wieder einmal vergessen haben und dass wir nun, wenn wir den Streifen nicht endgültig als ungesehen abhaken wollen, gezwungen sind, RTL oder Sat 1 zu gucken, was viele von uns höchst ungern tun. Wenn wir dann trotzdem in den sauren Apfel beißen, ist das ein Indiz dafür, wie viel uns an eben diesem cineastischen Meisterwerk liegt, denn damit sind wir automatisch gezwungen, uns mit den an den unpassendsten Stellen eingestreuten und generell viel zu langen Werbeeinblendungen abzufinden – es sei denn, wir nehmen es auf und überspringen beim Abspielen schadenfroh die lästigen Reklameunterbrechungen.

Ein Kino, das es uns Heranwachsenden besonders angetan hatte, war das *Aki*. Die Filmtheater dieser Kette – der Name leitete sich von *Aktualitäten-Kino* ab – fanden sich in den Hauptbahnhöfen aller großen Städte. Als Neon-Logo erstrahlte am Eingang ein stilisiertes Globus-Gradnetz, darauf der Name *a-ki*, zweizeilig geschrieben mit leicht schräg gestelltem *a*. Obwohl dort – pausenlos und mit immerwährendem Einlass – eigentlich nur Zusammenfassungen aus Wochenschauen, unterbrochen von ein paar Zeichentrickfilmen und hin und wieder einem »Kulturfilm« – heute würde man »Dokumentarfilm« dazu sagen –, gezeigt wurden und beileibe noch nicht, wie Jahre später, vornehmlich Schmuddelfilme, hatte das Etablissement für uns doch etwas herrlich Verruchtes, das wir uns bei 50 Pfennigen Eintritt auch durchaus hin und wieder leisten konnten.

Neben der eigentlichen Leinwand war für die Bahnreisenden eine zweite, kleinere, mit Informationen über Verspätungen, Gleisverlegungen und Ähnliches sowie eine große beleuchtete Uhr angebracht. Das Besondere am Aki war für uns, dass wir uns dort für relativ wenig Geld beliebig lange vergnügen und dabei noch – gleichsam als kostenlose Zugabe – heimlich die Liebespärchen beobachten konnten, die im rückwärtigen Teil pausen- und oft auch reichlich hemmungslos miteinander knutschten.

Mit Frau Siegelsheimer, einer betagten Rentnerin aus dem dritten Stock unseres Mietshauses, hatten meine Eltern ein Abkommen zu gegenseitigem Nutzen geschlossen: Mein Bruder und ich brachten ihr regelmäßig, wenn wir von der Schule zurück waren, die gelesene Tageszeitung, und die alte Dame revanchierte sich damit, dass sie uns Woche für Woche ihr Abonnementsexemplar der *Quick* abtrat, seinerzeit die verbreitetste und beliebteste deutsche Illustrierte. Sie lese darin ohnehin nur wenige Beiträge, erzählte sie uns jedes Mal, wolle aber schon wegen des allwöchentlichen Fortsetzungsromans nicht darauf verzichten.

Fortsetzungsromane waren in den Fünfzigern vor allem für auf dem Land lebende Menschen die einzige Form von Literatur, an die sie bequem und kostengünstig herankamen. Rund zwei Drittel der Haushalte besaßen keine oder nur sehr wenige eigene Bücher, und diejenigen Familienmitglieder, die gerne welche lasen, bezogen sie, sofern sie in einer Stadt zu Hause waren, in der Regel aus privaten Leihbüchereien, von wo man sie für wenige Pfennige zwei, drei oder vier Wochen lang mit nach Hause nehmen konnte.

So machte es auch meine Mutter, wobei sie erstaunlicherweise eine Bibliothek bevorzugte, bei der Ausleihe und Rückgabe von einer griesgrämigen älteren Angestellten vorgenommen wurden, die immer ein Gesicht machte wie Inge Meysel in einem ihrer zahlreichen Filme, in denen sie aller Welt zeigen muss, dass mit alten Frauen nicht gut Kirschen essen ist. Wenn Mutter abends vor dem Schlafen noch ein wenig Zeit fand, las sie gern in Romanen, die ihr den oft dunkelgrauen Alltag ein wenig aufhellten. Hin und wieder beschäftigte sie sich sogar mit einem Werk der prominenten deutschen Romanciers aus der ersten Hälfte des zwanzigsten Jahrhunderts wie Alfred Döblin, Hermann Hesse und besonders gerne Thomas Mann. Die *Buddenbrooks* hat sie, wenn ich mich recht entsinne, sogar mehrmals gelesen, so sehr hatte es ihr das Schicksal der Lübecker Kaufmannsfamilie angetan.

Wir Kinder lasen, auch wenn unsere Eltern davon wenig begeistert waren, lieber *Micky Maus*, wobei mir die Geschichten um den genialen Erfinder Daniel Düsentrieb besonders zusagten, außerdem schmale Heftchen im Querformat wie *Akim*, *Sigurd* oder *Prinz Eisenherz* – was nur möglich war, weil der Bundesgerichtshof im Jahr 1955 entschieden hatte, »moderne Bildstreifenhefte« dieser Art würden nicht zur »geistigen Verarmung« führen und müssten daher nicht verboten werden.

Später verschlangen wir dann Bücher wie *Tom Sawyer*, *Huckleberry Finn* und *Lederstrumpf* und nicht zuletzt natürlich die Werke von Karl May, bei denen man so herrlich von Abenteuern in fremden Ländern träumen konnte. Daneben begeisterten wir uns aber auch für Groschenromane: am allermeisten für die Abenteuer des *G-Man Jerry Cotton* mit seinem Kollegen und Kumpel Phil Decker und seinem stets etwas nervigen Chef Mr. High. Schließlich mussten wir uns in der Schule ja schon genug mit schwierigeren Texten herumschlagen, insbesondere mit denen von Dichtern, die sich im Dritten Reich, teilweise nach anfänglicher Begeisterung für den Nationalsozialismus, in eine Position geistiger Distanz, genannt »Innere Emigration«, zurückgezogen hatten: Ernst Jünger, Hans Carossa, Ina Seidel und Werner Bergengruen, um nur einige der bekanntesten zu nennen.

Ab Mitte der Fünfzigerjahre begannen dann die Buchgemeinschaften ihren Siegeszug, und schon bald gehörte jeder fünfte deutsche Haushalt zu ihren Kunden. Auch meine Eltern ergriffen die Chance, relativ günstig an seinerzeit noch aufwändig gestaltete Bücher heranzukommen, die man nicht nur lesen, sondern mit denen man vor allem auch dem Wohnzimmerschrank ein repräsentatives und intellektuelles Gepräge geben konnte. Immerhin waren die Bände, die sie damals regelmäßig vom Bertelsmann-Buchclub bezogen, in ihrer feinen Halbleder-Ausführung durchaus als Schmuckstücke zu bezeichnen.

Und wenn Vater und Mutter im vierteljährlich erscheinenden Clubheft einmal nichts fanden, was sie interessierte, durften mein Bruder und ich uns einen Band aussuchen, wobei die Entscheidung stets mir oblag, da mein Bruder nie viel übrig hatte für Abenteuergeschichten wie *Polizeiwagen 220* von Hans G. Bentz oder heitere Romane wie *Zwei Töchter auf Pump* vom selben Autor, das ich in meinem pubertär erhöhten Interesse für das weibliche Geschlecht mit großer Spannung verschlungen habe.

Auf diese Weise kam ich an Cecil Scott Foresters wunderbare Bücher über Leben und Karriere des englischen Seehelden *Horatio Hornblower* zur Zeit der Napoleonischen Kriege. Die aufregenden Abenteuer, die er während seines Aufstiegs vom einfachen Kadetten zum berühmten Admiral zu bestehen hatte, und die mutige Pfiffigkeit, die er dabei, wiewohl im Inneren stets das Schlimmste befürchtend, beim Kampf gegen scheinbar unüberwindliche Hindernisse an den Tag legte, beeindruckten mich ungemein. Mehr als einmal bedauerte ich, dass die Zeit der hölzernen Segelschiffe, auf denen ein Mann noch zum Helden werden konnte, unwiederbringlich vorbei war (wobei mir insgeheim schmerzlich bewusst war, dass ich zu einem Hornblower nie und nimmer das Zeug gehabt hätte).

Im Grunde bin ich froh, dass es damals noch so gut wie keine Taschenbücher gab, obwohl ich deren segensreiche Auswirkung auf die allgemeine Lesefreude natürlich keinesfalls in Abrede stellen will. Tatsache ist jedoch, dass die *Hornblower*-Bände mit ihren prächtigen blau-roten Lederrücken noch heute eine Zierde meiner Wohnzimmer-Schrankwand sind und dass ich, vor allem wenn ich unvermittelt Opfer nostalgischer Anwandlungen werde, immer wieder gerne ein wenig darin lese.

An der *Quick* von Frau Siegelsheimer interessierte mich der Fortsetzungsroman jedoch nicht im Geringsten – vielmehr wartete ich Woche für Woche gespannt auf die neuesten Abenteuer des Meisterdetektivs *Nick Knatterton* aus der Feder des genialen Karikaturisten Manfred Schmidt. Der hakennasige, Pfeife rauchende Typ in kariertem Mantel und ebensolchen Knickerbockers erschien 1950 zum ersten Mal und kämpfte von da an jede Woche gegen die Bösen im Einzelnen, aber vor allem auch gegen das Schlechte an sich. Gegen Virginia Peng und Nacki Nutt, aber auch gegen die Bande »Schwarzer Fuß mit rotem Herz« und viele andere mehr. Sein scharfsinniges »Kombiniere« – etwa, wenn er auf Bahngleisen gefesselt rasch den Bremsweg eines herannahenden Zuges überschlug – wurde zum geflügelten Wort zwischen mir und meinen Klassenkameraden, und sicher auch zwischen unzähligen anderen Knatterton-Fans.

Der ungeheure Erfolg der Serie war in erster Linie wohl dem genialen Witz zu verdanken, den Manfred Schmidt wie kaum ein anderer beherrschte und den Bildern in eckigen Textblöcken zur Seite stellte. So stand einmal über der Zeichnung zweier miteinander im Zug tuschelnder Verbrecher: »Wegen geschlossener Scheiben und D-Zug-Rauschens ist nicht zu hören, was die beiden reden.« Ein weiterer Grund waren die teils versteckten, größtenteils aber unverhohlenen Anspielungen auf die Bonner Politik, die mit der Zeit geradezu eine Art Kultcharakter bekamen. So zitierte Knatterton einmal aus dem Handbuch *Wie werde ich Politiker?*: »Wenn man die Menschen täuscht, sind sie am glücklichsten«; und ein andermal hüpft er mit der Bemerkung »Rechtzeitiges Abspringen ist sehr wichtig« aus einem Schiff – angeblich einem Zitat aus dem Handbuch *Wie gründe ich eine Partei*.

Über Nick Knatterton wurde ein Film gedreht, er erschien auf Apfelsinenpapier, als Marionetten- und Kasperpuppe und – wofür ihn sein kantiges Kinn natürlich besonders prädestinierte – als Nussknacker. Als im Jahr 1998 anlässlich des 85. Geburtstages seines Schöpfers Manfred Schmidt in mehreren deutschen Städten eine große Knatterton-Retrospektive gezeigt wurde, ließ ich es mir nicht nehmen, eigens nach München zu fahren, um mir den hintersinnigen Pfeifenraucher noch einmal anzusehen.

Doch nicht nur Polizei und Detektive hatten seinerzeit ihre Helden, die in aller Munde waren, sondern auch die Angehörigen der Gegenseite, der verbrecherischen Unterwelt. Deren fiesester und gleichwohl beliebtester war *Dickie Dick Dickens*, von dem die Autoren Rolf und Alexandra Becker schrieben: »Wir erzählen Ihnen die Geschichte von Dickie Dick Dickens, dem gefährlichsten Mann, den die Unterwelt Chicagos je ausgespuckt hat; Dickie Dick Dickens, gefürchtet, verachtet, gehasst, ein Ausgestoßener.«

Dieser miese, verabscheuungswürdige Typ war seinerzeit eine Kultfigur, deren Missetaten – in Radiohörspielen aufwändig in Szene gesetzt – ein Millionenpublikum lauschte. Die zugleich spannenden und höchst amüsanten Episoden aus dem – wie es hieß – »atemberaubenden Leben des gefährlichsten Mannes von Chicago« wurden von mehr als drei Dutzend Schauspielern erzählt, wobei Carl-Heinz Schroth in der Hauptrolle des Dickie Dick Dickens brillierte. Seiner sprachlichen Virtuosität allein war es zu verdanken, dass in der Fangemeinde des Gangsters Wetten über die Frage kursierten, ob er tatsächlich existierte oder nicht.

Letztendlich war die bunte Sammlung skurriler Storys über Gauner, Geheimagenten, Betrüger, Schmuggler und nicht zuletzt die Polizei nichts weiter als eine überaus gelungene Parodie auf die amerikanischen Gangsterfilme der Fünfzigerjahre. Nicht umsonst spielte die Serie in Chicago, seit jeher Sinnbild für Verbrechen, Mord und Totschlag. Dort verlebte Dickie Dick Dickens, wie es hieß, »68 Prozent seines sensationellen Lebens, die restlichen 32 Prozent verbrachte er in Sing Sing, der modernsten Strafanstalt der Staaten«, wo er die Zeit zur »Berufsbetonung« und »Pflichterneuerung« nutzte. Immerhin wurden von der grotesken Gangstergeschichte rund 50 Folgen produziert und ausgestrahlt, und ich weiß noch genau, wie die ganze Familie gebannt vor dem Radio saß und atemlos lauschte.

Meinem Bruder waren sowohl Nick Knatterton als auch Dickie Dick Dickens ziemlich gleichgültig – dafür wartete er Woche für Woche auf *Sternchen*, die Kinderbeilage des *Stern*, die einer seiner Klassenkameraden ihm leihweise zur Verfügung stellte. »Kinder haben Sternchen gern – Sternchen ist das Kind vom Stern«, hieß es seinerzeit, und im Sternchen fanden die jungen Leser Woche für Woche Bildergeschichten mit den neuesten Abenteuern von Julio, dem prächtig gekleideten argentinischen Gaucho, und *Jimmy*, seinem universell einsetzbaren *Gummipferd*, auf dem er stolz durch die Pampa, aber auch durch allerhand fremde Länder ritt und aus dem er, wenn es brenzlig wurde, kurzerhand die Luft abließ.

Und dann war da noch *Mecki*, der drollige kleine Igel aus der *Hörzu*, den jedes Mädchen, das etwas auf sich hielt, als Steiff-Puppe besaß und dessen stoppelige Haartracht der allseits beliebten Mecki-Frisur ihren Namen gab. Als Identifikationsfigur des »kleinen Mannes« war er populärer als jeder Politiker und symbolisierte zusammen mit seinen Freunden Charly Pinguin und dem stets müden Schrat die nach dem Krieg bunt zusammengewürfelte Bevölkerung. Klar, dass er schon bald von der Werbung entdeckt wurde und dann überall – auf Plakaten, Postkarten, Zahltellern, Lampions und Streichholzbriefchen – zu sehen und in einem eigens komponierten Mecki-Song sogar zu hören war.

SIGNALE
Von bunten Familienabenden, magischen Augen
und Computern, die sich nicht ärgern

In der Vor-Fernseh-Ära, aber durchaus auch noch danach, als
es außerhalb der wenigen Programmstunden noch ausge-
dehnte TV-freie Zeiten gab, war das Radio an Feierabenden
und Wochenenden bei uns zu Hause das mit Abstand beliebteste Vergnugungsmedium. Besonderen Spaß hatten meine
Eltern an *Bunten Abenden* mit leichter Operettenmusik, einigen kabarettistischen Einlagen und hin und wieder einer
Quizrunde. Mein Bruder und ich hätten natürlich viel lieber
Schlager und Jazz bei Radio Luxemburg oder AFN gehört oder
Chris Howland alias Mr. Heinrich Pumpernickel gelauscht,
der als Deutschlands erster »Schallplattenjockey« beim
Nordwestdeutschen Rundfunk mit seinem unnachahmlichen
Akzent (»Hallo, meinar Freundar; sitzen Sie bekwäm?«) di-
verse Schlagersendungen und später im Fernsehen die genia-
le Produktion *Musik aus Studio B* moderierte, in der er nicht
nur Songs nach unserem Geschmack spielte, sondern daneben auch gleich noch die Texte übersetzte, sodass wir unseren
Eltern gegenüber behaupten konnten, dabei Englisch zu lernen. Wobei da sogar etwas dran war, denn mit Sätzen wie *And*
although it's always crowded, you can still find some room aus
Heartbreak Hotel konnten wir Jungen einem Mädchen mit
Sicherheit mehr imponieren als mit »This is Mr. Miller. And
this is Joan, Mr. Miller's daughter« aus unserem Englischbuch.

Was das Rundfunk-Angebot betrifft, so erinnere ich mich
noch besonders gut an *Wer gegen wen?*, ein Quiz, das später
auch ins Fernsehen übernommen wurde und in dem die Mit-

spieler entscheiden mussten, ob die skurril klingenden Behauptungen, die der Moderator Hans Joachim Kulenkampff ihnen vorlas, der Wahrheit entsprachen oder nicht. Wenn die Antworten allzu dämlich ausfielen, habe ich mich manchmal gefragt, ob die ganze Sache nicht vielleicht nur getürkt war, damit die Radiohörer etwas zum Schmunzeln hatten und sich selbst besonders klug vorkamen; schließlich konnte man die Kandidaten ja nicht sehen.

Sehr geschätzt waren darüber hinaus Gratulationssendungen für Geburtstagskinder und sonstige Jubilare und ganz besonders Hörspiele jedweder Art, heitere Familien- und spannende Abenteuergeschichten, wobei Krimis bei uns zu Hause an der Spitze der Beliebtheitsskala standen. Aber auch den poetischen Werken von Günter Eich, dem produktivsten Hörspielautor der Nachkriegszeit, lauschten wir mit Vergnügen. Wenn wir heute im Radio kaum noch Derartiges geboten bekommen, so wohl vor allem deshalb, weil die meisten von uns beim besten Willen nicht mehr in der Lage sind, sich auf längere Wortbeiträge zu konzentrieren. Wie anders ist es zu erklären, dass selbst relativ kurze Interviews mit durchaus interessanten Gesprächspartnern, die man gern in einem Stück verfolgen würde, seit vielen Jahren nur noch in winzigen, durch ständige, nervende Musikeinspielungen unterbrochenen Häppchen gesendet werden? Allerdings stellt sich – ähnlich wie bei Huhn und Ei – die Frage, ob das heutige Radio mit seinem Dudelprogramm wirklich nur auf die nachlassende Konzentrationsfähigkeit und -bereitschaft der Hörer reagiert oder ob es sie nicht vielmehr selbst geschaffen hat. Manchmal hat man jedenfalls den Eindruck, dass die Programmverantwortlichen ihr Publikum für weitaus dümmer und oberflächlicher halten, als es ist, und sich dieser unterstellten Dämlichkeit vorauseilend anpassen. Oder sind sie gar selbst nicht die Allerhellsten?

Bei unserem Radio handelte es sich um ein hölzernes *Nord-mende Elektra* mit grau-brauner Stoffbespannung, einer riesigen, beleuchteten Skala, auf der dicht gedrängt eine Unzahl von Sendern verzeichnet waren – Luxemburg, Kopenhagen, Bordeaux, Monte Carlo und nicht zuletzt die rätselhaften Orte Hilversum und Beromünster –, sowie einem schummrig grün flackernden, der Feineinstellung dienenden »magischen Auge«. Später, als eine entfernte, verwitwete Tante meines Vaters gestorben war und er eine bescheidene Erbschaft machte, leisteten meine Eltern sich in einem Anfall von Kaufwut sogar ein ganz nobles Möbelstück: eine Musiktruhe mit eingebautem *Loewe-Opta*-Radio und – der besondere Clou – einer integrierten Hausbar, in der fürderhin neben bunten Cognacschwenkern stets je eine Flasche Eierlikör, Eckes Edelkirsch, Dujardin und vor allem Cointreau, das erklärte Lieblingsgetränk meines Vaters, zu finden waren.

Während aus dem Radio – infolge ferner Gewitter oft mit störenden Knackgeräuschen untermalt – Tanz-, Operetten- oder Heimatmusik erklang, versuchten wir, uns bei Gesellschaftsspielen wie *Mensch ärgere dich nicht*, *Halma* oder *Fang den Hut* gegenseitig auszutricksen, und als wir einige Jahre älter geworden waren, probierten wir dasselbe mit Kartenspielen wie *Rommé*, *Canasta* und einer speziellen fränkischen Form von *Sechsundsechzig* mit dem schönen Namen *Nürnberger Dreck*.

Zwar verlief kaum einer dieser Abende in perfekter Harmonie, weil mein Vater es sich nie verkneifen konnte, meiner Mutter ständig mit vorwurfsvoll gerunzelter Stirn auseinanderzusetzen, welche Karte sie eigentlich hätte ausspielen müssen, dennoch denke ich mit Freude daran zurück. Meine Eltern gönnten sich zu derartigen Anlässen gerne ein Gläschen Wein, und wir Kinder bekamen klebrige, süße Limonade – eine Köstlichkeit, die es nur zu besonderen Anlässen gab. Normalerweise pflegten wir unseren Durst nämlich mit Leitungswasser zu stillen oder allenfalls einmal mit einem Glas Milch, die meine Mutter, anfangs in der Kanne, später in großen braunen Flaschen vom Milchmann an der Ecke nach Hause schleppte.

Ich glaube, es ist an der Zeit, dass ich entschieden einem verbreiteten Eindruck entgegentrete: demjenigen nämlich, früher sei alles besser gewesen. Das ist natürlich Unsinn, denn früher gab es schließlich keine Signaltöne. Und ein Leben ohne diese Klänge in all ihren Varianten möchte ich mir wirklich nicht mehr vorstellen müssen. Ein Signalton ist als ein Laut definiert, der uns auf irgend etwas aufmerksam machen oder an irgend etwas erinnern soll. Davon gab es früher – man höre und staune! – ganze drei, die man auch ohne absolutes Gehör mühelos auseinanderhalten konnte: zwei höchst unterschiedliche Klingelzeichen von Haustür und Telefon, dazu das gleichförmige Tuten des Kurzzeitweckers, den meine Mutter einst als günstiges Einführungsangebot eines neu eröffneten Elektroladens mit nach Hause gebracht hatte und seitdem mit großer Begeisterung in der Küche verwendete (obwohl sie auch so ganz genau wusste, wann das Fleisch gar war oder der Kuchen den erwünschten Bräunungsgrad erreicht hatte).

Welche Vielfalt bezaubernder Töne entzückt dagegen heute unser Ohr! Und welche Spannung bringen sie in unser Leben! Wenn es bei mir zu Hause zweimal hintereinander kurz piepst, ist das entweder das Handy, das mich nachdrücklich auf eine eingegangene SMS aufmerksam machen will, die Mikrowelle, deren vorgewählte Einschaltzeit abgelaufen ist, oder der Wäschetrockner, der dezent dazu auffordert, ihn zu leeren. Mit einem einzigen schrillen »Huuup« weist das Faxgerät darauf hin, dass das Papier zu Ende oder die Druckpatrone für knapp 40,- Euro schon wieder leer ist, und einen sehr ähnlichen Ton gibt der Anrufbeantworter auf einen bestimmten Knopfdruck von sich, um anzuzeigen, dass er eine möglicherweise wichtige, aber leider vollkommen unverständliche Nachricht loswerden will.

Besonders nervig ist das schrille Kreischen des Weckers auf dem Nachtkästchen, weitaus melodischer dagegen das dezente »Ping« des Computers nach dem Leeren des elektronischen Papierkorbs (das ich indes nur selten zu hören bekomme, weil mich bei der unweigerlich auf dem Bildschirm erscheinenden Nachfrage »Sind Sie wirklich sicher, dass Sie den gesamten Inhalt unwiderruflich löschen wollen?«, regelmäßig der Mut zum entscheidenden Mausklick verlässt).

Doch auch wenn man aus dem Haus geht, muss man nicht ohne Signaltöne auskommen. Das Auto meldet sich mit fünf bis sieben verschiedenen Geräuschen: wenn wir uns nicht angeschnallt haben, wenn der Blinker an oder das Abblendlicht aus ist, wenn eine Tür nicht hermetisch geschlossen und der Tank dreiviertelleer ist, wenn der Motor zwei Grad wärmer als vorgesehen und der Kofferraum zu voll ist – und in Zukunft wahrscheinlich auch, wenn man Hundedreck am Schuh hat. Und auch für Nicht-Autofahrer ist gesorgt: Das Schließen der ICE-Türen wird ebenso fürsorglich von fortgesetztem Piepsen begleitet wie das Anfahren der Straßenbahn – in den Fünfzigern noch durch lautes Klingeln angekündigt – und das bevorstehende Anhalten des Busses.

Entscheidend ist, dass man mit den Signaltönen richtig umgeht. Bin ich früher jedes Mal zu meinem Handy gespurtet, wenn die Mikrowelle ihr Abschalten kundtat, und zum Faxgerät, wenn die Geschirrspülmaschine darauf aufmerksam machen wollte, dass das Reinigungsmittel ausging, so habe ich mittlerweile gelernt, die Geräte so zu programmieren, dass bei besonders wichtigen Warnungen und Meldungen einprägsame Melodien erklingen. So meldet sich mein Handy bei einem Anruf meiner teuren Ehefrau immer mit der Klangfolge *Für Elise*, und meine Angelfreunde werden mir durch *Da liegt ein toter Fisch im Wasser* avisiert. Das Telefon tütet *Kein Schwein ruft mich an*, und die Ankunft einer SMS wird mir von meinem Handy mit *Horch, was kommt von draußen rein* angezeigt.

An einen Signalton erinnere ich mich besonders intensiv. Er gehörte zu dem Taschenrechner, den mir mein Vetter Heinrich einst mit glänzenden Augen präsentierte. Voller Stolz hielt er mir das Gerät, das etwa das Format dieses Buchs hatte, unter die Nase und erklärte mir, mit diesem Wunderwerk neuester Mikroprozessor-Technologie könne man nicht nur addieren, subtrahieren, multiplizieren und dividieren, sondern mühelos auch die schwierigsten Prozentrechnungen durchführen. Zwar quittierte der Apparat – er kostete seinerzeit sage und schreibe um die 700,– Mark – nicht, wie heute üblich, jeden einzelnen Tastendruck mit einem feinen Piepser, dafür ließ er ein triumphierendes Hupen erschallen, sobald er – was durchaus eine Weile dauern konnte – zum Resultat seiner Berechnungen gekommen war. Über einen Speicher verfügte das Gerät nicht, sodass man bei umfangreicheren Kalkulationen gezwungen war, die Ergebnisse der einzelnen Zwischenschritte zu notieren und dann erneut einzugeben – was die Fehlerquote natürlich immens erhöhte.

Verglichen mit den modernen Taschenrechnern im Scheckkartenformat, die man heutzutage bereits bei relativ bescheidenen Einkäufen als – in der Regel überflüssige, da bereits zwanzigfach vorhandene – Draufgabe bekommt, war das 700-Mark-Gerät ein mathematischer Stümper. Irgendwo habe ich gelesen, dass ein Kleinstrechner moderner Bauart, wie er heute im Mathematikunterricht verwendet wird, hinsichtlich seiner Rechenleistung dem Computer, der 1969 das komplette Mondlandungsprogramm der Amerikaner gesteuert hat, haushoch überlegen ist; das muss man sich einmal vorstellen!

Und dennoch war ich damals höchst beeindruckt und versuchte stundenlang, den Apparat mit fiesen mathematischen Aufgaben reinzulegen. Doch wenn er auch mit manchen Berechnungen für heutige Verhältnisse unglaublich lange beschäftigt war, so erwies er sich doch in arithmetischer Hinsicht als absolut sattelfest. Als ich es schließlich mit der perfidesten Variante, der versteckten Division durch Null, probierte, leuchtete auf dem grob gerasterten Display plötzlich ein Wort auf, über dessen Bedeutung ich seinerzeit eine Weile nachgrübeln musste, das uns heute jedoch so vertraut geworden ist wie unser eigener Name, nämlich das Wort »Error«.

Immerhin: Ich hatte einen Weg gefunden, ihn zur Aufgabe zu bewegen. Das bedeutet: Ich beherrschte die Grundzüge der Arithmetik so gut wie der Taschenrechner selbst. Heutige Schüler sind dank der Verfügbarkeit derartiger Geräte ab der ersten Klasse nicht einmal mehr auf das Erlernen der Grundrechenarten angewiesen und verzichten deshalb großzügig darauf. Das bekommt man in peinlichster Weise vorgeführt, wenn ein unter 40-jähriger Verkäufer wegen eines technischen Defekts einmal gezwungen ist, Wahnsinnsaufgaben wie »drei Cola à 1.85« im Kopf oder auf dem Papier zu lösen.

Als der *Commodore 64* aufkam, auf dessen Tastatur unsere Sprösslinge ihre ersten und durchaus prägenden Tippversuche unternahmen, wähnten wir uns für derlei »Schnickschnack« schon viel zu alt und hofften, wir kämen auf Dauer drumherum. Aber gemeinerweise haben sich die Computer in ihrer unaufhaltsamen Verbreitungswut nicht auf Büros und Arbeitsräume beschränkt, sondern sind – wie seit Mitte der Sechzigerjahre die Fernsehgeräte – aus kaum einem Haushalt mehr wegzudenken. Das wäre nicht weiter tragisch, hätte sich damit nicht auch die allgemeine Erwartungshaltung dramatisch verändert. Diejenigen von uns, die heute noch einen

Brief auf der Schreibmaschine – nach sorgfältigem Einlegen von Kohle- und hauchdünnem Kopierpapier – oder gar handschriftlich verfassen, gelten als unheilbar rückständig. Und das gilt erst recht für diejenigen unserer Altersgenossen, die das Internet noch immer für eine nutzlose Vergnügungsplattform jugendlicher Freaks halten, die jeglicher Form von Online-Banking aus Furcht vor Hackern – ohne indes erklären zu können, was das ist – stur misstrauen und Digitalkameras rundherum ablehnen, weil man da ja »keine Bilder in der Hand hat«.

Sicher hat zu der anfänglichen Ablehnung auch beigetragen, dass die Bedienung unter DOS alles andere als einfach oder auch nur anwenderorientiert war. Vertippten wir uns auf der Schreibmaschine, so konnte jeder halbwegs vernunftbegabte Empfänger unserer Schriftstücke dennoch mühelos erahnen, was gemeint war. Der Computer dagegen reagierte bereits auf das Weglassen eines einzigen Punktes in einem Befehl oder auf das durchaus logisch erscheinende Hinzufügen eines Bindestrichs extrem empfindlich und produzierte Ergebnisse, die wir zum einen keinesfalls beabsichtigt und von denen wir zum anderen keine Ahnung hatten, wie wir sie wieder rückgängig machen konnten.

Im Grunde hat sich daran bis heute wenig geändert. Zwar erscheinen viele Programme – einige von uns haben sich inzwischen sogar angewöhnt, von »Software« zu sprechen – auf den ersten Blick einfacher, dafür sind sie aber, wenn man ins Detail geht, um ein Vielfaches komplexer und damit schwerer beherrschbar geworden. Ohne wochenlanges Handbuchstudium und den Besuch eines speziell für das Programm veranstalteten mehrtägigen Kurses sind wir in der Regel vollkommen aufgeschmissen oder können zumindest nur einen Bruchteil der vorhandenen Möglichkeiten nutzen, was dazu führt, dass viele von uns den Computer lediglich als elektrische Schreibmaschine mit Korrekturtaste benutzen und nicht einmal in der Lage sind, das Geschriebene auch zu speichern.

Und dann die verteufelten Fehlermeldungen! Wenn auf dem Monitor mit impertinentem Piepston eine Nachricht wie »Schwerer Ausnahmefehler an Adresse ADX 58997878854« erscheint, dann sagt uns das etwa so viel wie eine Wegbeschreibung auf Chinesisch. Bis heute bleibt den meisten von uns völlig schleierhaft, was mit »Adresse ADX 58997878854« gemeint ist, worin denn nun der verflixte schwere Ausnahmefehler bestehen könnte und vor allem: was zu tun ist, um ihn zu beheben.

Besonders prekär wird die Angelegenheit, wenn wir unsere heimische Computeranlage, nachdem sie endlich halbwegs störungsfrei läuft, um eine neue Hardwarekomponente (dass derartige Ausdrücke einmal zu unserem Wortschatz zählen würden, haben wir in unserer Jugend auch nicht geahnt) erweitern. Dann funktioniert nämlich normalerweise erst einmal gar nichts mehr und wir müssen uns nach einem Experten umsehen. Haben wir einen solchen, beispielsweise in Form des eigenen Sohnes, in der Familie, ist das ein unschätzbarer Vorteil. Wir selbst müssen uns nicht um die leidige EDV-Anlage kümmern, sondern können sämtliche Hard- und Software-Um- und Aufrüstungen einfach in kundige Hände geben, und daneben haben wir die Möglichkeit, den begehrten Sohn an Freunde und Bekannte gleichsam auszuleihen. Nach dem Motto: »Reparierst du mein Auto, bekommst du dafür meinen Sohn, der sich um deinen Computer kümmert.«

Was mich an mikroprozessorgesteuerten Geräten jedoch am meisten stört, ist ihre durch und durch menschliche Eigenschaft, einmal einen guten und ein andermal wieder einen ebenso schlechten Tag zu haben – einen Tag, an dem sie uns mit permanentem Gezicke nerven, sodass wir versucht sind, sie anzuschreien oder ihnen zur Strafe den Strom abzudrehen. Dem steht auf der anderen Seite ihre extreme Unmenschlichkeit gegenüber, die sich vor allem darin ausdrückt, dass ihnen derartige Strafaktionen ebenso gleichgültig sind wie andere, gravierendere Missgeschicke und Niederlagen.

Am eklatantesten führen uns das Schachcomputer vor Augen. Spielen wir gegen einen solchen Apparat, sind wir durchaus selbst in der Lage, zu erkennen, dass unsere Stellung der seinen hoffnungslos unterlegen ist. Doch statt sich dezent darüber zu freuen, zeigt er uns bei jedem seiner – gemeinerweise jetzt in rasantem Tempo ausgeführten – Züge mittels eines kryptischen Zeichens an, dass er uns die sofortige Aufgabe empfiehlt. Gelingt es uns jedoch ausnahmsweise einmal, ihn in Bedrängnis zu bringen und schließlich sogar matt zu setzen, denkt er überhaupt nicht daran, sich zu ärgern, vielleicht zornrot aufzuglühen, in die Luft zu springen oder die Figuren durcheinanderzuwerfen, sondern verkündet stattdessen vollkommen unbeteiligt und emotionslos: »Ich bin matt.«

Und das soll Spaß machen?

KONSUM
Von guter Butter, nutzlosen Eselsbrücken und einem Scherenschleifer vor der Telefonzelle

Wenn meine Mutter mir eine besondere Freude machen wollte – mich vielleicht dafür belohnen, dass ich ihr ohne Aufforderung beim Abtrocknen geholfen oder sämtliche Schuhe der Familie auf Hochglanz poliert hatte –, dann durfte ich für sie einkaufen gehen. Wohlgemerkt *durfte*, nicht musste, denn eigentlich erledigte sie das gerne selbst, weil der Kolonialwarenladen von Herrn und Frau Schlemmer zwei Straßen weiter nicht nur ein Geschäft war, wo man Lebensmittel und andere Artikel des täglichen Bedarfs erstand, sondern zugleich eine Art gesellschaftlicher Mittelpunkt unseres Wohnviertels – ein Ort, wo Mutter fest damit rechnen konnte, Nachbarinnen zu treffen und mit ihnen neuesten Klatsch und Tratsch auszutauschen, wo das Wetter ebenso leidenschaftlich diskutiert wurde wie die neueste Frisurenmode, der aktuelle Spielfilm oder ein besonderes Kochrezept, das eine der Frauen ausprobiert und mit dem sie bei ihrer Familie großen Anklang gefunden hatte. (Nicht ohne Grund hieß eines der erfolgreichsten Kochbücher der damaligen Zeit »Was Männern so gut schmeckt.«)

Zwar gab es auch schon vereinzelt Supermärkte mit Selbstbedienung, aber wer wissen wollte, ob irgendwo eine Wohnung frei wurde, ob vielleicht ein gebrauchtes Moped oder Auto zum Verkauf stand oder wo in nächster Zeit ein Neubau geplant war, der war bei Schlemmers ebenso richtig wie derjenige, der sich nach dem Fortgang oder Scheitern einer Liebesbeziehung erkundigen wollte, oder danach, ob in der Nachbarschaft ein Baby unterwegs war. Deshalb bedeutete der Verzicht auf einen Einkauf im Schlemmer'schen Laden für meine Mutter ein durchaus ernstzunehmendes Opfer.

Was *mich* mit Macht dorthin zog, war jedoch nicht die Erwartung, irgend etwas sensationell Neues zu erfahren, sondern die Tatsache, dass der Kaufmann oder seine Frau mich mit Gewissheit nicht aus dem Laden gehen ließen, ohne mir eine Leckerei zugesteckt zu haben. Eine Scheibe Wurst, einen Bonbon oder – bei uns Kindern ganz besonders beliebt – eine von den selbstgemachten Pralinen, für die Schlemmers weit über unser Viertel hinaus berühmt waren. Außerdem bestand immer die Chance, einen Auslieferungsauftrag zu ergattern, also einem betagten Kunden die bestellten Waren liefern und dafür auf eine mehr oder minder großzügige Entlohnung hoffen zu dürfen, die man, mit gespielter Ablehnung, gerne annahm.

Stehe ich heute in einem der allgegenwärtigen Supermärkte, so sind es vor allem zwei Umstände, die mich gelegentlich wehmütig an Schlemmers Laden denken lassen: zum einen die regelmäßig wiederkehrende Erfahrung, dass ich einen Artikel, den ich meiner Frau mitbringen soll, trotz intensivster Bemühungen nicht finde und mein rettender Gedanke, einen Angestellten um Hilfe zu bitten, mir deshalb nicht weiterhilft, weil weit und breit keiner in Sicht ist; zum anderen das unvermeidliche Schlangestehen an der Kasse, das den erfreulichen Zeitvorteil, den die Selbstbedienung in der Regel mit sich bringt, jedes Mal gnadenlos wieder zunichte macht.

Natürlich kam es auch bei Schlemmers vor, dass man warten musste, ja, es war sogar fast die Regel, aber verglichen mit dem stumpfen Anstehen vor einem Förderband war das Warten in Schlemmers Tante-Emma-Laden ungleich vergnüglicher. Zum einen gab es da durchaus die eine oder andere Neuigkeit, die mich auch schon als Kind interessierte oder mit deren Kenntnis ich zumindest bei meiner Mutter Eindruck schinden konnte, zum anderen roch es dort erheblich besser als heute bei Lidl, Aldi, Penny oder Norma: nach frisch gemahlenem Kaffee beispielsweise, nach Gewürzen und nach Schokolade. Das lag vor allem daran, dass seinerzeit noch nicht alles hermetisch und geruchsdicht eingeschweißt war – man hatte also noch eine Chance, ohne den Einsatz schweren Geräts und ohne erhebliche Verletzungen an die erworbenen Lebensmittel heranzukommen.

Irgendwann war ich dann an der Reihe, las Herrn Schlemmer von dem Zettel, den meine Mutter mir mitgegeben hatte, deren detaillierte Wünsche vor, hundert Gramm Zucker beispielsweise oder fünfzig Gramm Salz, woraufhin der Kaufmann eine der an einer Schnur aufgehängten Papiertüten abriss, eine voluminöse Schublade aufzog, das Gewünschte mittels einer metallenen Schaufel in die Tüte beförderte und diese dann auf einer Balkenwaage abwog, indem er auf die tütenlose Platte so lange kleine Gewichte stellte, bis die Balance hergestellt war. Je nachdem, ob die Tüte ein wenig mehr oder weniger als verlangt enthielt – erstaunlich oft landete er allerdings Volltreffer –, notierte er den Preis auf einem kleinen Block. Ich entsinne mich, dass ich ihn einmal beim Kirchgang traf und eine ganze Weile brauchte, bis mir einfiel, was ihm fehlte: der hinter das Ohr gesteckte Bleistiftstummel, ohne den er für mich gleichsam nur ein halber Mensch war.

Zum Schluss addierte er leise vor sich hinbrabbelnd die mehr oder weniger lange Liste der Einzelposten, wobei ich nicht ein einziges Mal erlebt habe, dass er sich verrechnete, nannte die Endsumme, nahm mein Geld – ein Zehnmarkschein war das Höchste, was meine Mutter mir je mitgab – in Empfang und ließ es mit einer Hand in einer fächerunterteilten Schublade unter dem Ladentisch verschwinden, während er mit der anderen gleichzeitig Rückgeld und Rabattmarken abzählte und mir herüberreichte. Das allerdings nur, sofern ich gleich bar bezahlte. Ein Großteil der Kunden, darunter auch hin und wieder meine Mutter, ließ anschreiben und beglich den Rechnungsbetrag wöchentlich oder am Ende des Monats, wenn das neue Gehalt auf dem Konto war.

Einige weniger oft verkaufte Artikel waren in Behältern untergebracht, die auf Regalen unmittelbar unter der Decke des Raumes standen, sodass Herr Schlemmer, wenn ein Kunde danach verlangte, gezwungen war, eine Leiter herbeizutragen, hinaufzusteigen und die Ware, während er sich mit einer Hand festhielt, mit der anderen aus der Schachtel oder Dose herauszuangeln. Wenn man ihn ärgern wollte – was bei einigen meiner Schulkameraden ein durchaus beliebtes Spiel, mir von meinen Eltern jedoch unter Strafandrohung als grob unhöflich verboten worden war –, schlug man sich, kaum dass der Kaufmann wieder sicheren Boden unter den Füßen und die Leiter weggeschafft hatte, zum Ausdruck des Bedauerns an die Stirn und tat, als fiele einem soeben ein, dass man etwas vergessen hatte. Dann äußerste man mit unschuldsvollem Blick den Wunsch nach einem weiteren Artikel, von dem man genau wusste, dass auch er ohne Leiter nicht zu erreichen war. Richtig gemein war das jedoch erst, wenn man vorher Herrn Schlemmers von der schaukelnden Leiter nach unten gerichtete Frage »Noch etwas von hier oben?« mit beherztem Kopfschütteln verneint hatte. Diese Frage kam nämlich regelmäßig, wenn er mit dem jugendlichen Kunden, den er gerade bediente, schon einmal schlechte Erfahrungen gemacht hatte und ihn deshalb als hinterhältig einstufte.

Bevor ich den Laden mit der Aufforderung, meine Mutter herzlich zu grüßen, wieder verließ, durfte ich eines auf keinen Fall vergessen: nach der neuesten Ausgabe von *Die kluge Hausfrau* zu fragen, der Edeka-Kundenzeitschrift, die meine Mutter mit derselben Begeisterung las wie *Stern*, *Quick* oder *Constanze* – mit dem Unterschied freilich, dass sie *Die kluge Hausfrau*, da kostenlos, regelmäßig erhielt, während sie sich mit den anderen Illustrierten nur dann vergnügen konnte, wenn ihr jemand eine Freude machen wollte und ihr ein Exemplar davon schenkte. *Die kluge Hausfrau* brachte ich ihr nicht ohne massives eigenes Interesse mit, kochte sie daraus doch, wenn es die Haushaltskasse erlaubte, von Zeit zu Zeit eines der schmackhaften Rezepte nach und verwöhnte uns damit.

Und noch etwas kommt mir beim Gedanken an Schlemmers und ihren engen Laden unweigerlich in den Sinn: dass ich nämlich niemals Margarine, sondern stets Butter kaufen musste. *Gute* Butter, wie meine Mutter zu sagen pflegte, wobei mir bis heute nicht ganz klar ist, was daran denn so besonders gut war. Tatsache ist, dass mein Vater trotz all der Entbehrungen, unter denen er in der nur wenige Jahre zurückliegenden Nachkriegszeit hatte leiden müssen, sich niemals – Originalzitat –»so weit herabgelassen hatte, Margarine auf sein Brot zu streichen«.

»Trocken Brot«, pflegte er zu sagen, »hat noch niemandem geschadet. Aber Margarine, nein, pfui Teufel!« Dabei machte er ein Gesicht, als ob er ernsthaft befürchtete, nach dem Verzehr einer mit Margarine bestrichenen Scheibe Brot unheilbar zu erkranken oder gar abzuleben.

Dass wir uns die Butter seinerzeit überhaupt leisten konnten, verblüfft aus heutiger Sicht, denn das Geld war in den Fünfzigern ausgesprochen knapp, oder anders ausgedrückt: die Güter des täglichen Lebens waren ausgesprochen teuer. Um ein Kilo Bohnenkaffee kaufen zu können, musste ein Industriearbeiter Anfang 1950 noch mehr als 22, für ein Kilo Kotelett immerhin fast 8 und für die gleiche Menge Butter noch mehr als 4 Stunden arbeiten.

Doch auch andere Konsumgüter waren, in Arbeitszeit ausgedrückt, extrem kostspielig: Ein Herrenoberhemd beispielsweise kostete mehr als einen Tageslohn, für ein Paar Schuhe musste der Durchschnittsverdiener zwei Tage lang arbeiten, für ein Radiogerät sogar mehr als zwei Wochen, und ein Leichtmotorrad war nahezu unerschwinglich, waren dafür doch fast zwei Monatslöhne auf den Tisch zu blättern. Und das alles bei einer Arbeitszeit von fast 50 Stunden und einem durchschnittlichen Lohn von 107,– Mark brutto in der Woche!

Nach und nach verbesserten sich die Relationen, und als das Jahrzehnt sich dem Ende zuneigte, hatten kräftige Lohnerhöhungen und eine maßvolle Preispolitik dafür gesorgt, dass der durchschnittliche Arbeiter sich das berühmte Kilo Kaffee schon nach etwas mehr als 6 Stunden verdient hatte. Für ein Kilo Butter musste er aber immer noch 2 Stunden und für das Kilo Kotelett sogar 30 Minuten länger als 1950 rackern. Nach 5 Stunden hatte er sich das Herrenoberhemd erarbeitet und nach knapp 11 das Paar Schuhe. Und das Leichtmotorrad? Nun ja, billig war es immer noch nicht, aber für den Lohn von 21 Tagen harter Arbeit immerhin in erreichbare Nähe gerückt. (Zum Vergleich: Heute wäre der Kaffee in einer Dreiviertelstunde, das Kotelett in etwa 18 und die Butter in knapp 4 Minuten verdient!)

Erschwinglich hin oder her – kaufen konnten wir seinerzeit nur etwas, wenn wir – von der Anschreibmöglichkeit als Stammkunde einmal abgesehen – Geld in der Tasche hatten. Das erforderte ein gehöriges Maß an Vorausplanung, und nicht selten kam es vor, dass wir es daran hatten mangeln lassen. Dann standen wir samstags an einer Tankstelle und mussten bei einem Blick in unseren Geldbeutel feststellen, dass der so gut wie leer war. Das ging noch halbwegs, wenn uns das vor dem Einfüllen des Benzins passierte, obwohl uns die rechtzeitige Erkenntnis der mangelnden Liquidität natürlich auch dann nicht wirklich weiterhalf. Kredit- oder EC-Karten gab es ebensowenig wie einen Bankautomaten, der uns 24 Stunden am Tag und 7 Tage in der Woche mit Bargeld versorgte.

Dann war guter Rat teuer, und wir waren froh, wenn wir bei der betreffenden Tankstelle Stammkunde und damit als normalerweise zahlungskräftig bekannt waren. In einem solchen Fall durften wir vielleicht gegen Hinterlegung des Personalausweises und mit dem Versprechen, am Montag sofort nach Öffnung der Geldinstitute unsere Schulden zu begleichen, ein paar Liter einfüllen. Wenn nicht, hatten wir Pech gehabt.

So wie wir heute Pech haben, wenn wir in der Gewissheit, uns aus einem der überall anzutreffenden Geldautomaten jederzeit mit Barem versehen zu können, unsere letzten Euros ausgegeben haben und dann vor dem Gerät erschrocken feststellen, dass uns die Geheimzahl nicht einfällt. Und das, obwohl wir uns doch so eine einprägsame Eselsbrücke gebastelt hatten! Wie war das noch gleich? Wir sind im Jahr '46 geboren, 1 Jahr nach Kriegsende und 2 vor der Währungsreform. Also 4612. Der Automat lehnt mit warnendem Piepsen ab und teilt uns mit, dass wir nur noch einen Freiversuch haben und dann, im Fall der erneuten Falscheingabe, unsere Karte los sind.

Also noch einmal nachdenken. 1 Jahr nach Kriegsende und 2 Jahre vor der Währungsreform sind wir geboren, und zwar im Jahr '46. Genau, so herum ist es richtig: 1246. Wieder will das Gerät nicht, und auf dem Bildschirm erscheint die Meldung »Geheimzahl zum 2. Mal falsch«. Jetzt wird es kritisch. Da fällt uns zum Glück ein, dass es gar nicht um die Währungsreform, sondern vielmehr um die Verabschiedung des Grundgesetzes ging, und die war nicht 1948, sondern erst 1949, also nicht 2, sondern 3 Jahre nach unserer Geburt. Dann also 4613?

Doch jäh befallen uns Zweifel, ob wir bei der Zeitberechnung überhaupt von 1946 oder nicht vielmehr vom Kriegsende 1945 ausgehen müssen, dann wäre die korrekte Zahl die

4614. Oder vielleicht 1446? Doch die kommen uns beide gänzlich fremd vor. Und weil wir ja keinen straflosen Versuch mehr haben, drücken wir auf »Abbrechen« und stehen genauso belämmert da wie in den Fünfzigern an der Tankstelle, wenn wir kein Geld dabei hatten.

Ein Problem hatten wir in jenen Tagen auch, wenn wir von unterwegs zu Hause Bescheid geben wollten, dass wir uns verspäten würden, aber kein Kleingeld dabei hatten. Falls wir eines der wenigen gelben Telefonhäuschen fanden, in dem der Apparat ausnahmsweise funktionierte, nützte uns das nämlich gar nichts, solange wir nicht über passende Einwurfmünzen verfügten. Telefonkarten – die ich allerdings auch später grundsätzlich immer nur bei mir hatte, wenn ich sie nicht benötigte – waren ebenso unbekannt wie Handys. Da half dann nur noch, einen zufällig vorbeikommenden Passanten zu fragen, ob er einen Zehn-Mark-Schein wechseln konnte, was regelmäßig nicht der Fall war, und uns zähneknirschend mit einem Tausch der Banknote gegen sieben Markstücke zufriedenzugeben, obwohl uns auch damit nur bedingt gedient war, da das Gespräch nicht mehr als zwanzig Pfennig kostete.

In meiner Wut über das rausgeschmissene Geld habe ich einmal die Telefonzellen-Tür derart vehement aufgestoßen, dass ich damit einen gerade des Weges kommenden Scherenschleifer, oder besser gesagt: sein Wägelchen getroffen habe und mir nicht nur wüste Beschimpfungen anhören, sondern auch noch Schadenersatz leisten musste, was meine Stimmung gänzlich auf den Nullpunkt sinken ließ.

Scherenschleifer konnte man in den Fünfzigern noch allenthalben antreffen, wenn sie mit ihren klappernden Gefährten mit dem großen, grauen Schleifstein durch die Straßen zogen. Zu uns nach Hause kam immer einer, dem der linke Arm fehlte. Heimlich habe ich einmal gelauscht, wie er meiner Mutter erzählte, er sei eigentlich Architekt gewesen und »der Russe« habe ihm im Krieg den Arm weggeschossen. Nun müsse er seinen Lebensunterhalt eben auf diese Weise verdienen. Während er sprach – mit einer Stimme, die mich stark an die von Willy Millowitsch erinnerte –, hielt er nacheinander die zu schärfenden Messer und Scheren an die surrende Scheibe, dass die Funken in alle Richtungen stoben. Ich war fasziniert. Wenn ich einmal groß war, wollte ich auch Scherenschleifer werden, so viel stand fest!

WELTBILDER
Von wirtschaftswunderlicher Verdrängung,
Imperialistenknechten und dem Tod
eines Hoffnungsträgers

Mit Politik hatten wir Kinder naturgemäß nicht viel im Sinn. Meine Eltern schimpften von Zeit zu Zeit auf die Sozis und pflanzten mir damit die Überzeugung ein, wer SPD wähle, sei nicht ganz richtig im Kopf. Und die Eltern meines Freundes Klaus wetterten etwa gleich häufig gegen die Schwarzen, denen allein die Unternehmerinteressen wichtig seien und die den kleinen Mann unbarmherzig im Regen stehen ließen. Wir Kinder übernahmen diese Auffassungen ganz selbstverständlich, und so bedauerten Klaus und ich uns gegenseitig ob unserer verqueren Ansichten. Aber das war's auch schon.

Ansonsten schien uns der alte Konrad Adenauer die Sache ganz gut im Griff zu haben. Immerhin ging es derart steil bergauf, dass es ab Mitte der Fünfziger bereits wieder eine ganze Menge Deutscher gab, die den Verlockungen des Konsums nicht hatten widerstehen können (man sprach ungeniert von der »Fresswelle«) und bereits mit ernsten Befindlichkeitsstörungen kämpften, was auf der anderen Seite natürlich die Ärzte freute und den Grundstein für die immer stärker ausufernden Kosten im Gesundheitssystem legte, an denen sich seither ein Gesundheitsminister nach dem anderen die Zähne ausbeißt.

Aus heutiger Sicht scheint mir, dass unsere Eltern mit uns deshalb kaum über Politik sprachen, weil sie panische Angst davor hatten, nach der jüngsten Vergangenheit gefragt zu werden – und damit zwangsläufig auch nach der Rolle, die sie darin gespielt hatten. Überdies waren sie zutiefst verunsichert, ja, oft regelrecht beschämt, und hätten mit Politik am liebsten schon deshalb nichts zu tun gehabt, weil es ihnen schwerfiel, überhaupt Stellung zu beziehen und sich eine Meinung zu bilden.

Wahrscheinlich ist das »Wirtschaftswunder« der Fünfzigerjahre auf nichts anderes zurückzuführen als auf schiere Verdrängung. Man kennt das von Menschen, die von ihrem Partner verlassen werden: Im verbissenen Bestreben, nicht über den quälenden Verlust nachdenken zu müssen und bloß nicht zuzulassen, dass ihnen das Elend ständig im Kopf herumgeistert und sämtliche Aktivitäten lähmt, stürzen sie sich in die Arbeit, rackern von früh bis spät, um abends vollkommen erschöpft ins Bett zu sinken und darauf zu hoffen, tief und möglichst traumlos zu schlafen.

So ähnlich scheint das mit unseren Eltern auch gewesen zu sein: Am meisten fürchteten sie sich davor, die Vergangenheit wieder hochkommen zu lassen und vielleicht von Schuldgefühlen gequält oder von der Erinnerung an den Verlust des Mannes, Bruders oder eines Kindes überwältigt zu werden. Da kam der Wiederaufbau gerade recht. Er lieferte ein willkommenes Alibi, das, was gewesen war, von sich zu schieben, nicht daran zu denken und sich voll und ganz der Zukunft zuzuwenden. Wer – bewusst oder unbewusst – eine solche Strategie verfolgt, dem kommen bohrende Fragen von Söhnen und Töchtern natürlich höchst ungelegen.

Wir Kinder machten uns über Adenauers Politik und die damit zusammenhängenden Entscheidungen allerdings weit weniger Gedanken als über seine merkwürdige Aussprache. In meiner Klasse war Christian, der mit seiner Mutter aus dem Rheinland nach Nürnberg gezogen war, weil sie in Köln als Flüchtlinge aus dem Osten zu viert nur ein ärmliches Zwei-Zimmer-Appartement zugewiesen bekommen hatten, der

Einzige, der so drollig »Döitschland« sagen konnte wie der Kanzler, während wir das Adenauer'sche »Soffjetunion« (mit Betonung auf der ersten Silbe) allesamt ganz gut hinbekamen. Mit der Überlegung, was um alles in der Welt an der Sowjetunion denn so furchtbar schlimm sein sollte, wie der Kanzler immer tat, hielten wir uns nicht weiter auf.

Dann war da noch Bundespräsident Theodor Heuss, den alle liebe- und respektvoll »Papa« nannten und dessen Sprache immer so klang wie eine Schallplatte, die man zu langsam laufen lässt. Ihn zu imitieren, mangelte es uns an stimmlichem Volumen, weshalb wir die Versuche rasch aufgaben.

Ludwig Erhard schließlich erschien uns mit seiner Leibesfülle und seiner ständig präsenten Zigarre als Prototyp des gemütlichen Großvaters und war uns schon allein deswegen sympathisch, weil er Franke war und wie die meisten von uns weder ein T noch ein P sprechen konnte und demzufolge immer so drollig »Bolidig« sagte.

Das war die Zeit, in der zwei gute Bekannte meiner Eltern, die ihre Arbeit verloren hatten, innerhalb von nur drei Monaten wieder eine Anstellung fanden. Peter, der einen todschicken Borgward Isabella fuhr, fing in einer Firma an, die Mess- und Anzeigeinstrumente für Autos herstellte; Joachim – er war gelernter Schneider und hatte sich ein paar Monate ziemlich erfolglos als Staubsaugervertreter durchgeschlagen – in einem Betrieb, der die erst kürzlich neu aufgestellte Bundeswehr mit Uniformteilen belieferte. Die Arbeitslosigkeit ging im selben Ausmaß zurück, wie der Wohlstand zunahm. Bis zum Ende des Jahrzehnts sank die Wochenarbeitszeit bei den meisten Beschäftigen von 49 auf 45 Stunden, und drei Viertel hatten samstags frei.

Die Wirtschaft wuchs und wuchs, und obwohl in den Kohlegruben des Reviers allein im Jahr 1959 40 000 Bergarbeiter entlassen wurden, gab es in diesem Jahr zum ersten Mal in der

Geschichte der Bundesrepublik mehr offene Stellen als Jobsuchende.

Das lag nicht zuletzt auch daran, dass überall viel mehr Personal beschäftigt wurde als heute. Selbstbedienung spielte noch so gut wie keine Rolle, vielmehr traf man allenthalben auf Menschen, deren Aufgabe darin bestand, anderen bei Tätigkeiten zur Hand zu gehen, die heute schon Kinder selbstständig erledigen. In Aufzügen taten noch Liftboys – nicht selten in fantasievollen Uniformen – ihren Dienst, an Benzin-Zapfstellen sorgten Tankwarte dafür, dass die Kunden sich nicht die Finger schmutzig machen mussten, und in den Läden wurde man noch überall von Verkäufer(inne)n bedient. In den Kinos halfen taschenlampenbewehrte Platzanweiserinnen dabei, die Sitzreihen der gewählten Preiskategorie zu finden; Telefonate ins Ausland wurden vielfach noch von Telefonistinnen handvermittelt; und an Bahngleisen waren es Schrankenwärter, die die rot-weiß gestreiften Barrieren mit Muskelkraft hinauf- und hinunterkurbelten.

Und keine Straßenbahn konnte auf einen Schaffner verzichten, denn dessen Aufgabe war es nicht nur, Fahrkarten zu verkaufen, sondern auch an jeder Haltestelle an einem quer durch den Wagen gespannten Seil zu ziehen und durch den so ausgelösten Klingelton den Fahrer zu informieren, dass es weitergehen konnte. In Geldinstituten und Versicherungen wurde die Arbeit, die heute von komplexen Computeranlagen geleistet wird, noch von Männern und Frauen erledigt, wobei ein Großteil der Bankangestellten mangels Geld- und Auszugsautomaten von früh bis spät damit beschäftigt war, die Kunden über den Kontostand zu informieren und ihnen mit flinken Fingern Bares auszuzahlen. Und nicht zuletzt waren viele Firmen während der Urlaubszeit froh, wenn sie zumindest einen Teil der vorübergehend vakanten Stellen mit Schülern und Studenten besetzen konnten, die auf diese Weise ihr Taschengeld aufbesserten.

Als besonders erfreulich empfanden wir die westdeutsche Entwicklung, wenn wir in der Zeitung lasen, dass der wirtschaftliche Aufschwung in der sogenannten DDR noch immer auf sich warten ließ. Erst 1958 wurden dort die Lebensmittelkarten abgeschafft und die letzten Rationierungen für Fleisch, Fett und Zucker aufgehoben. Noch immer standen die Menschen geduldig in langen Schlangen vor irgendwelchen Läden für etwas an, von dem sie nicht einmal wussten, was es war, in der Hoffnung, dass man das Angebotene schon irgendwie gebrauchen könnte.

Bei uns im Westen wurden dagegen überall zupackende Hände benötigt, und Ende der Fünfzigerjahre war der Bedarf so groß, dass man ihn in Deutschland nicht mehr decken konnte und gezwungen war, ausländische Arbeitskräfte, vorzugsweise aus Italien und Spanien, anzuwerben. Noch heute habe ich das Zeitungsbild mit dem millionsten Gastarbeiter vor meinem geistigen Auge, der 1964 in Köln mit einem Blumenstrauß und einem Moped als Geschenk empfangen wurde. Für diejenigen von uns, die in der Schule in Wahlfächern freiwillig Italienisch oder Spanisch lernten, boten die ausländischen Gäste eine willkommene Gelegenheit, die erworbenen Kenntnisse an den Mann zu bringen. Was mich betraf, so erzählte ich jedem, der es hören wollte, voller Stolz, wie gut ich in der Lage sei, mich während einer Ferienarbeit bei Siemens mit den dort beschäftigten Spaniern zu unterhalten. Wer diese Menschen waren und wie sie in Deutschland lebten, interessierte uns damals allerdings beschämend wenig, und über Themen wie »Integration« und »Diskriminierung« machten wir uns bedauerlicherweise erst viel später Gedanken.

Auch bei uns zu Hause war der Aufschwung unverkennbar. Unter anderem führte er dazu, dass meine Mutter einen Kühlschrank bekam, und zwar keines der damals durchaus noch gebräuchlichen Geräte, die man mit Eisstangen bestücken musste, sondern ein mit Strom betriebenes, monströses Ding, wie man es heute noch hin und wieder in den Küchen bekennender Nostalgiker vorfindet. Das Gerät brummte Tag und Nacht geräuschvoll vor sich hin, verbrauchte vermutlich Unmengen von Strom und musste alle paar Tage abgetaut werden, aber meine Mutter war selig – musste sie nun doch nicht mehr jeden Tag einkaufen gehen. Endlich konnte sie eine gewisse Vorratswirtschaft betreiben, brauchte nicht mehr unbedingt Obst einzukochen, und auch die Butter nachts vors Fenster zu stellen, wo immer die Gefahr bestand, dass sich eine Katze daran zu schaffen machte, war nicht mehr nötig.

Auch zum Anziehen konnte sie sich jetzt ab und zu etwas Neues kaufen, wobei es ihr – für mich erst in der Pubertät verständlich – ganz besonders die aus den USA stammenden und auch von anderen Frauen begeistert aufgenommenen Nylonstrümpfe angetan hatten, bei denen man auf Strapse erstaunlicherweise völlig verzichten konnte. Die langen Strümpfe wurden bald von Strumpfhosen aus demselben Material, mit oder ohne rückwärtige Naht, stets aber mit verstärkter Ferse abgelöst, die den heute vielfach üblichen Socken in puncto Erotik so überlegen waren wie ein Porsche einem Käfer in puncto Schnelligkeit.

Überhaupt galt alles, was aus Amerika herüberkam, als der letzte Schrei. Für uns Kinder waren das vor allem Popcorn und Coca-Cola – wobei Letztere bei unseren Eltern nicht unbedingt auf bedingungslose Gegenliebe stieß, weil sich rasch das Gerücht verbreitete, ein in Cola getauchtes Fleischstückchen werde von der braunen Limonade binnen kürzester Zeit restlos aufgefressen. Selbst die Tatsache, dass nirgendwo der Fall eines Kindes mit zerlöchertem oder gar gänzlich weggeätztem Magen bekannt wurde, ließ die Mahner nicht verstummen. Und da meine Mutter schon immer eine skeptische Frau war, die Horrormeldungen grundsätzlich eher

Glauben schenkte als Glücksbotschaften, gab es das heiß begehrte Getränk für meinen Bruder und mich höchstens an besonderen Festtagen, und auch dann nur in kleinsten Mengen.

Etwas anders sah es da zum Glück mit dem Kaugummi aus, einem weiteren überaus begehrten amerikanischen Produkt: Der war schon in einer Preislage erhältlich, die wir mit unserem bescheidenen Taschengeld erreichen konnten. Bald sah man überall an Hauswänden kleine Automaten, die unterhalb einer durchsichtigen Glasglocke an der Vorderseite einen Drehmechanismus aufwiesen, der sich nach Einwurf eines Groschens betätigen ließ. Daraufhin fiel nach Öffnen einer Metallklappe mit der sinnreichen Aufschrift »Bitte bei Warenentnahme Hand unterhalten« entweder eine bunte Kaugummikugel oder etwas so ungemein Wertvolles wie ein Schlüsselanhänger mit Minifußball, ein Totenkopfring oder ein Plastikpüppchen heraus.

Überhaupt die Automaten. Alles Mögliche und Unmögliche konnte man durch Einwurf von Münzen aus ihnen herausholen: Zigaretten natürlich, aber auch Ansichtskarten, Briefmarken und Rasierklingen, Karamellbonbons, Cola, Erdnüsse und Pfefferminzdrops wie Vivil, Hillers oder Pez – das waren die mit den kopfgeschmückten Spendern –, ja, sogar frisch aufgebrühten Bohnenkaffee (die Zeit des Muckefuck ging glücklicherweise zu Ende) und heiße Würstchen.

Meine Mutter hätte gerne noch einen Mixer für die Küche gehabt, doch auf den musste sie noch einige Jahre warten, weil meine Eltern es, wie Millionen andere auch, als unerlässlich betrachteten, einen Teil ihrer – beileibe nicht üppigen – monatlichen Einkünfte auf die hohe Kante zu legen. Zu tief saß der Schock der jahrelangen Entbehrungen. Wer immer es ermöglichen konnte, zahlte Monat für Monat einen bescheidenen Betrag auf sein Sparbuch ein. Man konnte ja nie wissen!

Außerdem existierte in unserer Familie ein dunkles Bake-litkästchen, das hochtrabend »Sonderfonds« genannt wurde und in das meine Eltern von Zeit zu Zeit ein paar gerade nicht unbedingt benötigte Scheine steckten, die dann für unvorher-gesehene Ausgaben verwendet wurden – eine Reparatur am immer noch äußerst beliebten Radio etwa, oder neue Unter-wäsche für mich oder meinen Bruder, wenn sich ein jahrelang getragenes Exemplar als beim besten Willen nicht mehr flick-bar erwies. Sonderfonds und Sparbuch hin und her – Tatsache war, dass meine Eltern von Jahr zu Jahr mehr Anschaffungen tätigten, ohne die wir mühelos ausgekommen wären, die man also getrost den Luxusgütern zurechnen konnte.

Als die Kaufkraft Mitte der Fünfzigerjahre wieder stieg, als den Menschen das Geld wieder lockerer in den Taschen saß und sie nach der »schlechten Zeit« ein geradezu unbändiges Verlangen nach Kaufen und Verbrauchen hatten, mussten die Unternehmen, die dem massiv gestiegenen Konsum durch ei-ne Vervielfältigung ihrer Produktion Rechnung trugen, zwangsläufig die Werbetrommel für ihre Erzeugnisse rühren. Das geschah anfänglich vor allem in Zeitungen und Illustrier-ten, dann auf Plakatwänden und den heute leider kaum mehr anzutreffenden Litfaßsäulen. Später umrahmten Reklamefil-me die *Wochenschau* im Kino, und schließlich blieben auch Radio und Fernsehen nicht von Werbeeinblendungen ver-schont, obwohl der Intendant des Nordwestdeutschen Rund-funks, Werner Pleister, im Jahr 1952 vollmundig versprochen hatte, Reklame werde es im Fernsehen niemals geben, schließlich seien wir ja nicht in Amerika!

Schon bald trat die schlichte Anpreisung der Produkte – »Kaufen Sie Persil, weil es besonders gut wäscht, ergiebig und preiswert ist!« – in den Hintergrund, und stattdessen wurden immer unverhohlener Träume und Sehnsüchte verkauft. Ab-wechslung vom grauen Alltag wurde ebenso versprochen wie der heiß begehrte Aufbruch in die große, weite Welt. Besonders beliebt war in jenen Tagen das putzige Männchen mit der großen Nase, das ein ums andere Mal vor Wut an die Decke – später in die Luft – ging, von dort mit den Worten »Halt, mein Freund …« sanft heruntergeholt wurde und dann lieber zur HB griff, sowie der Marlboro-Cowboy, der vor grandioser landschaftlicher Kulisse – natürlich stets mit der untergehenden Sonne im Hintergrund – pausenlos Optimismus, Tatkraft und gute Laune versprühte.

Die Bedeutung des Fernsehens für die Werbung stieg mit dessen Verbreitung. Erst vor kurzem habe ich gelesen, dass sich zwischen 1958 und 1960 die diesbezüglichen Aufwendungen der Firmen verzehnfachten. Anfänglich gab es Reklamespots allerdings nur in den Regionalprogrammen, und auch dort nicht länger als zwanzig Minuten pro Tag; Sonn- und Feiertage sowie das Abendprogramm blieben grundsätzlich werbefrei.

Glaubten wir den Versprechungen, dann wurden wir uns nach dem Gebrauch von 8x4-Deo »selbst wieder sympathisch«, hatten 4711 Kölnisch Wasser »immer dabei« zu haben, sangen im Chor »Vielen Dank, Sarotti-Mohr« und genehmigten uns »darauf einen Dujardin«. Wir erfuhren, dass der Mann nur drei Dinge, nämlich »Feuer, Pfeife, Stanwell« brauchte, dass nichts »über Bärenmarke, Bärenmarke zum Kaffee« ging und Brisk »das Haar in Form« hielt. Mit Caro tranken wir »das moderne Getränk für moderne Menschen«, mit Delial wurden wir »braun wie ein Neger«, und für Diplona-Haarwasser war es »nie zu früh und selten zu spät«. »Zufriedene Mienen danken es Ihnen«, versprach Dr. Oetker; wer Ernte 23 rauchte, paffte Tabak »von höchster Reinheit«, und wer zu Gloria griff, konnte sich auf »Genuss ohne Reue« freuen. »Nicht ohne Grund war Juno rund«, Florisan erzog »den Darm zur Pünktlichkeit«, und einen Brief schrieb man auf

MK-Papier, getreu dem Slogan »Schreibste mir, schreibste ihr, schreibste auf MK-Papier«.

Der kernigste aller gereimten Werbesprüche aber, von uns Jungen bei jeder passenden und unpassenden Gelegenheit mit Begeisterung deklamiert, war zweifellos: »So wichtig wie die Braut zur Trauung, ist Bullrichsalz für die Verdauung.«

Doch zurück zur Politik und ihren Folgen: Den Arbeiteraufstand in der DDR im Jahr 1953 bekamen wir allenfalls am Rande mit, weil im Radio ständig Sondersendungen liefen, die von dem brutalen Eingreifen russischer Panzer und soundso vielen Toten sprachen. Obwohl wir später erfuhren, dass die Unruhen durch den Protest der Arbeiter gegen unmenschliche Normerhöhungen ausgelöst worden waren, machten sich nur die wenigsten von uns klar, dass die Ereignisse im Osten der Anlass für den Tag der Deutschen Einheit am 17. Juni waren, an dem wir erfreulicherweise immer schulfrei hatten. (Diejenigen, die den Zusammenhang durchschauten, waren den Arbeitern und Bauern der Ostzone außerordentlich dankbar, dass sie im Sommer und nicht etwa im unwirtlichen November revoltiert hatten, fiel doch der Feiertag so stets in die warme Jahreszeit, wo man eine Menge damit anfangen konnte. Insofern haben wir später die Verlegung auf Anfang Oktober durchaus bedauert.)

Auch über den Aufstand in Ungarn 1956, der mit der Hinrichtung von Präsident Imre Nagy endete, erfuhren wir nur wenig, und wenn überhaupt, dann durch die Tiraden unserer schwarz wählenden Eltern, denen die Revolte und deren skrupellose Niederschlagung durch die Russen einen vortrefflichen Anlass bot, gegen Sowjets und Sozis zu wettern und die Gefahren der kommunistischen Weltherrschaft in den schwärzesten oder, besser gesagt: den rötesten Farben an die Wand zu malen.

Das erste bedeutende politische Ereignis, an das die meisten von uns konkrete Erinnerungen haben, war die Errichtung der Berliner Mauer im August 1961 und die dadurch ausgelöste und in Zeitungen, Radio und Fernsehen unablässig verbreitete Angst vor dem Dritten Weltkrieg. Die zynische Unberechenbarkeit der östlichen Machthaber, so konnte man allenthalben lesen, werde doch in all ihrer Abscheulichkeit allein schon aus der Tatsache deutlich, dass Ulbricht noch wenige Wochen vor Errichtung der Absperrung einer Journalistin gegenüber frech behauptet hatte: »Niemand hat die Absicht, eine Mauer zu bauen.«

Wir bewunderten den Vopo Conrad Schumann, der während der Bauarbeiten – in Uniform und unter Abwerfen seines Gewehrs – todesmutig aus dem maschinenpistolenbewachten Osten über den noch unfertigen Stacheldraht in den Westen sprang. Das Foto – Symbol für Freiheit, Mut und Entschlossenheit – ging um die Welt, und ich erinnere mich, dass Brigitte und ich sehnsuchtsvoll davon träumten, das Leben möge uns einmal eine ähnliche Chance bieten, ganz unverhofft als Held im Rampenlicht der Öffentlichkeit zu stehen. Hätte ich seinerzeit geahnt, dass Schumann im Westen in steter Angst vor der Rache der DDR-Häscher leben, dass sein Sprung in die Freiheit zu einer nie endenden Flucht werden und dass er sich knapp 30 Jahre später erhängen würde, hätte ich die Sache vermutlich anders gesehen.

So sehr der eine oder andere von uns vielleicht seine Verwandten im Osten bedauerte, für die die Türen in den Westen nun endgültig verschlossen waren, so sehr waren wir auf der anderen Seite froh, dass die ganze Angelegenheit außer markigen Politikersprüchen keine ernsten Konsequenzen nach sich zog und ziemlich unspektakulär im Sande verlief. Schließlich hörten und lasen wir jeden Tag von dem ominösen roten Knopf, den der amerikanische oder der russische Präsident angeblich aus eigener Machtfülle jederzeit drücken könnte, um damit einen die ganze Welt verzehrenden Atomkrieg auszulösen.

Trotz aller Warnungen vor den Sowjets konnten sich die meisten von uns doch einer gewissen Sympathie für deren Präsidenten Nikita Chruschtschow nicht völlig erwehren. Der kleine, untersetzte Mann mit dem fast kahlen, runden Kopf und der großen Brille verkörperte so gar nicht den Typ, den wir uns unter dem Begriff »Staatsmann« oder »Funktionär« vorstellten, und einen Atomkrieg vom Zaun zu brechen, trauten wir viel eher seinem stets finster und hinterhältig dreinblickenden Nachfolger Leonid Breschnew zu. Wenn wir Chruschtschow im Fernsehen bei einer seiner endlosen Reden vor dem Zentralkomitee der Partei oder auf einer seiner Auslandsreisen erlebten, wo er vehement und lautstark die russischen Interessen vertrat, erschien er uns eher wie ein Bauer, der für höhere Agrarsubventionen oder die Ankurbelung der Milchproduktion stritt. Für besondere Heiterkeit sorgte bei uns sein legendärer Auftritt vor der Vollversammlung der Vereinten Nationen im Oktober 1960, als er den Vertreter der Philippinen, der es gewagt hatte, die osteuropäischen Länder als quasi-sowjetische Kolonien zu bezeichnen, nicht nur wutschnaubend anbrüllte, sondern zur Unterstreichung seiner Empörung mitten in der Debatte einen seiner Schuhe auszog und damit wie wild auf sein Pult einhämmerte.

Tags darauf deklamierte einer meiner Klassenkameraden in der Schule grölend die Übersetzung der Chruschtschowschen Hasstirade: »Warum darf dieser Nichtsnutz, dieser Speichellecker, dieser Fatzke, dieser Imperialistenknecht und Dummkopf, warum darf dieser Lakai der amerikanischen Imperialisten hier Fragen behandeln, die nicht zur Sache gehören?« Rasch lernten wir diesen Satz, der uns an Ausdrucksstärke kaum überbietbar zu sein schien, auswendig, und fortan wurden Beschimpfungen wie »Speichellecker« und ganz besonders »Imperialistenknecht« zu geflügelten Worten, die wir uns gegenseitig bei jeder sich bietenden Gelegenheit an den Kopf warfen – womit wir bei so manchem Lehrer fassungslose Empörung auslösten.

Als wir dann noch in der Zeitung lasen, dass der irische Versammlungspräsident im Tumult nach Chruschtschows Ausbruch seinen Präsidialhammer so kräftig auf das Pult gedroschen hatte, dass der Stiel abbrach, steigerte dies den Ruf des russischen Parteichefs als Politiker, der endlich einmal nicht so schrecklich dröge war und dessen Auftritte uns trotz allen Ernstes immer wieder zum Lachen brachten, noch einmal gewaltig.

Ein vergleichbares Image genoss bei uns allenfalls noch Herbert Wehner, in unseren Augen ebenfalls ein (verkappter) Kommunist, dessen bärbeißige Zwischenrufe im Bundestag bei uns zum Teil geradezu Kultstatus genossen. Welcher von den heutigen, bis auf wenige Ausnahmen reichlich profillosen, in ihrer Austauschbarkeit oft schon fast peinlich wirkenden Politikern besitzt denn auch nur annähernd eine solche Frechheit wie der ewig Pfeife rauchende Wehner, der auf die Vorhaltungen eines Fernsehreporters erwiderte: »Das war schon Quatsch, und das hier ist noch viel quätscher!« oder dem von ihm spitzzüngig als »Übelkrähe« titulierten Abgeordneten Wohlrabe auf dessen Klage, er käme bei jeder Abstimmung als Letzter an die Reihe, so unnachahmlich trocken empfahl: »Dann nennen Sie sich doch Arschloch!«?

Wenn uns Chruschtschow eine gewisse widerwillige Bewunderung abnötigte, so kann man das, was wir seinem Kontrahenten auf amerikanischer Seite entgegenbrachten, dem so überaus jugendlich und dynamisch wirkenden Präsidenten John F. Kennedy, getrost als Verehrung bezeichnen. Unvergessen werden uns seine legendären Worte bleiben, die er im

Sommer 1963 vierhunderttausend begeisterten Menschen auf dem Platz vor dem Schöneberger Rathaus in Berlin zurief: »Vor zweitausend Jahren war der stolzeste Satz, den ein Mensch sagen konnte: Ich bin ein Bürger Roms. Heute ist der stolzeste Satz, den jemand in der freien Welt sagen kann: Ich bin ein Berliner.« Und später in seiner Rede wiederholte er: »Alle freien Menschen, wo immer sie leben mögen, sind Bürger dieser Stadt West-Berlin, und deshalb bin ich als freier Mann stolz darauf, sagen zu können: Ich bin ein Berliner.«

Von Kennedy wussten wir, dass er die Sowjets in seiner Antrittsrede dazu aufgefordert hatte, gemeinsam die Wissenschaft zu weiteren Wundern anzuspornen, anstatt die Schrecken heraufzubeschwören, die sie möglich gemacht hatte. Und dass er in seinem Land Gesetze gegen die Diskriminierung der Farbigen durchgesetzt hatte. Das hatte uns dermaßen beeindruckt, dass wir von ihm einen entscheidenden Schritt heraus aus dem Kalten Krieg auf dem Weg hin zu einem friedlichen und gerechten Leben erwarteten. Deshalb hat viele von uns nie wieder eine politische Nachricht dermaßen erschüttert wie die von seinem Tod im November 1963 im texanischen Dallas.

Ich entsinne mich, als wäre es gestern gewesen, wie mein Vater mir und meinem Bruder, todernst und mühsam die Tränen unterdrückend, das Unfassbare mitteilte. Ob es nun tatsächlich Lee Harvey Oswald war, der die tödlichen Schüsse auf den Präsidenten abgefeuert hatte, ob der Ku-Klux-Klan dahintersteckte oder gar eine Verschwörung des amerikanischen Geheimdienstes, war uns im Grunde egal. Entscheidend war, dass mit Kennedy ein Hoffnungsträger, eine charismatische Leitfigur gestorben war und dass wir uns beim besten Willen nicht vorstellen konnten, dass ein anderer, schon gar nicht sein hölzerner Nachfolger Lyndon B. Johnson, in der Lage wäre, ihn auch nur annähernd zu ersetzen. Einer der wenigen Politiker, dem wir Jungen vertraut und in den wir immense Erwartungen gesetzt hatten, war tot.

Knapp vierzehn Tage zuvor war es ein anderes Ereignis gewesen, das mir in der Rückbesinnung noch heute eine Gänsehaut verursacht und das uns seinerzeit alle vor den wenigen verfügbaren Fernsehgeräten zusammenbrachte wie eineinhalb Jahre zuvor der Durbridge-Krimi *Das Halstuch*: die spektakuläre Rettung von elf Bergleuten im niedersächsischen Lengede, nachdem sie zwei Wochen lang verschüttet gewesen waren. Es war ein Geschehnis, das die Nation nicht weniger einte als neun Jahre zuvor der Gewinn der Fußballweltmeisterschaft. Wir waren stolz auf die Männer, die das scheinbar Unmögliche möglich gemacht, die nicht aufgegeben und ihre Kameraden, von denen man kaum glauben konnten, dass sie noch lebten, einen nach dem anderen aus der Tiefe geholt hatten.

Es gibt Dinge, die man nie wieder vergisst. Für die Generation Käfer gehören Kennedys Tod und die zweite Geburt der Lengeder Bergleute ganz entschieden dazu.

FERNWEH
Von simplen Pappkärtchen, alternden Tankwarten
und dem Kommunismus als Kinderschreck

Man hält es kaum für möglich, aber es gab tatsächlich einmal eine Zeit, in der man sich in die Schlange vor dem Bahnfahrkartenschalter einreihen konnte, ohne ausreichend Verpflegung zur Überbrückung der Wartezeit dabeizuhaben; in der man, egal, wie viele Leute vor einem standen, damit rechnen konnte, in den nächsten zehn Minuten dranzukommen. War es so weit, sagte man nur: »Rückfahrkarte Frankfurt«, und nicht einmal eine Minute später händigte einem die freundliche Bahnmitarbeiterin ein kleines hellbraunes Pappkärtchen mit entsprechendem Aufdruck aus und nannte den Preis. Man zahlte, grüßte und ging. Wollte man keine Karte erwerben, sondern sich nur nach einer Verbindung erkundigen, so gab es dafür einen Extra-Schalter »Auskunft«, der aber nur wenig frequentiert wurde, weil im Grunde alles ganz einfach und übersichtlich war. Und übrigens auch deutlich preiswerter als heute, selbst wenn man die niedrigeren Einkommen in Rechnung stellt: Zum Luxus ist Bahnfahren erst in den letzten zwei Jahrzehnten geworden, als Folge einer verfehlten Verkehrspolitik, die das Auto einseitig förderte.

Und heute? Da wird man – falls man so lange durchgehalten hat, bis man endlich vor dem Schalter steht – im Anschluss an die Bitte um eine Fahrkarte von Aalen nach Frankfurt und zurück erst einmal in ein längeres Beratungsgespräch verwickelt. Zunächst wird gefragt, ob man Besitzer einer Bahncard ist, und wenn ja, welcher Kategorie. Dann, wann man abzufahren und wieder zurückzukommen gedenkt, und zwar ganz präzise, nicht nur an welchem Tag, sondern exakt mit welchem Zug. Ob man Teil einer Gruppe ist oder die Planung nicht vielleicht so umstellen möchte, dass das rosarote Wochenendarrangement greift. Ob man eine Reservierung im Großraum- oder Abteilwagen, Raucher oder Nichtraucher, Fenster oder Gang, mit Mitteltisch oder ohne, in Fahrtrichtung oder dagegen wünscht, für welche der unterschiedlichen Routen man sich entscheidet, ob man eventuell ein Fahrrad mitnehmen möchte oder einen Hund, und, falls ja, welcher Rasse und welchen Geschlechts.

Grundsätzlich ließen sich all diese Details recht einfach und schnell klären – wäre da nicht die Preisfrage. Denn die diversen Varianten sind mit höchst unterschiedlichen Kosten verbunden, und diese muss die mehr oder weniger freundliche Bahnmitarbeiterin erst einmal mühsam und zeitaufwändig eruieren. Besteht im Zug von Aalen nach Würzburg die Möglichkeit der Fahrradmitnahme, so muss man dafür in Kauf nehmen, dass beim Umsteigen in Würzburg nur knapp zwei Minuten zur Verfügung stehen, was aller Erfahrung nach nie und nimmer reichen wird. Entscheidet man sich jedoch für die Route über Nürnberg, so ist nur noch in einem Raucherabteil ein Platz frei, und außerdem ist dies die erheblich teurere Variante.

Eine andere Möglichkeit wäre diejenige über Stuttgart. Die hätte den Vorteil einer raschen ICE-Verbindung zwischen der schwäbischen und der hessischen Metropole, dafür aber den Nachteil, bis Stuttgart in einem Bummelzug zu sitzen, der in jedem Nest hält. Außerdem müsste man sich dann das Fahrrad abschminken. Dafür lockt ab Stuttgart ein Platz mit Mitteltisch in Fahrtrichtung, der theoretisch die Möglichkeit bietet, während der Reise etwas zu arbeiten – was praktisch allerdings daran scheitert, dass der Tisch bereits mit Laptops zugestellt ist, weil drei Viertel der ICE-Reisenden entweder am Computer hantieren oder derart in ihr Handy brüllen, dass der Angerufene auch ohne Mobiltelefon alles versteht. Das letzte Viertel hört Walkman in einer Lautstärke, die trotz der Alibi-Kopfhörer alle Mitreisenden zwingt, die hell scheppernden Rhythmen aus drei verschiedenen Richtungen mitzugenießen.

Hat man sich nach langem Hin und Her für eine der zahlreichen Varianten entschieden, bringt die Bahnangestellte die Donnerstag-hin-Montag-zurück-Alternative ins Spiel, die vor allem, wenn man mehrere Familienangehörige oder die Großeltern – sofern die älter als achtzig sind – mitnimmt, völlig neue Sparmöglichkeiten eröffnet. Bis man nach einem solchen Gespräch endlich das ersehnte Ticket in Händen hält, können locker dreißig bis vierzig Minuten vergehen. Will man gleich nach dem Kartenkauf losfahren, empfiehlt es sich daher, wie bei einer Flugreise mindestens eineinhalb Stunden vor dem Start präsent zu sein.

Doch wenn man nun glaubt, mit dem Besteigen des ausgewählten Zuges hätte der Stress ein Ende, sieht man sich rasch getäuscht. Denn irgendwann während der Fahrt macht sich nach einem Blick in das Faltblatt *Ihr Reiseplan* die lähmende Erkenntnis breit, dass der Zug erheblich hinter dem Soll zurückhängt, was grundsätzlich nicht weiter tragisch wäre, gäbe es da nicht einen Anschluss, den man unbedingt erreichen muss. Die schlimmste Zeitspanne ist die, in der die Möglichkeit, die nächste Bahn zu bekommen, theoretisch noch besteht. Dann wird man schon zappelig, wenn der Zug in einer Kurve das Tempo verringert oder gar ewig vor einem Signal warten muss, ohne dass man über den Grund des unplanmäßigen Stopps aufgeklärt wird – die Ursachen für Verspätungen werden ja auch bei der privatisierten Bahn wie Staatsgeheimnisse behandelt.

Da ist man fast erleichtert, wenn die Verspätung so groß ist, dass man komplett umplanen muss. Das jedoch ist alles andere als einfach, weil damit der gesamte, trickreich ausgeklügelte Reiseplan nur noch Makulatur ist. Der Tisch in Fahrtrichtung mit dem Laptop-Anschluss ist weg, und im nächsten Zug nach Frankfurt gibt es nur noch einen einzigen Sitzplatz, in einem Abteil zwischen fünf Kettenrauchern, in dem man die Benutzung des Notebooks schon allein deshalb vergessen kann, weil man durch die stinkenden Qualmschwaden hindurch den Bildschirm ohnehin nicht erkennt. Und mit der Fahrkarte im Format eines halben Schulhefts weiß man auch nie so recht wohin, da sie sich nicht, wie früher die handlichen Pappkärtchen, bequem in der Hemdtasche verstauen lässt. Wenn man Pech hat, muss man sogar eine saftige Nachzahlung leisten, weil das supergünstige Ticket, das einem aufgeschwatzt wurde, nicht für den Zug gilt, den man nun verspätungsbedingt benutzen muss. Wer sich dann nicht vom »Zugbegleiter« – früher hieß der schlicht »Schaffner« – des ersten Zugs die Verspätung hat bescheinigen lassen, sieht ganz schnell so alt aus, wie er sich angesichts der Transport- und Serviceleistungen der modernen Bahn auch fühlt.

Die einzig tröstliche Erkenntnis ist, dass man aller Voraussicht nach irgendwann und irgendwie in Frankfurt ankommen wird. Freilich weitaus später als geplant und mit einem langsameren Zug auf einem schlechteren Platz, aber immerhin. Bliebe als einziger Vorteil des heutigen Systems gegenüber dem vor 50 Jahren, dass ein abholender Freund oder Verwandter für sein langes Warten wenigstens keine Bahnsteigkarte mehr benötigt. Ein minimaler Vorzug, der indes durch den zwangsläufigen Verzicht auf den für uns seinerzeit ungemein faszinierenden, ja, sagen wir getrost: erregenden Geruch der Dampflokomotiven mehr als ausgeglichen wird.

Ich war schon einige Jahre auf der Oberschule, also etwa 13 bis 14 Jahre alt, als ich das erste Mal mit meinen Eltern in Urlaub fuhr. Vorher hatte ich alle Ferien ausnahmslos bei meiner Tante an der Nordsee verbracht, denn meine Eltern hatten das wenige Geld, das sie zur Seite legen konnten, für Anschaffungen ausgegeben, die das Leben angenehmer machten und von immer mehr Menschen als unentbehrlich angesehen wurden. Da war zum einen ein Staubsauger: ein ofenrohrförmiges Gerät auf silbrigen Kufen, an das ich mich deswegen noch so genau erinnere, weil es einen Höllenlärm veranstaltete – und weil meine Mutter damit, so schien es mir, bevorzugt am Sonntagmorgen zu Gange war, dem einzigen Tag, an dem ich hätte ausschlafen können. Die Generation unserer Eltern ließ eben keine Gelegenheit aus, uns mit Nachdruck das protestantische Arbeitsethos der Wirtschaftswunderzeit zu vermitteln. Und unsere Väter und Mütter brachten – ganz anders als wir später gegenüber unseren Kindern – niemals Verständnis für eine auch nur in Ansätzen hedonistische Lebenseinstellung auf. Ihre Missbilligung jeglichen Lotterlebens – das für sie schon vorlag, wenn wir am Wochenende länger als bis halb acht schlafen wollten – brachten sie unmissverständlich zum Ausdruck, indem sie uns durch geschäftigen Lärm weckten. Später dann, als wir eine eigene Wohnung hatten, riefen sie unweigerlich und gnadenlos an jedem Samstag- oder Sonntagmorgen gegen acht Uhr wegen irgendeiner Belanglosigkeit an – und taten jedes Mal von neuem vollkommen überrascht, wenn wir schlaftrunken brummten, wir hätten noch im Bett gelegen.

Aber zurück zu den Anschaffungen: Bevor wir den Staubsauger bekamen, mussten wir die Teppiche regelmäßig in den Hof schleppen und über die dort – wie in den Höfen sämtlicher Mehrfamilienhäuser – aufgestellte Teppichstange wuchten, um mithilfe beträchtlicher Armkraft und eines Teppichklopfers den Staub aus den guten (und schweren) Stücken zu entfernen; anschließend mussten wir sie wieder hoch in die Wohnung tragen, was besonders schweißtreibend war. Die letzten beiden größeren Errungenschaften, bevor das

Geld erstmals in eine Urlaubsreise investiert wurde, waren ein dickbauchiger *Rowenta*-Toaster und eine Küchenmaschine Marke *Starmix Kombi*, bei der vor allem der Mixer für meinen Bruder und mich von großer Bedeutung war, sorgte er doch dafür, dass uns fortan regelmäßig leckere Mixgetränke – in erster Linie Bananenmilch – aufgetischt wurden. Die hatte es vorher nur alle paar Wochen einmal gegeben, wenn wir mit unseren Eltern anlässlich eines Stadtbummels einen Abstecher in eine der in cremefarbenen Pastelltönen gehaltenen Milchbars gemacht hatten, wo junge Frauen in weißen Schürzchen und mit kecken Stoffhäubchen in den Haaren vorwiegend jüngere Kunden bedienten.

Während mein Freund Klaus mit Eltern und Schwester schon zweimal in Cesenatico gewesen war und Theo mich mit der begeisterten Schilderung seiner Fahrt mit dem Stolz der Deutschen Bundesbahn, dem bis zu 140 Stundenkilometer schnellen TEE (Trans-Europa-Express), neidisch gemacht hatte, mussten wir uns mit einer Autofahrt in den nicht allzu weit entfernten Bayerischen Wald begnügen, genauer gesagt: nach Zwiesel. Dort stiegen wir in einem aus heutiger Sicht bescheidenen Gasthof ab. Da ich bisher jedoch nur eine einzige Nacht meines Lebens in einem Fremdenzimmer – Gäste galten seinerzeit noch als Fremde – verbracht hatte, kam er mir wie der pure Luxus vor.

Obwohl mein Bruder und ich uns ein mehr als schlichtes Zimmer unter dem Dach teilten, gegen das eine heutige Gefängniszelle ausgesprochen wohnlich eingerichtet ist und aus dessen winzigem, erstaunlicherweise nicht vergittertem Fenster man zudem nur einen Blick auf den düsteren Hinterhof hatte, fühlten wir uns wie der Buchhalter Kringelein aus dem Film *Menschen im Hotel* und kamen gar nicht auf die Idee, eine Dusche oder gar ein separates Bad mit Toilette zu vermissen. Immerhin hatten wir im Zimmer ein Waschbecken mit einem roten und einem blauen Drehknopf, deren Betätigung wahlweise warmes oder kaltes Wasser aus dem Hahn laufen ließ, ohne dass man vorher umständlich einen Boiler anheizen musste; dazu einen kleinen, quadratischen Tisch mit zwei Stühlen, auf dem wir, wenn wir abends früher aufs Zimmer mussten, weil meine Eltern noch eine Weile ohne uns in der Gaststube sitzen wollten, stundenlang Monopoly spielten, Häuser und Hotels bauten und uns gegenseitig in den Ruin trieben.

Obwohl das Frühstück aus heutiger Sicht eher karg war und keinen Vergleich mit der leckeren Vielfalt der mittlerweile allgegenwärtigen Büffets ausgehalten hätte, fanden wir es traumhaft, und ich durfte sogar zum ersten Mal in meinem Leben Kaffee, wenn auch mit reichlich Milch trinken – heute nennt man das hochtrabend *Latte Macchiato* –, was für mich einen Abschied von der jahrelangen Kakao-Phase und einen weiteren Schritt auf dem Weg zum Erwachsenwerden bedeutete. Tagsüber verpflegten wir uns, indem wir auf einem unserer obligatorischen Ausflüge in einer bescheidenen Gaststätte einkehrten, wo wir elterlicherseits regelmäßig angewiesen wurden, uns mit dem Essen zurückzuhalten, weil meine Mutter meinte, die abendliche Mahlzeit sei im Halbpensionspreis inbegriffen, sodass es sinnvoll sei, dort und beim morgendlichen Frühstück zuzugreifen, anstatt mittags ohne Not die Familienkasse zu strapazieren.

Ein besonderes Erlebnis war der Ausflug auf den Arbergipfel – zum einen, weil er mittels eines Sessellifts vonstatten ging, der meinem Bruder und mir derart imponierte, dass mein Vater uns nach hartnäckigem Betteln noch eine weitere Berg- und Talfahrt genehmigte, zum anderen, weil Vater uns nach der zweiten Bergfahrt vom Gipfel aus die nahe Tschechoslowakei zeigte, deren Hügel und Wälder auf den ersten Blick zwar auch nicht anders auszusehen schienen als die des Bayerwaldes, von der er aber mit unheilverkündender Stimme berichtete, dort beginne der Ostblock und damit gleichsam das Böse. So sehr ängstigte uns seine Schilderung vom Kommunismus und von den Menschen, die unter der Planwirtschaft litten, die ständig zu höheren Leistungen getrieben würden und dennoch nichts zu essen hätten, von verfallenden Städten, der allgegenwärtigen Geheimpolizei und Spitzeln, die jeden anzeigten, der auch nur ein kritisches Wort gegen die Regierung äußerte, dass wir froh waren, als wir den Arbergipfel verließen und kurz darauf wieder sicheren westlichen Boden unter den Füßen hatten. Ob mein Vater das kommunistische Gespenst wohl besonders gruselig an die Wand gemalt hat, weil er das Geld für eine dritte Liftfahrt sparen wollte?

Und noch an einen anderen Ausflug entsinne ich mich, als wäre es gestern gewesen: an die Fahrt nach Passau. Die ist mir aber nicht etwa wegen der berühmten drei Flüsse und der prachtvollen Gebäude im Stadtkern so fest im Gedächtnis geblieben, sondern wegen eines Autos, das dort am Rand des Marktplatzes im – seinerzeit noch durch ein rundes Verkehrsschild mit einem durchgestrichenen P gekennzeichneten – Parkverbot stand und von dem ich weder vorher noch später jemals wieder ein Exemplar zu Gesicht bekommen habe, ja, von dem es noch nicht einmal ein Wiking-Modell gab: ein BMW 501 Cabrio.

Mein Vater, mein Bruder und ich waren gleichermaßen hingerissen, umrundeten das luxuriöse Gefährt so ehrfuchtsvoll, als wäre es die Vitrine mit den englischen Kronjuwelen, warfen von allen Seiten sehnsuchtsvolle Blicke ins Innere und konnten uns gar nicht satt sehen an all der Pracht: die herrlich geschwungenen Kotflügel, die dem Wagen im Volksmund die zärtliche Bezeichnung »Barockengel« eingebracht hatten, die glänzenden Weißwandreifen, das straff gespannte, makellose Stoffdach, der leuchtende Signalring im Lenkrad, aus dessen Säule der kräftige Schalthebel hervorragte, und nicht zuletzt der Acht-Zylinder-Motor, den wir zwar nicht sehen konnten, dessen Vorhandensein aber feststand und der uns allein schon durch die Vorstellung seines Sounds Schauer der Erregung über den Rücken jagte. Als Limousine war der BMW 501 gerade dabei, zum Fernsehstar zu werden. In der Vorabendsendung *Funkstreife Isar 12* mit den beiden Polizisten Alois Huber und »Damerl« Dambrowski hatte er die ersten Abenteuer bravourös bestanden, doch konnte seinerzeit noch niemand ahnen, welchen ungeheuren Erfolg die Schwarz-Weiß-Serie einst haben würde – einen Erfolg, der sich durchaus mit dem der *Schwarzwaldklinik*, von *Derrick* oder der *Lindenstraße* und später auch von *Gute Zeiten, schlechte Zeiten* vergleichen lässt. Von Woche zu Woche fieberten wir den ebenso spannenden wie erheiternden Erlebnissen der beiden Münchner Polizisten in ihren schwarzen Lederjacken voll ungeduldiger Vorfreude entgegen.

Später baute BMW ein ganz anderes Auto – ein Fahrzeug, das wie kein anderes die Bezeichnung »Kleinwagen« verdiente und vor allem diejenigen Kunden anlocken sollte, die Mitte der Fünfziger dem bis dahin so beliebten Motorrad bzw. -roller den Rücken gekehrt hatten, weil sie sich auf der Straße ein Dach über dem Kopf wünschten. Vorbild war ein überaus originelles, eiförmiges Gefährt aus Italien, das die Firma ISO unter dem Namen *Isetta* anbot und dessen einzigartige Besonderheit darin bestand, dass man nicht von der Seite, sondern von vorne einstieg, indem man die komplette Front aufklappte, wobei das Lenkrad mit zur Seite schwenkte. Dadurch konnte man fast aufrecht ein- und aussteigen und das Fahrzeug aus einer Parklücke, in die man senkrecht zum Gehsteig eingefahren war, mühelos nach vorne verlassen.

BMW erwarb die Lizenz für Deutschland, Österreich, die Schweiz und die skandinavischen Länder. Da nicht so recht klar war, worum es sich bei dem Gefährt eigentlich genau handelte – die Bezeichnung »Auto« klang doch reichlich hochtrabend –, entschied man sich für den gänzlich neuen Begriff »Motocoupé«. Damit grenzte man sich auch gleich von den Schrumpf-Versionen größerer Limousinen ab, die andere Hersteller vermehrt anboten. Die Leistung der Isetta betrug sagenhafte 12 PS, die aus einem 250-Kubikzentimeter-Motor herausgekitzelt wurden, der ursprünglich in BMW-Ein-Zylinder-Motorrädern Dienst getan und sich dort hervorragend bewährt hatte. Bei einem Verbrauch von weniger als vier Litern auf hundert Kilometern erreichte das skurrile Fahrzeug eine Spitzengeschwindigkeit von knapp 85 Stundenkilometern, was seinerzeit als durchaus flott galt.

Große Beachtung fand deshalb nicht nur in der Fachwelt, dass eine Isetta bei den Mille Miglia 1954 auf einer Strecke von über 1 600 Kilometer das fabelhafte Durchschnittstempo von mehr als 70 erreicht hatte. Kein Wunder, dass die Produktion mit der Nachfrage nicht Schritt hielt und die Kunden schon bald Lieferfristen von – seinerzeit geradezu unerhört! – mehr als einem Monat hinnehmen mussten.

Ebenso bemerkenswert wie grotesk war noch ein anderes Fahrzeug: der *Messerschmitt-Kabinenroller*. Tatsächlich war einer der beiden Konstrukteure der frühere Flugzeugbauer Willy Messerschmitt, was man dem Gefährt jedoch allenfalls an der voluminösen Plexiglaskanzel ansah. Drei kleine Räder – zwei vorne, eines hinten –, ein Motorradlenker, zwei hintereinander liegende Sitze und ein Rückwärtsgang, der einfach die Drehrichtung des Motors umkehrte, das war's schon.

Zusammen mit der Isetta und noch einem weiteren Gefährt gehörte der Messerschmitt-Kabinenroller zu den erfolgreichsten Kleinwagen der Fünfzigerjahre. Dieses andere Gefährt war das *Goggomobil* (von seinen Besitzern liebevoll kurz »Goggo« genannt), in dem mitzufahren ich mehrfach die Ehre hatte, da Theos Vater eines davon besaß. Etwas mehr als 3 000,– Mark hatte er für das Vehikel hingelegt, das in leuchtendem Rot mit weißem Dach und winzigen Rädern wie von einem Kinderwagen daherkam. Angetrieben wurde es von einem Zweitaktmotor mit weniger als 250 Kubik Hubraum, was für viele den entscheidenden Vorteil hatte, dass sie ihn mit ihrem Roller- oder Traktor-Führerschein Klasse vier fahren durften, ohne mühsam und kostenintensiv auf Klasse drei aufrüsten zu müssen.

Was den Komfort anging, so war der Goggo mit seinem tiefen Schwerpunkt, der hinteren Pendelachse und den einzeln aufgehängten Rädern den beiden Konkurrenten Isetta und Messerschmidt haushoch überlegen. Das Problem lag allenfalls darin, dass der Motor hinten lag und somit kein Platz blieb für einen Kofferraum, aber schließlich konnte man das Urlaubsgepäck ja auf einen Dachständer oder, sofern man nur zu zweit unterwegs war, auf die Rückbank stapeln, die ohnehin allenfalls für kleinwüchsige Kinder getaugt hätte.

Den bei weitem größten Charme hatte für mich jedoch der *Lloyd LP 300* meines Vetters Dirk, ein seinerzeit liebevoll »Leukoplastbomber« genanntes, buckliges Gefährt mit einer – man glaubt es kaum – Karosserie aus Sperrholz, die mit einer Kunststoff-Textil-Kombination bezogen war. Nur der Boden und die vorderen Kotflügel bestanden aus dünnem Blech. Der zweitürige Fronttriebler verfügte über hell lackierte Felgen, eine einfache Seilzugbremse, eine Dreigang-Lenkradschaltung und einen Zweizylinder-Zweitaktmotor, der es auf die stattliche Leistung von 10 PS brachte und das Gefährt damit auf ebener Strecke, bei Windstille und nach längerem Anlauf auf die atemberaubende Höchstgeschwindigkeit von 70 Stundenkilometern beschleunigte.

Was mir jedoch am meisten imponierte, war die Art, wie mein Vetter die zahlreichen Macken des Wagens zum Verschwinden brachte: Nach kurzer Untersuchung und präziser Diagnose führte er einen gezielten Schlag gegen eine bestimmte Stelle am Armaturenbrett, an der Dachverstrebung oder in der Umgebung der Gangschaltung, und der Schaden war zuverlässig behoben.

Doch egal, ob Isetta, Barockengel oder Leukoplastbomber, eines hatten und haben sämtliche Autos gemeinsam: Sie brauchen Benzin. Und das bekam man auch damals schon ausschließlich an Tankstellen. Diese waren freilich mit den heutigen High-Tech-Anlagen in keiner Weise vergleichbar. Abgesehen davon, dass die Preise nicht mehrfach am Tag wechselten und auch nicht grundsätzlich mit Komma Neun endeten, tankte man keinesfalls selbst, sondern ließ sich von einem schmucken Tankwart bedienen, der sich, wenn er gerade keinen Kunden hatte, in einem abgerundeten Häuschen aufhielt, dessen ebenfalls gerundete Fensterfront bis zum Boden reichte und wandhoch mit Fliesen verkleidet war.

Das knapp überstehende, in der Regel von einer einzigen Säule abgestützte Flachdach überspannte nicht nur die immer etwas klapprig wirkenden Zapfsäulen, sondern üblicherweise auch noch eine bescheidene Werkstatt, in der man Ölwechsel und andere Wartungsarbeiten sowie kleinere Reparaturen ausführen lassen konnte. Außerdem gab es natürlich diverse Schmierstoffe, Wasser für die Kühlanlage (das Käfer-Fahrern freilich nur ein verächtliches Lächeln entlockte) und einen Eimer zum Waschen der Windschutzscheibe, den jedoch ausschließlich der Tankwart anfassen durfte, weil man dem Kunden auf keinen Fall schmutzige Hände zumuten wollte.

In dem Häuschen konnte man, wenn man Glück hatte, ein paar Zeitschriften kaufen, Zigaretten, Eis und vielleicht noch Mineralwasser, das war alles. Denn schließlich waren die Tankstellen, wie der Name schon sagt, in erster Linie zum Tanken da und hatten daher fast nichts gemeinsam mit den heutigen Großkaufhäusern, wo man rund um die Uhr alles bekommen kann, vom Champagner für überraschend aufgetauchte Gäste über Kinderspielzeug, Armbanduhren und Musik-CDs bis hin zur Holzkohle für eine spontane Grillparty. Wollte man allerdings nichts kaufen, so gab es keinen Grund, das Auto zu verlassen – der Tankwart erledigte, wie aus amerikanischen Filmen bekannt, alles selbst. So gut wie immer war er ein freundlicher jüngerer Mann – tatsächlich habe ich mich oft gefragt, was aus alternden Tankwarten wird –, und meist trug er einen Overall mit farblich passender Schirmmütze. Er sah, in der Regel unaufgefordert, auch nach dem Öl – bei den damaligen Motoren gewiss kein Fehler – und nach dem Wasser für die Scheibenwaschanlage. Letzteres hatte jedoch nur bei den nobleren Autotypen einen Sinn, weil nur die über eine solche neuartige Einrichtung verfügten. Mit meinem Käfer, der einen derartigen Luxus natürlich nicht besaß, war ich bei herbstlichem Schmuddelwetter und entsprechend verschmierter Windschutzscheibe mehr als einmal gezwungen, riskant nah auf den Vordermann aufzufahren, um den ebenso verzweifelt wie vergebens arbeitenden Scheibenwischern mit ein wenig Wasser, das die Reifen des Vorausfahrenden von der Straße hochschleuderten, zu Hilfe zu kommen.

Auf Wunsch überprüfte der Tankwart auch den Reifendruck und reinigte, wie bereits erwähnt, die Scheiben. Nachdem er den Preis vom ratternden, vorher mittels einer kleinen Handkurbel auf Null zurückgedrehten Zählwerk abgelesen hatte, kassierte er gleich an der Zapfsäule und erwartete für seine Dienste üblicherweise einen kleinen Extra-Obolus. Beim Wegfahren tippte er grüßend an den Mützenschirm und wandte sich erst danach mit derselben Aufmerksamkeit dem nächsten Tankwilligen zu.

Dass die Autos gut gewartet waren, wurde immer wichtiger, denn auch wenn es nicht unbedingt ein Vergnügen war, mit einem 30-PS-Käfer Alpenpässe zu überwinden, so nahm die Zahl derer, die sich und ihrem fahrbaren Untersatz diese Strapaze zumuteten und im Sommer sonnensüchtig nach Österreich oder Italien aufbrachen, doch von Jahr zu Jahr zu. In unserem Mietshaus waren es die Köhlers, die als Erste zwei Wochen im Süden verbrachten, mit neiderregend braungebrannter Haut – bei uns mangels Sonnenstudios nicht erreichbar – zurückkehrten und allen, egal ob sie es hören wollten oder nicht, vom unvergleichlichen Zauber südlicher Tage und vor allem Nächte vorschwärmten.

Denen, die zu Hause blieben und nicht in den dichtgedrängten Strandkörben an der Adria *Volare* oder *O sole mio* singen konnten, blieb nichts anderes übrig, als sich mit den heimischen Schlagern zu begnügen. Diese erklangen praktisch überall, ob aus technisch überholten, jedoch liebgewonnenen Volksempfängern oder aus ultramodernen Radios, und wurden in einem verzerrten Deutsch vorgetragen, das infolge übertriebener Sprachbildung fast wie Holländisch klang. Die Schlager brachten all die Träume zum Klingen, die wir uns nicht erfüllen konnten. Da war von exotischen Gestaden die Rede – unter anderem von den Stränden in Havanna, Mindanao, Surabaya und Maratonga –, von den Entbehrungen des rauen Seemannslebens, von – allerdings höchst dezent angedeuteten – erotischen Abenteuern, von Küssen unter südlichen Sternen, von einer weißen Hochzeitskutsche und von Gitarren, die leise durch die Nacht klangen. Das vor Schmalz triefende *Traumboot der Liebe* – immerhin sechs Wochen auf Platz eins der Hitparade – hatte es uns ganz besonders angetan, und wir verhöhnten den schnulzigen Geschmack unserer Eltern, indem wir dichteten: »Steig in das Schaumbad von Suwa, wasche die Füße mit Rei …«

Wenn Teenager träumen sang Peter Kraus ebenso schmachtend wie glucksend – doch wovon konnten wir schon träumen, wenn das Geld knapp, die Wohnungen, in denen wir mit den Eltern lebten, eng und das Misstrauen den »jungen Leuten« gegenüber groß waren? Da war ein Kuss das Höchste, was wir uns, wenn man dem Schlager glaubte, zu erträumen wagten: *Wenn Teenager träumen, es küsst sie ein Mann, das ist für sie schöner als der schönste Roman* hieß es da, wobei mit dem schönsten Roman allenfalls einer gemeint sein konnte, in dem die Liebe nur eine oberflächliche Rolle spielte, denn mehr billigte der allgegenwärtige, inquisitionsartige Jugendschutz uns Heranwachsenden nicht zu.

Da waren unseren Erziehungsberechtigten unverfängliche Texte wie *Pack die Badehose ein, nimm dein kleines Schwesterlein, und dann nischt wie raus nach Wannsee* doch wesentlich lieber, während sie bei *Siebenmal in der Woche möcht' ich ausgehn* verständnislos den Kopf schüttelten, zumal denjenigen von uns, die nicht mehr zur Schule gingen, sondern eine Lehre absolvierten, bei der kargen Vergütung und einer extrem langen Arbeitswoche dafür gleichermaßen Geld und Zeit fehlten.

Allzu viele Gelegenheiten, *So ein Tag, so wunderschön wie heute* zu singen, gab es für die Generation Käfer nicht, und deshalb flüchteten sich viele von uns aus der prüden heimischen Enge in die weite männlich-kraftstrotzende Welt der Vagabunden, Cowboys und Matrosen. Freddy Quinn, der weder Seemann noch Cowboy, sondern Österreicher war und ursprünglich auf den bemerkenswerten Namen Franz Eugen Nidl-Petz gehört hatte, sang davon, dass seine Heimat das Meer und seine Freunde die Sterne seien, und brachte damit unsere Träume ebenso auf den Punkt wie mit seinem Song *Junge, komm bald wieder* die Sorgen der Eltern, von denen sich nicht wenige eingestehen mussten, dass sie im Bestreben nach Besitz und Wohlstand ihre Sprösslinge doch allzu oft vernachlässigten.

Freddy Quinn sorgte im Wissen darum, dass sich unsere schmachtende Sehnsucht nach fremden Ländern ohnehin nicht erfüllen ließ, mit Liedern wie *Heimweh* oder *Heimatlos* dafür, dass unsere Träume nicht ausuferten und wir uns klaglos mit dem abfanden, was für uns realistisch war. Und das war – zu unserem Glück, wie wir erfahren mussten – nun einmal kein *brennend heißer Wüstensand, fern, so fern dem Heimatland, wo kein Gruß, kein Herz, kein Kuss, kein Scherz* das Leben leichter machten, *und alles so weit, so weit* lag. Denn schließlich – so die Botschaft – war selbst die Enge im allmählich wieder erstarkenden Nachkriegsdeutschland besser, als ohne Heimat zu sein.

Im Grunde mussten wir froh sein, dass wir *dort, wo die Blumen blüh'n, dort wo die Täler grün,* zu Hause waren. Und wenn wir *ein weißes Schiff nach Hongkong* fahren sahen und *Sehnsucht nach der Ferne* verspürten, mussten wir uns darauf gefasst machen, dass wir *dann in weiter Ferne Sehnsucht nach zu Haus* haben und zu *Wind und Wolken* sagen würden: *Nehmt mich mit. Ich tausche gerne all die vielen fremden Länder gegen eine Heimfahrt aus!*

In Wirklichkeit bedurfte es allerdings weder teurer Reisen in den Süden noch der Einsicht, dass nichts über die Heimat ging, um auch zu Hause als weltgewandter Italienkenner zu gelten. Dazu musste man nur seine Sprachkenntnisse mit Liedern wie *Arrivederci Roma* oder – noch weitaus wirksamer – *Ciao, ciao, Bambina* kundtun und das tief empfundene italienische Lebensgefühl mit dem Schlager *Rote Rosen, rote Lippen, roter Wein* zum Ausdruck bringen. Als wahrer Insider der südländischen Lebensart erwies sich jedoch erst derjenige, der in Belcanto-Manier *Molto amore* sang und bei der Nennung typischer Attribute des Mittelmeerlandes gedankenschwer nickte: *Spaghetti, Ravioli, Chianti und molto amore sind für mich das Schönste auf der Welt. Und wie ich denkt jeder Italiano von Capri bis Milano, von Rom bis Sorrent.*

Doch auch, wenn den meisten von uns inzwischen durchaus bewusst geworden war, dass *die süßesten Früchte nur die gro-*

ßen Tiere fressen, weil die Bäume hoch und diese Tiere groß sind und dass eben diese *süßesten Früchte dir und mir genauso schme- cken und wir sie nicht erreichen, weil wir beide klein sind,* sehn- ten wir uns doch nach den von Bill Ramsey besungenen *Sou- venirs,* nach *Ananas aus Caracas,* nach *Tulpen aus Amsterdam* und natürlich nach süßen italienischen Köstlichkeiten vom *Wumba-Tumba-Schokoladeneisverkäufer.*

Und selbst für diejenigen von uns, die sich das alles nicht leisten konnten, hatte der Schlager einen Trost parat. Denn über alle Entbehrungen hinweg tröstete uns die Erkenntnis: *Tipitipitipso, beim Calypso ist dann alles wieder gut.*

MORAL
Von lateinischen Liebesschwüren,
sauberen Leinwänden und ehrbaren Mädchen

Meine erste Liebe hieß Carola. Ich war dreizehn, sie ein halbes Jahr jünger, mit einem dicken blonden Zopf, der ihr auf dem Rücken hin- und herbaumelte, und – zumindest in meiner Erinnerung – stechend blauen Augen. Sie lebte im Nachbarhaus meiner Tante in Ostfriesland, sodass ich sie bedauerlicherweise nur während der – ihretwegen besonders sehnsüchtig erwarteten – Ferien traf. Einmal, beim Versteckspielen hinter einem Busch, berührten sich einige Sekunden lang unsere Lippen, und anschließend waren wir beide fest davon überzeugt, uns soeben leidenschaftlich geküsst zu haben. Danach schrieben wir uns Liebesbriefchen – kurze, intensive Seelenergüsse. Weil wir aber beide enorme Hemmungen hatten, unsere Gefühle allzu unverblümt preiszugeben (und vielleicht auch, weil wir dem anderen gegenüber ein bisschen mit unseren philologischen Kenntnissen prahlen wollten), taten wir das in Latein. »Te amo et semper te amabo« (Ich liebe dich und werde dich immer lieben!) und so weiter, sicher größtenteils grammatikalisch falsch, aber deshalb nicht minder von Herzen kommend.

Carola war es auch, die mich eines Tages leibschmerzgeplagt und mit verschämter Miene über das Mysterium der weiblichen Menstruation aufklärte. Mangels Sexualkunde in der Schule oder persönlichen Anschauungsunterrichts durch eine häusliche Schwester war ich so geschockt, dass ich ihr zuerst kein Wort glaubte und ihr dann, als sie hartnäckig auf ihrer Behauptung bestand, dringend einen Arztbesuch empfahl; denn mit meiner damaligen schlichten Vorstellung von Gesund- und Krankheit war die Tatsache, dass ein Mensch regelmäßig blutete, ganz und gar unvereinbar.

Erst als Carolas ältere Schwester die schockierenden Ausführungen bestätigte, schenkte ich ihnen einen gewissen skeptischen Glauben und war fortan überaus froh, als Junge geboren worden zu sein. Auch wenn mir deshalb in Zukunft wohl nie jemand, wie einer Dame, die Tür aufhalten und den Vortritt lassen oder mir auch nur in den Mantel helfen würde. Ja, ich war von Stund an überzeugt, dass die vielen Höflichkeitsgesten gegenüber Frauen, die meine Eltern mir stets ohne nähere Begründung eingetrichtert hatten, eine Art männlicher Abbitte waren: ein Ausgleich für den unverdienten maskulinen Vorzug, ein Leben lang von bauchwehbegleiteten Regelblutungen verschont zu bleiben.

Unseren Eltern konnten wir mit derlei Dingen nicht kommen. Über »so etwas« sprach man nicht, schon gar nicht im ihrer Ansicht nach frühkindlichen Alter von dreizehn. So lernten wir unsere aufkeimenden Empfindungen und heimlichen Wünsche dem anderen Geschlecht gegenüber als unangebracht, ja, sogar als schmutzig kennen und schämten uns entsprechend. Vor allem denjenigen von uns Jungen, die, wie ich, eine reine Knabenschule besuchten und zudem keine weiblichen Geschwister hatten, erschienen Mädchen als etwas höchst Rätselhaftes.

Offizielle Begegnungen von Jungen und Mädchen fanden ausschließlich auf Partys – anfangs nannte man sie »Hausbälle« – statt, bei denen es Salzstangen und manchmal sogar Erdbeerbowle gab und bei denen selbstverständlich die Eltern anwesend waren, die mit Argusaugen darauf achteten, dass man zur Musik korrekt Foxtrott, Walzer und Rumba tanzte und sich dabei nicht näher kam als unbedingt notwendig. Diskotheken, in denen die Jugendlichen unter sich waren, kamen erst später in Mode und waren – nach intensiver Gesichtskontrolle am Eingang – nur für über Achtzehnjährige zugänglich.

Als ich in einem Fotomagazin die Aufnahme einer äußerst spärlich bekleideten Dame entdeckte, die sich lasziv an einem tropischen Strand räkelte, hatte meine Mutter mit ihrem untrüglichen Instinkt für alles Unmoralische mein Interesse daran sehr schnell durchschaut, und bereits nach einer knappen Woche, in der ich immer wieder einmal einen verstohlenen Blick in das Heft geworfen hatte, war die entsprechende Seite eines Morgens herausgerissen. Erschienen beim ausnahmsweise gestatteten abendlichen Fernsehen – länger als bis neun Uhr durften mein Bruder und ich ohnehin nicht aufbleiben – Szenen auch nur schamhaft angedeuteter Erotik, konnten wir sicher sein, dass uns unsere Eltern mit der Bemerkung »Ich glaube, dass ist nichts für euch« unweigerlich ins Bett schickten.

Am häufigsten denke ich heute jedoch an die Fünfziger zurück, wenn ich in der Zeitung oder den Fernsehnachrichten mit den USA und ihrem verschrobenen Verhältnis zu Sitte und Moral konfrontiert werde. Denn die verklemmte Prüderie und geile Neugier im Deutschland der beiden Nachkriegsjahrzehnte und im heutigen Amerika scheinen mir durchaus miteinander vergleichbar. Alles, was auch nur am Rande mit Sexualität zu tun hatte, musste unbedingt von Kindern und Jugendlichen ferngehalten werden und wurde schonungslos zensiert. Nicht etwa Kriegsfilme, die Glorifizierung von Massenvernichtungswaffen und die Darstellung brutaler Todesfälle galten als bedenklich für Kinder und Jugendliche, sondern weit mehr die Zurschaustellung von wenigen Quadratzentimetern einer nackten Frauenbrust oder eines Filmkusses, bei dem sich die Lippen der Beteiligten möglicherweise tatsächlich berührten.

Unzugänglich waren für uns auch die vor Moralinsäure geradezu triefenden Artikel diverser Illustrierter und sonstiger Druckerzeugnisse, in denen unseren Eltern die Gefahren ausschweifender Jugendsexualität in den düstersten Farben ausgemalt wurden. In dem Buch *Der gute Ton* von Konstanze von Franken, das aus den Zwanzigern stammte, aber bis weit in die Fünfziger immer wieder neu aufgelegt und seinerzeit viel gelesen wurde, warnte die Autorin besorgte Eltern, welch furchtbare Folgen Selbstbefriedigung haben könne und wie diese von den Kindern fernzuhalten sei: »Verantwortungsbewusste Eltern werden also darauf achten, dass der Junge oder das Mädchen in einem kühlen Zimmer schläft, nur mit einer leichten Decke, nicht zu warm darf es werden. Morgens muss er sogleich nach dem Wachwerden aufstehen und sich kalt abwaschen. Manchmal kann es auch notwendig sein, dass das Kind mit einem eng sitzenden Höschen bekleidet schläft. Auch auf die Verabreichung reizloser Kost ist zu achten. Man muss dem Kind deutlich machen, dass die Onanie eine sexuelle Ausschweifung und Verirrung ist und auf die Dauer zum Wahnsinn oder zumindest zum Verlust aller Lebenskräfte führt.«

Und im *Einmaleins des guten Tons* – in den Fünfzigern ein Bestseller – hieß es pathetisch: »Die unverblümt auf Männerfang ausgehende Frau ist noch abstoßender als der tollste Frauenjäger, und dass die ihre Freunde ständig mit Briefen, Telefonanrufen, Einladungen und anderen Dingen bombardierenden Weiblichkeiten nicht gerade dazu beitragen, das Bild der Frau zu heben, steht außer Zweifel. Wenn doch die Frauen wüssten, dass sie mit solchen Attacken ihre besten Waffen aus der Hand geben und dass es der schönste frauliche Sieg ist, eigene Wünsche zart und diplomatisch in die männliche Initiative einzubauen!«

Falls man sich je gefragt hat, wieso es zur Emanzipationsbewegung kam – solche Zitate sind die Antwort.

Als Hildegard Knef in dem Streifen *Die Sünderin* – der Geschichte einer Prostituierten, die sich in einen unheilbar kranken Maler verliebt – sekundenlang nackt auftrat, löste das einen Skandal aus wie in den USA der Neunzigerjahre Bill Clintons Affäre mit Monica Lewinsky – einen Skandal, über den man natürlich erst mitreden konnte, wenn man den Film gesehen hatte. Und so, wie die Amerikaner von den Enthüllungen der Praktikantin aus dem Weißen Haus gar nicht genug bekommen konnten und bis tief in die Nacht aufblieben, nur um in genüsslich-geiler Sensationsgier die Aussagen der jungen Frau und die des Präsidenten Wort für Wort aufzusaugen, strömten die Menschen damals scharenweise in die Kinos, um sich über die angeblich so empörenden Szenen zu erregen. Man wollte »es« schließlich gesehen haben, bevor die Schnüffler des CDU-Abgeordneten Adolf Süsterhenn und seiner »Aktion Saubere Leinwand« den Streifen indizieren lassen konnten – wie sie auch sonst alles, was sie in Kiosken, Buchhandlungen und anderswo an scheinbar Unsittlichem fanden, gnadenlos beschlagnahmen ließen. Selbst Kinder spannten sie in ihre Kampagne ein, indem sie sie dazu anhielten, Romanhefte, Magazine und »minderwertige« Schmöker zu sammeln und auf den an kirchlichen Feiertagen von gottesfürchtigen Jungen und Mädchen entfachten Scheiterhaufen zu verbrennen. Endlich konnten die Deutschen mal wieder Druckwerke den Flammen übergeben …

Sicher, laut Artikel fünf des Grundgesetzes fand eine Zensur nicht statt – aber das hinderte Scharen von Staatsanwälten mitnichten daran, Massen von Zeitschriften, Büchern und Filmen mit dem Hinweis auf eine akute »Gefährdung der Jugend« zu verbieten. Ganz in diesem Sinne ließ der damalige Erzbischof von Köln, Kardinal Frings, im März 1951 von den Kanzeln der Kirchen ein Mahnwort verbreiten: »Ich erwarte, dass unsere katholischen Männer und Frauen, erst recht unsere gesunde katholische Jugend in berechtigter Empörung und in christlicher Einmütigkeit die Lichtspieltheater meidet, die unter Missbrauch des Namens der Kunst eine Aufführung bringen, die auf eine Zersetzung der sittlichen Begriffe unseres christlichen Volkes hinauskommt.« Die Folge war, dass wir unsere quälende Neugier, alles Sexuelle betreffend, aus anderen Quellen stillen mussten. So machten unter uns Jungen Bücher die Runde, aus denen man heute, ohne rot zu werden, im Kindergarten vorlesen könnte, in denen uns seinerzeit jedoch die eine oder andere Sequenz derart prickelnd, ja, teilweise herrlich obszön erschien, dass wir sie mangels eines Kopierers abschrieben und heimlich immer und immer wieder lasen, bis wir sie auswendig konnten und uns hinter vorgehaltener Hand auf dem Schulhof zutuschelten.

Da kam uns 1957 – übrigens an exakt demselben Tag, an dem die Hündin Laika, von der noch die Rede sein wird, ins All geschossen wurde – der Mord an der Edelprostituierten Rosemarie Nitribitt gerade recht, überboten sich doch in den darauf folgenden Tagen und Wochen die Zeitungen mit immer neuen Enthüllungen, die die Erwachsenen zwar von uns fernzuhalten suchten, von denen wir aber dennoch eine ganze Menge mitbekamen. Demnach hatte die Polizei im Notizbuch der Dame die Namen bekannter Politiker und Wirtschaftsbosse gefunden – auf deren Bekanntgabe wir alle in den nächsten Wochen und Monaten zwar sehnlich, aber vergebens warteten.

Ich erinnere mich, dass mich, als ich etwa zehn war, einige ältere Jungen verschwörerisch grinsend aufforderten, den Satz »Der Hahn pickt« mit gewaltsam auseinandergezogenen Mundwinkeln zu deklamieren, wodurch jedes P zwangsläufig zum F wird. Und dass sie über das Resultat meiner Bemühungen derart schallend lachten, dass ich, obwohl ich keine Ahnung hatte, was ihre Begeisterung erregte, den kurzen Satz des überraschenden und irgendwie doch schmeichelhaften Heiterkeitserfolges wegen immer und immer wieder herausposaunte. Am nächsten Tag, in der großen Pause, fragte ich Klaus, was an der Sache denn so komisch sei, doch er konnte mir auch keine Auskunft geben, und so beschloss ich klopfenden Herzens – im tiefsten Inneren ahnte ich, dass etwas furchtbar Unanständiges dahinter steckte –, meine Mutter um Auskunft zu bitten. Doch das Einzige, was ich erreichte, war, dass sie mir mit einer Miene, als hätte sie gerade in eine Zitrone gebissen, kategorisch erklärte, das sei ein hässliches Wort, das sie auf keinen Fall noch einmal aus meinem Mund hören wollte. Und damit basta!

Da ich nicht begriff, was sie meinte, andererseits aber auch nicht nachzufragen wagte, strich ich fortan das Wort »picken«, aus meinem Wortschatz – bis ich eines Tages bass erstaunt registrierte, dass ein rotgesichtiger Landwirt es während einer Fernsehsendung über zeitgemäße Hühnerhaltung mehrfach ungeniert aussprach, ohne dass meine Mutter das Gerät auf der Stelle abschaltete. Von Stund' an war meine Verwirrung komplett, da mir weder mein heranwachsender Bruder, der ansonsten in heiklen Dingen recht gut Bescheid wusste, noch ein weiterer um Rat gebetener Freund weiterhelfen konnte. Daher beschloss ich, die Frage, warum der Ausdruck »picken« anscheinend je nach Situation mal harmlos, mal unanständig war, dem Mysterium der Erwachsenenwelt zuzuordnen, die mir auch in manch anderer Hinsicht reichlich undurchschaubar erschien.

So begriffen mein Bruder und ich auch nicht ganz, was unser Vater meinte, als er uns eines Abends zur Seite nahm und uns tuschelnd mitteilte, Herr Schneider aus dem dritten Stock sei »andersherum«, vor dem müssten wir uns in Acht nehmen. Der sei ein Krimineller, und wenn wir uns von ihm »begrabschen« ließen, könnten wir ohne weiteres Ärger mit der Polizei bekommen. Wir nickten betroffen, konnten uns jedoch kein rechtes Bild machen, was an Herrn Schneider denn so verwerflich sein sollte, zumal der uns noch nie auch nur im Geringsten belästigt, nein, uns im Gegenteil sogar hin und wieder eine Tafel Schokolade zugesteckt hatte. Mein Freund Klaus konnte uns ebensowenig weiterhelfen wie Theo oder Brigitte, und so nahmen wir uns einfach vor, Herrn Schneider vorsichtshalber etwas mehr aus dem Weg zu gehen, wobei es sicher nicht schlimm sein konnte, ihn nach wie vor höflich zu grüßen und die Schokolade auch künftig nicht abzulehnen.

Tatsächlich war Homosexualität – seinerzeit »Unzucht unter Männern« genannt – strafbar; die Nummer des einschlägigen Strafgesetzbuch-Paragrafen, der 1969 auf gleichgeschlechtlichen Sex mit Minderjährigen beschränkt und erst 1994 gänzlich abgeschafft wurde, kennt heute noch jeder: 175. Damit wurden Menschen, die in ihrem sexuellen Empfinden nicht mehr und nicht weniger von der Mehrheit abwichen als Linkshänder in der Ausführung manueller Tätigkeiten oder Schlangenliebhaber im Halten von Haustieren, automatisch als Verbrecher abgestempelt. Wäre das Gesetz heute noch gültig, würde Berlin, dessen Regierender Bürgermeister Wowereit im Juni 2001 freimütig bekannte: »Ich bin schwul, und das ist auch gut so!«, von einem Kriminellen regiert.

Das soll einer verstehen!

Nach der kurzen, zarten, jedoch nur auf dreimal sechs Wochen befristeten Ferien-Liebelei mit Carola war es dann Eva, die meiner sexuellen Unerfahrenheit ein definitives Ende setzte. Ich hatte seit langem geahnt, dass an einem Kuss mehr dran sein müsse als das bloße Aufeinanderpressen geschlossener Lippen; doch als Eva – sie war meine »Tanzstundendame« im Fortgeschrittenenkurs und feierte ihren siebzehnten Geburtstag – mir ohne Vorwarnung mit ziemlicher Wucht ihre Zunge in den Mund schob, erschrak ich doch heftig und war ob der unerwarteten weiblichen Attacke wenn schon nicht entsetzt, so doch zumindest peinlich berührt. Nachdem ich jedoch den ersten Schock und die feste Überzeugung, bei dieser Art des Küssens handele es sich zweifellos um eine besonders obszöne, um nicht zu sagen perverse Variante, beiseite geschoben hatte, begann ich, an der Angelegenheit Gefallen zu finden, und selbst der kurz aufflackernde Gedanke, dass ich bislang noch nie den Speichel eines anderen Menschen im Mund gehabt hatte, vermochte in mir keinen wirklichen Ekel zu erregen.

Betroffen machte mich dann allerdings, dass Eva mir bei unserem nächsten Treffen flüsternd und mit hochrotem Kopf ihre Sorge offenbarte, durch das enge Aneinanderpressen während unserer Küsse schwanger geworden zu sein. Diese Befürchtung brachte mein Weltbild vollends durcheinander. Denn bis dato hatte ich geglaubt, über das biologische Wie, Wann und Warum der Zeugung beziehungsweise Empfängnis eines Kindes einigermaßen Bescheid zu wissen. Doch seit Eva sich als derart ausgebuffte Küsserin erwiesen hatte, traute ich ihr auf dem gesamten Gebiet der Partnerschaft und Sexualität überragende Kenntnisse zu und begann daher, vorsichtshalber schon einmal Pläne für eine gemeinsame Zukunft zu schmieden.

Denn eines stand für uns Jungen der Generation Käfer unverbrüchlich fest: Ein Mädchen, dem man »ein Kind gemacht« hatte, musste geheiratet werden, darauf hatte sie selbstverständlich ein Anrecht! Der Schmach, eine uneheliche Tochter oder einen illegitimen Sohn zur Welt zu bringen, durfte man sie unter gar keinen Umständen aussetzen! Nicht von ungefähr pflegte mein Vater angesichts schwangerer Bräute zu fragen: »Ist da Hochzeit oder höchste Zeit?«

Sicherlich hatte Eva mit ihrer Befürchtung Recht. Hatte meine Mutter nicht hin und wieder in einem Anfall ungewohnten Mitteilungsbedürfnisses beteuert, wie sehr ihr die »jungen Dinger« Leid täten, die ihr Leben verpfuschten, weil sie ungewollt ein Baby bekämen? Wenn das tatsächlich ohne Absicht passiert war, hatten sie ja wohl kaum mit einem Jungen Verkehr gehabt. Das wäre ja etwa so, als würde man kiloweise Schlagsahne mampfen und sich nachher wundern, dass man dick wird.

Nein, den Mädchen musste die Schwangerschaft irgendwie passiert sein, und zwar genauso wie möglicherweise Eva: indem sie sich küssend fest an einen Jungen gedrückt hatten. So ganz konnte ich mir den genauen Ablauf zwar nicht vorstellen, war aber ehrlich genug, mir einzugestehen, dass es auf dem Sektor der menschlichen Körperfunktionen, ganz besonders im Hinblick auf Liebe und Fortpflanzung, eine ganze Menge gab, worüber ich nur unzureichend oder gar nicht Bescheid wusste. Aber was hieß schon Bescheid wissen? Schließlich hatten weit kundigere Köpfe die Frage, wie Maria Jesus geboren hatte, ohne je mit Josef, dem leiblichen Vater, intim gewesen zu sein, meines Wissens auch noch nicht abschließend geklärt.

Tatsache war, dass Bettina aus der Siedlung zwei Straßen weiter ein braunhäutiges Mischlingskind zur Welt gebracht hatte, was meine Mutter mit der abfälligen Bemerkung kommentierte: »Die hat sich mit einem Neger abgegeben!« Nun fuhr sie ihren »Balg« jeden Tag unter den Augen der tuschelnden Nachbarn in einem Kinderwagen aus Korbgeflecht spazieren, der einer überdimensionalen, zur Hälfte überdachten Walnussschale mit kleinen, dunklen Rädern glich. Das Problem ihrer – wohl ebenfalls ungewollten – Mutterschaft ging mir wochenlang im Kopf herum. Immerhin musste ich damit rechnen, bald Vater zu werden, und da hätte ich schon sehr gerne gewusst, warum. Die Schwierigkeit bestand nur darin, dass ich niemanden fragen konnte.

Meine Klassenkameraden – von ihren Eltern in Sachen sexueller Aufklärung ebenso schmählich im Stich gelassen wie ich – hatten nur eine sehr vage Ahnung (die zum Großteil frühkindlichen »Doktorspielen« in irgendwelchen Schuppen entstammte), und unser alternder Biologielehrer, den ich noch für am kompetentesten hielt, hätte mir gewiss keine Auskunft gegeben, sondern sich allenfalls süffisant grinsend erkundigt, warum ich das denn so genau wissen wollte. Also suchte ich in der Stadtbibliothek in einschlägigen Gesundheitsratgebern nach einer einleuchtenden Erklärung, fand zum Thema Kinderzeugen jedoch kaum mehr, als ich ohnehin schon wusste. Und das war, wie gesagt, nicht allzu viel. Zum Glück bekam Eva anderthalb Wochen später ihre Periode, und uns beiden fiel eine enorme Last vom Herzen. Umgehend hörten wir auf, uns den größten Teil unserer Freizeit mit Jungen- und Mädchennamen zu beschäftigen.

Unsere Eltern waren derart verklemmt, dass wir uns oft gefragt haben, ob sie beim allsamstäglichen Reinigungsritual wohl in Badebekleidung in die mit der trüben Brühe des Vorgängers gefüllte Wanne stiegen. Oder hatte die allgemeine Prüderie damals vielleicht sogar etwas mit der aus heutiger Sicht absolut mangelhaften Hygiene zu tun? Wenn ich mich heute, wann immer mir danach zumute ist, unter die Dusche stelle und mich wohlig von warmem Wasser berieseln lasse, kann ich mir jedenfalls nur noch mit größter Mühe vorstellen, dass wir unsere Körper damals in der Tat nur ein einziges Mal pro Woche gründlich säuberten.

Und auch das war nur möglich, wenn zuvor mehrere Stunden lang der Badeofen angeheizt worden war, was vorzugsweise mit säckeweise gesammelten Kiefer- und Fichtenzapfen geschah und in unserer Familie seit jeher meine Aufgabe war. Jeden Samstagnachmittag gegen zwei Uhr legte ich ein brennendes Streichholz an zusammengeknülltes Papier und darauf gehäufte knochentrockene Zapfen, und gegen fünf war dann genügend Wasser warm, um damit zwei Wannen – eine für meine Eltern und eine für uns Jungen – füllen zu können. Jedes zweite Mal war ich derjenige, der in das undurchsichtige Nass steigen musste, in dem Schmutz, Schweiß und Haare meines Bruders schwammen, aber wenn ich meinen eigenen, im Lauf der Woche kumulierten Schmutz und Mief loswerden wollte, blieb mir keine andere Wahl. Allerdings empfand ich es damals gar nicht als so eklig, wie es mir heute vorkommt, auch wenn ich lieber der erste als der zweite Wannennutzer war.

Nach dem Bad kam das wöchentliche Highlight: frische Unterwäsche! Der Samstag war für dieses feierliche Ritual der ideale Zeitpunkt. Zum einen waren wir von oben bis unten gründlich abgeschrubbt, sodass saubere Wäsche saubere Haut berührte, zum anderen war es kurz vor dem Waschtag.

Man kann sich leicht ausrechnen, dass die Waschküche in einem Zehn-Parteien-Haus bei fünf Werktagen jedem nur einen halben Tag zur Verfügung stand. Doch da wir in der ansonsten ziemlich betagten Mietergemeinschaft zusammen mit Müllers im obersten Stock die einzige Familie mit vier Personen waren und da es zudem nirgends ein Baby gab, dessen Stoffwindeln ständig hätten gewaschen werden müssen, durfte meine Mutter den tristen, nach feuchtem Putz miefenden Raum im Keller einen ganzen Tag lang nutzen. Und dieser Tag war stets der Montag. Ohne Maschine, nur mit Waschbrett und Muskelkraft, musste sie sich schwer ranhalten, um in der kurzen Zeitspanne fertig zu werden.

Die einzige technische Errungenschaft, die ihr dabei zur Verfügung stand, war eine Schleuder – eines jener plumpen, zylindrischen Geräte mit oben gelegener Einfüllklappe, wie man sie heute noch in manchen Hotelschwimmbädern zum mechanischen Auswringen der Badebekleidung findet. Das Ding machte einen Höllenlärm und hatte zudem die lästige Angewohnheit, sich ab einer bestimmten Drehzahl selbstständig zu machen und ratternd durch die Waschküche zu hoppeln. Meist war es die Aufgabe eines von uns Jungen, das zu verhindern, indem wir die Schleuder mit festem Griff an ihren Platz bannten.

Einmal kehrte mein Bruder der Waschküche vorzeitig den Rücken, woraufhin sich der scheppernde Wäscheauswringer mit wachsender Geschwindigkeit in Bewegung setzte und am Türabsatz mit einiger Sicherheit zu Fall und dabei ebenso sicher zu Schaden gekommen wäre, wenn, ja wenn er sich nicht durch Herausziehen der straff gespannten Stromleitung aus der Steckdose selbst abgestellt hätte. Eine Art Sicherung, deren es jedoch nach einem gleichermaßen heftigen wie handgreiflichen Wutausbruch meiner Mutter in Zukunft nicht mehr bedurfte. Zum Trocknen der Wäsche gab es übrigens im Hinterhof Leinen – und zwar sinnigerweise unmittelbar neben der Staub produzierenden Teppichklopfstange.

Um unserer Mutter entgegenzukommen, gaben wir uns alle erdenkliche Mühe, nicht mehr schmutzige Wäsche zu produzieren als unbedingt nötig. So kam der Wunsch, Unterhose und -hemd öfter als einmal wöchentlich zu wechseln, mangels Realisierbarkeit überhaupt nicht auf. Und eines muss man, auch wenn man sich aus heutiger Sicht einen derart sparsamen Umgang mit der Unterkleidung kaum noch vorstellen kann, ehrlich zugeben: Niemand von uns hatte deshalb unter juckenden Ekzemen, eitrigen Pusteln oder schorfigen Wunden zu leiden oder bekam gar Hautkrebs.

Daher fühlten wir uns im Grunde in der Unterwäsche selbst dann noch ganz wohl, wenn wir sie schon sechs Tage am Leib getragen hatten. Allerdings will ich nicht verhehlen, dass ich mich freitags in der Schule etwas behutsamer bewegte und vermied, mehr als absolut unvermeidlich herumzurutschen, denn was da manchmal aus der Unterhose, die die ganze Woche lang die letzten Urintropfen aufgefangen hatte, geruchlich zu mir und sicher auch zu meinen Banknachbarn heraufdrang, war nicht unbedingt dazu angetan, grenzenloses Entzücken hervorzurufen. Freitags war ich immer froh, keine Mädchen in der Klasse zu haben, obwohl die ja seinerzeit, wenn ich es mir heute überlege, das Problem möglicherweise sogar in verstärkter Form hatten.

KUPPELEI

Von linkischen Tänzern, Filmen als Nebensache und Sex im Industriegebiet

Wenn ich erzählt habe, dass Eva meine Tanzstundendame im Fortgeschrittenenkurs war, dann bedeutet das natürlich: es hatte auch einen Anfängerunterricht gegeben. Denn für die Generation Käfer war es noch eine Selbstverständlichkeit, tanzen zu lernen, und zwar so richtig standardmäßig, also Walzer, Tango und Foxtrott und auch lateinamerikanisch: Rumba, Samba und Cha-Cha-Cha. In korrekter Haltung und mit präzise zum Takt ausgeführten Figuren. Zu diesem Zweck besuchten wir eine Tanzschule. Eine richtige, irgendwo in der Nähe, denn die durchaus beliebte Fernseh-Variante *Gestatten Sie?* mit den stets lächelnden Lehrern Ernst und Helga Fern hatte einen ganz entscheidenden Nachteil: Man lernte dabei niemanden kennen. Schließlich brachte man uns nicht nur Tanzschritte bei, mit denen wir uns später formvollendet auf dem Parkett bewegen sollten, sondern das Tanzenlernen war für alle, die eine reine Mädchen- oder Jungenschule besuchten, die erste richtige Gelegenheit, näher mit dem anderen Geschlecht in Kontakt zu kommen.

Natürlich hatten einige von uns Jungen Schwestern, aber die zählten ebensowenig wie die Brüder der Mädchen. Unsere Geschwister fanden wir in der Regel nervig und zickig, kurzum doof – sie waren jedenfalls nicht dazu angetan, erotisches Interesse zu wecken. Entsprechend gespannt warteten alle Tanzstundenteilnehmer unserer zehnten Klasse auf die Antwort der neunten Klasse eines Mädchengymnasiums, bei der wir angefragt hatten, ob sie mit uns tanzen lernen wollten; und als der ersehnte Brief – mit drei ebenso überflüssigen wie albernen Blümchen verziert – bei uns eintraf, waren wir, auch wenn das natürlich niemand offen zugab, über die Zusage der Klassensprecherin in höchstem Maße erfreut.

Die Mädchen kannten sich untereinander also ebensogut wie wir Jungen, sodass die zwischengeschlechtliche Begegnung zusätzlich an Spannung gewann, weil man sich fragte, wer wohl wen als Tanzstundenpartner ergattern beziehungsweise abbekommen würde. Selbstverständlich trugen wir Jungen samt und sonders Anzug oder Kombination mit weißem Hemd und in den unterschiedlichsten Farben gestreiften Krawatten. Schnell merkten wir, dass die neumodischen Nyltesthemden, die beim Ausziehen im Dunkeln so herrlich knisterten und blitzten, auch ihre Nachteile hatten: Spätestens nach dem zweiten Tanz kamen wir uns darin vor wie in einer Nasstauchkombination, und der Schweiß, der uns literweise den Körper hinunterrann, sorgte dafür, dass wir nach jedem Übungsabend einige Kilo leichter und mit unseren ausgetrockneten Mündern kaum noch zu der beim Tanzen üblichen Konversation in der Lage waren. Die Mädchen erschienen in bunten und vor allem beneidenswert luftigen Kleidern oder Kostümen, mit breiten Gürteln und ausgestellten Röcken; einen Tanzkurs in Hosen zu absolvieren wäre für eine Person weiblichen Geschlechts ganz und gar undenkbar gewesen.

So trafen wir uns zum ersten Übungstag und waren dabei weniger gespannt als vielmehr schrecklich verlegen. Vor allem wir Jungen wussten nicht, wohin mit unseren Händen. Sie einfach seitlich herunterbaumeln zu lassen schien uns linkisch, sie hinter dem Rücken zu verstecken großväterlich, sie vor der Brust zu verschränken unhöflich, sie vor dem Körper zu falten kindisch, und sie in die Hosentaschen zu stecken, was wir alle am liebsten getan hätten, scheiterte daran, dass uns Herr Hermann, der zusammen mit seiner Frau die Tanzschule leitete, dies gleich in seiner Begrüßungsansprache als unfein verboten hatte. Bei den Mädchen entlud sich die Unsicherheit in schnatterndem Gekicher, von dem wir Jungen nicht so recht wussten, was wir davon halten sollten. Lachten sie uns wegen unseres linkischen Verhaltens aus? Allein der Gedanke raubte uns das letzte bisschen Selbstsicherheit.

Dann mussten wir in einer Reihe vor den sitzenden Mädchen – im Tanzkurs groteskerweise »Damen« genannt – Aufstellung nehmen und sie zum Tanz auffordern, mussten vor sie treten, einen tiefen Diener machen, sie in höflichem Ton fragen: »Darf ich bitten?«, und sie schließlich, da sie uns keinen Korb geben durften, mit untergehaktem Arm auf die Tanzfläche führen. Das erschien uns »Herren« schrecklich albern, aber immerhin hatte auf diese Weise zumindest einer unserer beiden Arme eine Aufgabe. Dann nahmen wir zum Tanzen Aufstellung, legten unsere rechte Hand schüchtern um die Taille des Mädchens und umfassten mit der linken mannhaft ihre rechte, wobei wir zu unserer großen Erleichterung feststellten, dass die genauso kalt und feucht war wie unsere eigene, die wir kurz vorher noch verstohlen am Hosenbein abgewischt hatten.

Schließlich ging es los. Nachdem uns Lehrer und Lehrerin die ersten Foxtrottschritte vorgeführt hatten, versuchten wir, es ihnen nachzutun. Das wäre für mich grundsätzlich kein besonderes Problem gewesen, da ich mir drei aufeinanderfolgende Positionen meiner Füße durchaus merken kann, scheiterte jedoch daran, dass meine Partnerin die ihren, wohl infolge unterschiedlicher Taktinterpretation, nicht rechtzeitig wegzog. Die Folge war, dass das arme Mädchen, als mein Fuß den ihren traf, fühl- und sichtbar zusammenzuckte, auf mein vorschriftsmäßig hervorgestoßenes »O, tut mir Leid« jedoch ebenso korrekt erwiderte: »Keine Ursache.«

Beim nächsten Mal bemühte ich mich, behutsamer vorzugehen, und bewegte meinen rechten Fuß erst, nachdem ich mich mit einem raschen Blick nach unten davon überzeugt hatte, dass das weibliche Pendant nicht mehr im Weg stand. Doch bald erkannte ich, dass diese Taktik zwar dazu geeignet war, schmerzhafte Berührungen zu vermeiden, meine Füße dafür jedoch um jegliche Koordination mit dem von der Musik vorgegebenen Rhythmus brachte. Beruhigend wirkten in dieser Situation allenfalls die mehr oder minder unterdrückten Schmerzensschreie der anderen Tänzerinnen rings um mich her, die mir zeigten, dass es auch bei den übrigen Paaren noch erheblich an der erforderlichen Abstimmung haperte. Vor allem Georgs Partnerin, ein unscheinbares, ziemlich mickrig wirkendes Geschöpf, das aussah, als wäre es gerade erst in die Schule gekommen, tat mit unablässigem, schweinchenartigem Quieken kund, dass der untere Fuß grundsätzlich der ihre war.

Allmählich funktionierte die Sache ein bisschen besser, und in dem Maße, wie die Schmerzenslaute der Damen abnahmen, wuchs unser Spaß am Tanzen. Der Höhepunkt kam zum Schluss der Stunde: Die Mädchen nahmen auf einer Reihe von Stühlen an der einen Längsseite des Raumes Platz, mit durchgedrückten Rücken und vorschriftsmäßig schräg aneinandergelegten Beinen, und wir Jungen standen einer neben dem anderen an der gegenüberliegenden Wand und warteten auf das Kommando, eine Dame zum letzten Tanz aufzufordern, was zwangsläufig das Recht – oder je nachdem auch die Pflicht – beinhaltete, sie anschließend nach Hause zu bringen.

Ich hatte meine Favoritin, ein großes, schlankes Mädchen namens Meta, mit langen, schlanken Beinen und ansehnlichen Rundungen an den richtigen Stellen, mit kurzen, blonden Haaren und auffallend lustig blitzenden Augen, längst ausgemacht und bereitete mich darauf vor, auf Herrn Hermanns Zeichen gemessenen Schrittes – so hatte der es uns eingetrichtert – auf sie zuzuschreiten, mich formvollendet vor ihr zu verbeugen und sie zum Abschlusstanz aufzufordern.

Doch als das Signal kam und ich mich in Bewegung setzte, merkte ich rasch, dass Franz und Georg dasselbe Ziel ansteuerten. Also beschleunigte ich meine Schritte, doch den beiden war meine Absicht natürlich ebensowenig verborgen geblieben wie mir die ihre, und so marschierten auch sie immer schneller auf Meta zu. Bald war es mit dem Schreiten vorbei, wir verfielen in eine Art Trab und kamen schlitternd und nahezu gleichzeitig vor dem Ziel unserer Begierde zum Stehen.

Ob Meta Franz am attraktivsten fand oder ob er an diesem Abend einfach einen Tick schneller und cleverer war, habe ich nie herausgefunden – Tatsache ist, dass er sie auf die Tanzfläche führte und Georg und ich nun mit den beiden am wenigsten attraktiven Mauerblümchen Vorlieb nehmen mussten, was insofern besonders peinlich war, als die beiden jungen Damen natürlich genau mitbekommen hatten, auf wen wir es ursprünglich abgesehen hatten. Ich war daher nicht besonders überrascht, dass mich die von mir notgedrungen Aufgeforderte durch ihre dicken Brillengläser alles andere als freundlich anblitzte und sich der Nachhauseweg entsprechend übellaunig gestaltete.

Mädchen mit Brille waren seinerzeit wirklich arm dran. Unauffällige Kontaktlinsen waren noch nicht in Gebrauch, und die zur Auswahl stehenden Modelle konnten ganz bestimmt nicht für sich in Anspruch nehmen, als modisches Accessoire durchzugehen – vor allem dann nicht, wenn es sich um sogenannte Kassengestelle handelte, die etwa die Eleganz eines Hollandrades besaßen und folgerichtig auch als Nasenfahrrad bezeichnet wurden. Wenn ein Mädchen ihr Gesicht mit so einem klobigen Gerät verunstaltete, dann nur, weil sie ohne Brille blind wie ein Maulwurf war. Viele junge Damen, deren Sehleistung eine optische Unterstützung durchaus gut getan hätte, die aber noch in der Lage waren, Farben zu unterscheiden und die Plakate an den Litfaßsäulen zu entziffern, verzichteten jedenfalls darauf und nahmen dafür in Kauf, dass sie kaum etwas lesen, Schuhe nur nach Gefühl zubinden und die Attraktivität eines Jungen erst beim Betasten halbwegs zuverlässig beurteilen konnten (was für den Betroffenen indes durchaus reizvoll sein konnte).

Die peinliche Szene mit Meta wiederholte sich am nächsten Übungsabend, wobei diesmal ich nach einem dreisten und zum Glück nicht abgepfiffenen Frühstart der Glückliche war. In der folgenden Woche hielten wir während der großen Pause Kriegsrat. Mittlerweile hatten sich die ersten festen Paare gebildet, und von uns dreien drohten zwei an den hässlichen Entlein der Klasse hängen zu bleiben, wenn wir immer zu dritt auf Meta zurasten, obwohl doch nur einer den letzten Tanz mit ihr aufs Parkett legen konnte.

Also beschlossen wir zu würfeln. Drei Durchgänge, wobei derjenige Sieger werden sollte, der insgesamt die höchste Augenzahl erreicht hatte. Nach einer Eins und einer Zwei in den ersten beiden Runden waren meine Chancen praktisch auf Null gesunken, und am Ende war es Georg, der Meta künftig allein als Tanzstundendame für sich beanspruchen durfte. Die Folge war, dass ich mich am nächsten Übungsabend nur mühsam auf die einzustudierenden Figuren konzentrieren konnte, weil ich ständig damit beschäftigt war, nach dem attraktivsten und nettesten der noch nicht fest vergebenen Mädchen Ausschau zu halten.

Wahrscheinlich war Meta überaus verblüfft, als diesmal nur noch Georg zielstrebig und tatsächlich gemessenen Schrittes auf sie zustolziert kam, während ich mir Doris angelte und Franz sich vor Angelika verbeugte – zwei durchaus ansehnliche Mädchen, die wir an den verbleibenden Übungsabenden und schließlich auch beim feierlichen Abschlussball eifrig betanzten. Später habe ich aus zuverlässiger Quelle erfahren, dass Meta Franz, ja, sogar mich dem tapsigen Georg, der zudem immer leicht nach Schweiß roch, in jeder Beziehung vorgezogen hätte, doch als ich Franz darauf ansprach, winkte der ab und gab mir souverän lächelnd ein Beispiel seiner aus dem Lateinunterricht erwachsenen Bildung. »Alea iacta est«, deklamierte er würdevoll: »Die Würfel sind gefallen.«

Beim »ersten Mal« war dann folgerichtig auch nicht Meta beteiligt, allerdings auch nicht Doris, sondern Monika. Es passierte auf der Rückbank meines für 1 050,– Mark und möglicherweise sogar eigens zu diesem Zweck erstandenen Käfers – in einem düsteren Waldweg im Anschluss an den Besuch einer Diskothek. Monika war ebenso unerfahren wie ich, und nachdem wir mit unbeholfen übergestreiftem Präservativ – wir sprachen schamhaft von »Pariser« – zur Sache gingen und dabei aus lauter Angst vor ungebetenen Zuschauern die Blicke unablässig von einer Autoscheibe zur anderen wandern ließen, waren wir uns nach vollbrachter Tat nicht einmal sicher, ob sie nun wirklich keine Jungfrau und ich kein unerfahrener Jüngling mehr war. Einig waren wir uns nur darüber, dass Fummeln – den Ausdruck hatten wir aus dem Film *Zur Sache, Schätzchen* mit Uschi Glas und Werner Enke – viel schöner war.

Ein ganzes Jahr mussten wir unsere Sexualität auf diese unbequeme Weise ausleben, denn weder in Monikas noch in meinem Zimmer wäre die körperliche Liebe ohne elterliche Entdeckung und Zurechtweisung vorstellbar gewesen. Erst als ich zu studieren begann und zu diesem Zweck im nicht allzu weit entfernten Erlangen ein kleines Zimmer mit schmalem und knarzendem Holzbett gemietet hatte, wurde das Ganze entspannter und intimer.

Dass Monika bis dahin nicht schwanger geworden war, muss ich aus heutiger Sicht als reines Glück bezeichnen. Zwar gab es die Pille schon, aber für noch nicht Einundzwanzig- und damit Volljährige war sie nur mit ausdrücklicher Einwilligung der Eltern zugänglich, und um diese Genehmigung zu bitten war ganz und gar undenkbar. Also wandten wir uns schweren Herzens an einen der in studentischen Insiderkreisen bekannten schmuddeligen Frauenärzte, die nur denjenigen Mädchen illegal die Pille verschrieben, die sich von ihnen unter dem Vorwand einer notwendigen Untersuchung ausgiebig und klaglos begrapschen ließen.

Dass das erste Mal nach der Disko passiert war, kam nicht von ungefähr. Dorthin ging man seinerzeit nicht erst wie heute gegen Mitternacht, sondern schon um acht, halb neun, und eigentlich einzig und allein wegen der von schwüler Musik und bis fast zu völliger Dunkelheit gedimmtem Licht begleiteten Knutschphasen. Warum diese immer wieder von einer Serie außerordentlich lästiger rhythmischer Stücke – in besonders schlechter Erinnerung habe ich in diesem Zusammenhang die Gruppe *Dave Dee, Dozy, Beaky, Mick and Tich* – unterbrochen wurden, bei denen man sich grotesk verrenkte und wild umeinander herumhüpfte, ohne sich indes im Geringsten zu berühren, ist mir bis heute nicht klar geworden. Nach jeder dieser nervigen Nummern hofften wir, dass nun endlich wieder Procul Harum mit *A Whiter Shade of Pale* oder Scott McKenzie mit *San Francisco* an der Reihe wäre, damit wir wieder legitim in den Clinch gehen und bei schummriger Beleuchtung hemmungslos miteinander knutschen konnten.

Wenn uns die ständigen Unterbrechungen zu lästig waren oder wir den körperlichen Kontakt noch um einige Grade intensivieren wollten, gingen oder besser gesagt: fuhren wir ins gerade neu eröffnete Autokino. Welcher Film gerade lief, war dabei ganz und gar belanglos. Ich bin fest davon überzeugt, dass von den zahlreichen Pärchen, die sich dort in den Käfern aller möglichen Baujahre – mit ihren praktischerweise äußerst dicht nebeneinander stehenden Sitzen – intensiv miteinander vergnügten, beim Verlassen des Geländes nicht einmal die Hälfte hätte sagen können, welches filmische Meisterwerk sich in den letzten zwei Stunden vor den oft dicht beschlagenen Windschutzscheiben ihrer Autos abgespielt hatte. Fest steht jedenfalls, dass die Voyeure in den umliegenden Wald- und Feldwegen in den Stunden nach den Autokino-Vorstellungen Hochkonjunktur hatten.

Ich habe mich oft gefragt, ob unsere Eltern tatsächlich so blauäugig waren, dass sie keine Ahnung hatten, was wir da trieben, oder ob sie es einfach nicht wahrhaben wollten, und bin mittlerweile überzeugt, dass Letzteres zutrifft. Sogar als Monika und ich schon volljährig waren, mussten wir uns an den Wochenenden, die wir größtenteils im schmalen Bett meiner kargen Studentenbude verbrachten, zwischen Mitternacht und ein Uhr widerwillig voneinander lösen, und ich musste sie 35 Kilometer weit nach Hause fahren, wo sie dann am anderen Morgen ihrem Vater und ihrer Mutter erzählte, wir seien bei einem Diskussionsabend, einem Diavortrag über die Färöer-Inseln oder sonst etwas Erfundenem gewesen.

Nur wenn ihre Eltern, was bedauerlicherweise höchst selten vorkam, ein paar Tage verreist waren, konnte sie einmal eine ganze Nacht bei mir verbringen. Aber selbst dann bestand sie darauf, dass ich mich gegen ein Uhr in Hemd und Hose zwängte, über den Dachboden schlich und die knarrenden Treppenstufen des Altbaus hinunterstieg und von der gegenüberliegenden Telefonzelle aus bei ihr zu Hause anrief, um sicherzugehen, dass Vater und Mutter nicht vielleicht vorzeitig zurückgekommen waren. In diesem Fall hätte ich etwas von einer bedauerlichen Autopanne gelogen und Monikas Rückkehr für etwas später angekündigt.

Die Tatsache, dass die Treppenstufen beim Begehen so ein unangenehmes Knarzen von sich gaben, zwang mich, Monika beim Hinaufsteigen jedes Mal auf den Arm oder huckepack auf den Rücken zu nehmen. Auf diese Weise entstand nur das Geräusch einer einzigen Person, sodass meine im zweiten Stock wohnende Vermieterin, eine ältere, ledige Pfarrerstochter, nicht misstrauisch wurde. Denn obwohl das Zimmer nur über den Dachboden zu erreichen war und damit weit abseits vom Schuss lag, war Damenbesuch streng verboten.

Tatsächlich gab es damals noch den sogenannten »Kuppelei-Paragrafen«, der demjenigen bis zu fünf Jahre Zuchthaus androhte, der »den Geschlechtsverkehr zwischen nicht Verheirateten ermöglichte«. Erst 1972 wurde er abgeschafft. Bis dahin durfte ein Hotelier einem Mann und einer Frau ohne Trauschein kein Doppelzimmer geben, was viele Paare dazu zwang, zwei Einzelzimmer zu buchen, von denen sie eines, da nicht bewohnt, gänzlich unnützerweise bezahlen mussten.

Vor diesem Hintergrund wird verständlich, dass ich mit Monika während der Semesterferien ein paar Urlaubstage in einem Gasthof im oberpfälzischen Sulzbach-Rosenberg verbrachte, einer damals äußerst unschönen Industriestadt ohne jeglichen touristischen Reiz. Wir hatten uns dafür einzig und allein deshalb entschieden, weil ich von einem Studienfreund den Tipp bekommen hatte, der Wirt würde – für ihn alles andere als risikolos – Paaren keine unerwünschten Fragen stellen.

FORTSCHRITT
Von Altöl auf Robbenbänken, einem stummen Frühling
und dem Vorsprung schneller Russen

Vor kurzem sah ich einen Nachbarn am Straßenrand sein
Auto waschen. Er hatte es gerade mit einem Gartenschlauch
abgespritzt und machte sich daran, den Lack abzuledern.
Chromputzmittel und Politur standen bereit. Wir kamen ins
Gespräch, und er gestand, er wisse sehr wohl, dass sein Tun
verboten sei. Ich winkte ab und fragte ihn, ob er sich noch an
die Fünfzigerjahre erinnere, in denen man jeden Samstag
zahlreiche Männer beim Waschen ihrer Käfer beobachten
konnte. Ja, bestätigte er lachend, das stehe ihm noch deutlich
vor Augen.

Tatsächlich war die Auto- (oder fast gleichbedeutend: die
Käfer-)Pflege seinerzeit so etwas wie ein Volkssport, an dem
sich jedes Wochenende ein Großteil der Pkw-Besitzer betei-
ligte, mein Vater eingeschlossen. Während die Männer gut-
gelaunt über die neuesten Fahrzeugmodelle fachsimpelten,
wuschen sie ihre Wagen mit Seifenwasser, spülten sie ab, entfernten akribisch sämtliche Insektenreste und bemühten sich,
dem Lack wenigstens einen Anflug von Glanz zu verleihen.
Nicht wenige erledigten dabei auch gleich noch den Ölwechsel mit, der weitaus häufiger als heute fällig war, und wenn
Reste von Pflegemitteln, Benzin und Altöl in den Gully liefen, kümmerte das niemanden auch nur im Geringsten.

Auch sonst waren unsere Eltern in Sachen Umweltschutz
alles andere als pingelig, ja, man kann getrost behaupten,
dass bei ihnen so etwas wie ein ökologisches Bewusstsein
überhaupt noch nicht existierte. Und wir machten es ihnen
zunächst nach. Weder versuchten wir, mit Ressourcen spar-

sam umzugehen, noch überlegten wir, dass aus den Mülldeponien giftige Substanzen ins Grundwasser gelangen könnten. Im Winter wurde tonnenweise Auftausalz gestreut, die Begriffe »Waldsterben« und »Saurer Regen« waren gänzlich unbekannt, und niemand dachte an bleifreies Benzin und Abgaskatalysatoren.

Das änderte sich erst ganz allmählich, als wir Mitte der Sechzigerjahre von der Verschmutzung des Rheins lasen – von ungeklärten Abwässern, die in Riesenmengen in den Fluss strömten, und vom Fischbestand, der immer mehr abnahm. Dann mussten wir erleben, dass wir in einigen Flüssen, in deren Wasser wir uns im Sommer gerne getummelt hatten, nicht mehr baden durften, und begannen uns schon ernsthafte Sorgen zu machen – bis wir erfuhren, dass es vor allem die Landwirtschaft war, die mit ihren Insekten- und Unkrautvertilgungsmitteln die Gewässer verunreinigte. Das beruhigte unser Gewissen sehr – schuld war also doch nicht unser Lebensstil, sondern die sprichwörtliche Unvernunft der Bauern! Doch dann hörten wir im Fernsehen, dass der Robbenbestand in der Nordsee auf die Hälfte geschrumpft war, wofür angeblich nicht nur Industriebetriebe verantwortlich waren, die ihre Giftstoffe einfach ins Meer schütteten, sondern auch riesige Tanker, die entweder direkt Öl abließen oder ihre Tanks mit Meerwasser reinigten.

Etwa zur selben Zeit lasen wir in der Schule auszugsweise das Buch *Der stumme Frühling* von Rachel Carson, in dem die Autorin drastisch die Folgen des Giftstoffeinsatzes in der Natur schildert. Demnach nehmen Insekten die Toxine auf, und wenn sie nicht gleich daran sterben (und so als Nahrungsquelle für die Singvögel ausfallen), geben sie die giftigen Substanzen an die Vögel weiter, von denen sie gefressen werden. Und wenn so ein Vogel nur genügend verseuchte Insekten vertilgt, dann verendet er entweder oder kann sich nicht mehr fortpflanzen. Folge: Die Vögel sterben aus, ihr Gesang verstummt.

Silent Spring, so der amerikanische Originaltitel, war für die damalige Industriegesellschaft ein Schlag ins Gesicht. Wenn die in der Landwirtschaft ungehemmt ausgebrachten Pestizide nicht nur für Bodenlebewesen, Spinnen, Regenwürmer und andere Nützlinge eine Katastrophe waren, sondern über komplexe Nahrungsketten und schließlich über den Verzehr von Schweine- und Rindfleisch auch in unseren Körper gelangten, wo sie Krebs erregten oder das Erbgut schädigten, konnte man nicht untätig bleiben.

Carson zeigte zudem auf, wie schnell Insekten gegen Gifte resistent werden können, und prangerte die kühnen Versuche der Menschen, des Ungeziefers mit immer stärkeren Pestiziden Herr zu werden, als unseligen *circulus vitiosus* an. Doch sie bot auch Alternativen an, indem sie von dauerhaften Erfolgen berichtete, die man im Kampf gegen die Landwirtschaftsschädlinge erzielt hatte: mit natürlichen Fressfeinden, mit Insektenkrankheiten, mit Lockstoffen und vor allem mit standortgerechtem Anbau und einer ökologisch vernünftigen Fruchtfolge.

Als wir aus der Schule nach Haus kamen und unseren Eltern Vorhaltungen wegen des Raubbaus an der Natur machten, den die Wiederaufbau-Generation zu verantworten habe, ernteten wir zunächst nur verständnislos Kopfschütteln oder wurden als idealistische (was durchaus als Schimpfwort gemeint war), weltfremde Träumer hingestellt. Dann mussten sie jedoch erleben, dass auch der allseits beliebte und geachtete Professor Grzimek in seiner Sendung *Ein Platz für Tiere*, die er stets milde lächelnd mit den Worten »Guten Abend, meine lieben Freunde« zu beginnen pflegte und die zeitweilig von bis zu 70 Prozent der Fernsehzuschauer gesehen wurde, den skrupellosen Umgang mit der Natur und die Herstellung von Krokotaschen und Leopardenmänteln mas-

siv anprangerte, und allmählich setzte ein zaghaftes Umdenken ein.

Die wachsende Schar der Umwelt- und Naturfreunde unter uns versuchte den allmählichen Auffassungswandel zu för-
dern, indem sie ihren Eltern ein paar Jahre später das Buch
Die Grenzen des Wachstums von Dennis Meadows unter den
Weihnachtsbaum legte, in dem dieser anhand von Compu-
tersimulationen nachwies, dass die Weltbevölkerung bei
unveränderten Parametern wie Nahrungsmittel-Produktion,
Umweltverschmutzung und Rohstoffverbrauch bald an ihre
Grenzen stoßen werde.

Später kamen dann die Grünen, denen wir trotz zunehmender Überzeugung, für unsere Umwelt werde zu wenig
getan und sie bleibe bei politischen Entscheidungen zu oft
unberücksichtigt, mehrheitlich allenfalls eine gewisse Legiti-
mation auf ökologischem Gebiet zubilligten, aber jegliche
Kompetenz in Bereichen wie Wirtschaft, Verteidigung sowie
Sozial- und Außenpolitik absprachen und ein baldiges Scheitern prophezeiten. Dass sie sich allen Unkenrufen zum Trotz
gehalten haben, lässt zumindest darauf hoffen, dass unsere
Umwelt doch noch so etwas wie eine Chance hat. ✳

Ja, die Umwelt: Würden wir uns heute noch so verhalten wie
in den Fünfzigerjahren, so wären wir alle notorische Gesetzes-
brecher – und glaubte man allen Warnungen der letzten Jahr-
zehnte, müssten wir eigentlich längst alle an Krebs erkrankt
oder tot sein. Was haben wir nicht alles straflos und ohne
schlechtes Gewissen getan, was heute verboten ist, mit wie
vielen mittlerweile ungesetzlichen Umständen und Gegebenheiten hatten wir es ständig zu tun! Beim Anblick der damaligen bunt lackierten Kinderbetten und beim Schnuppern
daran würden dem Bundesumweltminister heute Tränen in
die Augen steigen. Der Schwermetallgehalt der Farben überstieg jeden denkbaren Grenzwert, und der dezente Geruch

✳ seit März 2011 1. grüner Minister-
präsident in B.-W. !

209

nach Formaldehyd war noch Jahre nach dem Kauf wahrnehmbar. Überall wurde Asbest verbaut, und der Kleber, mit dem die Bodenbeläge – vorzugsweise Linoleum und Stragula – verlegt wurden, enthielt derartig viele Stoffe, deren gesundheitsschädliche Eigenschaften inzwischen bekannt sind, dass wir in den entsprechenden Räumen heutzutage gar nicht mehr wohnen dürften.

Die ersten Tintenkiller, die in Mode kamen und in der Schule eifrig verwendet wurden, musste man vor Gebrauch belecken – und schluckte dabei mit Sicherheit einen ganzen Cocktail höchst bedenklicher Substanzen; in keiner einzigen Steckdose fand man eine Kindersicherung, und jede Medizinflasche ließ sich ganz einfach öffnen, wenn man den Schraubverschluss ohne irgendwelche Tricks ganz einfach nach links drehte. Und dennoch waren wir nicht häufiger und nicht schwerer krank als unsere Altersgenossen im 21. Jahrhundert, ja, wahrscheinlich sogar eher gesünder.

Nun will ich keinesfalls behaupten, dass die in der Zwischenzeit erlassenen Gesetze und Vorschriften allesamt sinnlos sind, aber manchmal habe ich doch den Eindruck, dass der Bundestag und die EU ihre Daseinsberechtigung vor allem dadurch nachzuweisen versuchen, dass sie in nicht endenwollender Regulierungswut immer neue Bestimmungen erlassen, sodass schon lange kein Jurist mehr in der Lage ist, in der Fülle der Gesetze und Verordnungen auch nur einigermaßen den Überblick zu behalten – von uns Bürgern, in deren Namen diese Gesetze ja erlassen werden, ganz zu schweigen. Man fragt sich schon, wieso jemand, der in Hamburg oder München eine Lüftungsanlage in seine Garage einbauen lassen will, mehr als drei Dutzend Vorschriften beachten und deren Einhaltung anschließend auch noch von einem Sachverständigen bestätigen lassen muss.

In den Fünfziger- und frühen Sechzigerjahren hatte die Legislative für solche Kinkerlitzchen schlicht keine Zeit – es gab weiß Gott Wichtigeres zu entscheiden. Auf die Idee, die höchstzulässige Schichtstärke für die Wachspolitur auf einem Apfel Handelsklasse A in Nanometern festzulegen, wäre jedenfalls niemand gekommen. Damals gab es noch kein Gesetz zur »Novellierung des reformierten Schwermetallderivatverarbeitungsgesetzes«, und, ehrlich gesagt, kamen wir auch ganz gut ohne aus. Sicher lebten wir gefährlicher – aber ob das wirklich ein Schaden für uns war?

Wir fuhren mit Seifenkisten – aus Brettern grob zusammengenagelten, auf Kinderwagenrädern rollenden Gefährten – auf öffentlichen Straßen die Hänge hinunter und brachen uns, als wir erschrocken feststellten, dass wir vergessen hatten, eine Bremsvorrichtung einzubauen, bei der nachfolgenden Bruchlandung ein Bein. Würden Kinder heute noch mit derartigen Klapperkästen fahren und irgendwo würde sich ein derartiger Unfall ereignen, so ginge ein empörter Aufschrei durch die Medien und überall würde der Ruf nach Helmpflicht sowie abgesperrten und durchgehend mit Aufprallschutz-Vorrichtungen versehenen Seifenkisten-Fahrstrecken laut. Schon bald würde der obligatorische Seifenkistenführerschein für Jugendliche eingeführt – natürlich mit Foto und digitalem Chip –, zu dessen Erlangung ein makelloses polizeiliches Führungszeugnis sowie eine theoretische und praktische Ausbildung mit exakt definierter Mindestunterrichtszeit sowie Prüfungen nach einer eigens erstellten Prüfungsordnung erforderlich wären. Dasselbe gälte natürlich auch für die Benutzung von Schlitten, Rollern und Fahrrädern.

Im Sommer hüpften etliche von uns Kindern, mit Schmetterlingsnetzen bewaffnet, durch Wald und Flur und versuchten, möglichst viele der farbenfrohen Falter zu erwischen, um sie anschließend gespannt, getrocknet und säuberlich katalogisiert in Vitrinen auszustellen. Niemand kam auf die Idee, uns das zu verbieten. Vielmehr lobten unsere Eltern und Lehrer unser biologisches Interesse und gaben uns, wenn wir mit der wissenschaftlichen Systematik noch nicht so vertraut waren, wertvolle Hilfestellungen.

Gäbe es heute überhaupt noch bunte Tagfalter, so hätte sich längst eine *Initiative zur Bekämpfung der illegalen Schmetterlingsnachstellung (IBIS)* konstituiert, die auf Demonstrationen in Sprechchören und auf Spruchbändern die Einstellung des grausamen Mordens fordern würde.

Damals machten wir uns über ganz andere Flugobjekte Gedanken:»Die Satelliten sind an allem schuld, die Satelliten und die Atombombenversuche.« Das war eine in jenen Tagen oft gehörte Auffassung, und tatsächlich werden die Fünfziger und Sechziger nicht nur als die Zeit des Wirtschaftswunders in die Geschichte eingehen, sondern auch als die Ära des kosmischen Wettlaufs zwischen Russen und Amerikanern.

Den ersten Schritt machten die Sowjets, die im Oktober 1957 vollkommen unerwartet einen Satelliten namens *Sputnik 1* in eine Erdumlaufbahn schossen. Die gesamte westliche Welt war schockiert! Die UdSSR, ein angeblich rückständiges kommunistisches Land, hatte das hoch industrialisierte Amerika geschlagen! Zudem war der Atommacht USA von einem auf den anderen Tag klargeworden, dass die Sowjetunion Raketen besaß, mit denen sie von ihrem Territorium aus die Vereinigten Staaten beschießen konnte. Immerhin wog *Sputnik 1* 83 Kilo, da bedurfte es schon einer gewaltigen Trägersystems, um ein solch schweres Gerät ins Weltall zu befördern. Wir alle hatten uns die Russen immer als eine Horde unzivilisierter Kosaken vorgestellt, und dann das!

Doch meine Freunde und ich – und mit uns sicher Millionen Deutsche – waren weit weniger schockiert als vielmehr fasziniert. Voller Begeisterung sogen wir sämtliche Nachrichten auf, die wir über Sputnik erhalten konnten. Und dann, nur einen Monat später, brachten die Sowjets schon den nächsten Satelliten in den Weltraum, diesmal – wir konnten es kaum glauben – mit einem lebenden Wesen, der Hündin Laika, an Bord. Dass diese das Abenteuer nicht überlebte, empfanden wir als tragischen Zwischenfall, obwohl uns eigentlich hätte klar sein müssen, dass der Tod des Tieres – als Folge der Hitze und des extremen Stresses – von Anfang an geplant war. Drei Jahre später, im August 1963, beförderte *Sputnik 5* dann gleich zwei Hunde in den Weltraum, die nach 18 Erdumkreisungen sicher und wohlbehalten zurückkehrten.

Die Amerikaner waren tief in ihrem Stolz getroffen – und wir gönnten ihnen die Schlappe von Herzen (auch wenn wir den Russen die Sache mit Laika schon ein wenig übelnahmen). Denn seit jeher hatten wir zu den USA ein ausgesprochen ambivalentes Verhältnis. Einerseits bewunderten wir die tief verwurzelte Demokratie und waren uns auch durchaus bewusst, dass es dort Eliteuniversitäten und -institute gab, unter deren Dach sich Wissenschaftler aus aller Welt versammelten und die daher regelrecht Zentren der Intelligenz darstellten; andererseits waren wir davon überzeugt, dass die Amerikaner in ihrer großen Mehrheit ziemlich einfältig und ungebildet, ja, sagen wir getrost: dumm waren.

Einerseits mochten wir US-Produkte wie Cola, Kaugummi, Popmusik und Hollywood-Filme, andererseits waren wir irritiert, wie es in einem ausgesprochen sportverrückten Land so unglaublich dicke Menschen geben konnte. Wir machten uns über das merkwürdige Rechtswesen lustig, das Bürgern für selbst verschuldete Unfälle horrende Entschädigungen zusprach, schüttelten die Köpfe über ein Wahlsystem, bei dem ein Präsidentschaftskandidat sämtliche Stimmen eines Staates für sich verbuchte, auch wenn ihn darin nur etwas mehr als die Hälfte der Bevölkerung gewählt hatte, und waren entsetzt, wenn wir hörten, dass US-Amerikaner ohne weiteres einen Revolver, nicht aber eine Flasche Bier bei sich haben durften. Und was uns mit fortschreitendem Alter immer mehr ärgerte: Wie konnte ein Staat, dessen Bewohner zum Großteil nicht in der Lage waren, das eigene Land auf dem Globus zu finden, sich in vermeintlicher kultureller Überlegenheit selbstherrlich eine Rolle als Weltpolizei anmaßen, die in Kriegen wie denen in Korea und später in Vietnam und im Irak gipfelten?

Denn schon früh hatten wir begriffen, dass die angeblich uneigennützige Wiederaufbauhilfe der Amerikaner nach dem Krieg massiven eigenen Interessen entsprungen war, und in den Folgejahren hatten wir die Unterwürfigkeit, mit der Adenauer – er war im Sputnik-Jahr 1957 mit dem Wahlslogan »Keine Experimente!« wiedergewählt worden – sich nach unserer Auffassung bei ihnen anbiederte, stets als reichlich unwürdig empfunden. Da geschah es den Amis nur recht, dass sie auch einmal einen auf den Deckel bekamen!

Tatsächlich löste der Sputnik-Schock in den USA hektische Aktivitäten aus, und bald hatte man als Hauptursache für die verloren gegangene technische Überlegenheit das Bildungssystem ausgemacht, das bei uns seit jeher nur ein mitleidiges Lächeln ausgelöst hatte. In der Folgezeit stellten sie Schulbusse in Dienst, die Kinder auch aus den entlegensten Gebieten in hastig errichtete, zentral gelegene Bildungsstätten brachten. Das Fernsehen berichtete darüber, doch uns schien es mehr als zweifelhaft, ob all diese Anstrengungen tatsächlich einen Nutzen haben würden.

Wie berechtigt unsere Zweifel waren, erlebte ich etliche Jahre später, als ich während eines USA-Aufenthalts in einem Dorfpostamt zwanzig Briefmarken zu je vierzig Cent kaufte. Man mag es kaum glauben, doch es ist die Wahrheit: Der Schalterangestellte tippte tatsächlich zwanzigmal die 40 in seine Rechenmaschine, bevor er stolz verkündete: »Eight Dollars, Sir!« Dass dieses Erlebnis nicht gerade dazu beitrug, meinen Eindruck vom Bildungsgrad des Durchschnitts-Amerikaners zu verbessern, ist wohl verständlich.

Doch zurück zur Weltraumfahrt: 1958 waren auch die Amerikaner so weit und schossen ihren ersten Satelliten ins All. Der war zwar, wie man überall hören und lesen konnte, erheblich komplexer als sein sowjetisches Pendant, was aber nichts an der Tatsache änderte, dass sie eben nicht die Ersten gewesen waren. Und prompt waren es wieder die Russen, denen der nächste revolutionäre Schritt bei der Eroberung des Weltraums gelang, und wieder feixten wir heimlich über die gelackmeierten Amis. Am Morgen des 12. April 1961 erfuhr die staunende Welt, dass die Sowjets einen Satelliten ins All geschossen hatten, in dem ein Fliegeroffizier namens Juri Gagarin – der Name verbreitete sich wie ein Lauffeuer – soeben dabei war, die Erde zu umkreisen.

Wostok hieß der Raumflugkörper, in dem Gagarin in rund 90 Minuten einmal unseren Planeten umrundete, um knapp zwei Stunden nach dem Start wieder sicher, wie es hieß, »in einer vorbestimmten Gegend der Sowjetunion« zu landen. Er war der erste Mensch, der das Gefühl der Schwerelosigkeit am eigenen Leib erfuhr, und ich erinnere mich gut, wie ich zusammen mit Brigitte und Theo atemlos ein Fernsehinterview verfolgte, in dem er diesen Zustand beschrieb, wobei uns allen dreien die Feststellung, seine Handschrift habe sich trotz praktisch gewichtsloser Hand nicht verändert, am meisten verblüffte.

Das ungemein propagandaträchtige Ereignis löste in den USA geradezu Panik aus! Wieder konnten sie nur nachziehen – dass sie erst 1962 mit John Glenn den ersten Amerikaner ins All brachten, fanden wir erbärmlich. Und so flogen in den folgenden Jahren in Gemini- und Apollo-, in Wostok- und Sojus-Programmen Milliarden und Abermilliarden an Dollars und Rubel in den Weltraum, und es dauerte tatsächlich acht lange Jahre, nämlich bis zum Juli 1969, bis die USA die Russen überflügelten, indem sie mit *Apollo 11* auf dem Mond landeten.

Ich weiß nicht, ob es Einbildung ist, aber jedes Mal, wenn ich Neil Armstrong seinen legendären Satz: »Ein kleiner Schritt für einen Menschen, aber ein gewaltiger Sprung für die Menschheit« sprechen höre, scheint mir daraus nicht nur immenser Stolz, sondern fast mehr noch grenzenlose Erleichterung zu klingen.

ROCK
*Von Unterröcken statt Röhrenjeans, hysterischer
Negermusik und Texten, die besser unübersetzt blieben*

Drei- bis viermal im Jahr kam mein Vetter Heiko zu Besuch
zu uns nach Nürnberg. Er war acht Jahre älter als ich, und wir
verstanden uns nicht nur wegen seines Mopeds, einer *NSU
Quickly*, auf deren Gepäckträger ich ab und zu mitfahren
durfte, ausgesprochen gut. Heiko war der Sohn meiner »Fe-
rientante« Lene und studierte Landwirtschaft an der Fach-
hochschule in Nürtingen, aber es war nicht nur die Tatsache,
dass er als bodenständiger und etwas schwerfälliger Küsten-
bewohner mit der schwäbischen Mentalität und Lebensart
und vor allem mit der Sprache so seine Probleme hatte, die
ihn immer wieder zu uns führte, sondern vor allem Wolfgang,
den er bei einem seiner Besuche in einem Lokal kennen gelernt hatte. Den gab er seither als Studienfreund aus, mit dem
er sich, wenn er bei uns war, angeblich gern zum Fachsimpeln
traf.

Dabei hatte Wolfgang, aus dessen Mund es immer intensiv nach Salmiakpastillen roch, mit Landwirtschaft überhaupt nichts am Hut, vielmehr war er Elektrotechniker bei
Siemens – und das, was Heiko in Wirklichkeit so ungemein für
ihn einnahm, war seine Zugehörigkeit zu einer Gruppe junger
Leute, die ihre Freizeit damit verbrachten, dass sie tanzten,
und zwar »Rock 'n' Roll« – was ursprünglich ein amerikanischer Slang-Ausdruck für Beischlaf war. Das geschah natürlich
heimlich, denn den Erwachsenen durfte man nicht kommen
mit dieser »Neger- oder Affenmusik«, die allenfalls wild ge-
wordenen »Halbstarken« gefallen konnte. Die Gruppe traf
sich im Keller eines verfallenen Hauses, was zweifellos nicht

ungefährlich war, den Reiz des Verbotenen jedoch immens erhöhte.

Denn verboten war das Ganze allemal! Für Heiko allein schon deshalb, weil sich meine Eltern während seines Aufenthalts bei uns für ihn verantwortlich fühlten und ihm einen derartigen »Umgang« niemals gestattet hätten. (Immerhin hatte die seriöse *Frankfurter Allgemeine* – für meinen Vater ein Grundpfeiler seiner Meinungsbildung – gerade erst geschrieben, die Gefahr durch die Halbstarken sei für Deutschland erheblich größer als die durch Atombomben.) Deshalb brauchte Heiko jemanden, der sein Alibi bezeugte, und dieser Jemand war glücklicherweise ich. Er behauptete nämlich, Wolfgang habe einen Bruder namens Hermann, der in meinem Alter sei und mit dem ich, während er mit Wolfgang landwirtschaftliche Themen diskutierte, wunderbar spielen könne. Zum Beleg hatte er stets ein paar Blatt Papier in der Tasche, auf die er zum Beweis vorsorglich diverse Aussaat- und Düngezeiten sowie Weizensorten und Bodenanalysen gekritzelt hatte.

Auf diese Weise eröffnete er mir die Möglichkeit, im Alter zwischen zwölf und vierzehn Jahren und damit in den beginnenden Wirren der Pubertät nicht Abend für Abend zu Hause sitzen zu müssen, sondern Mädchen mit fliegenden Pferdeschwänzen und reizvollen Figuren, die merkwürdigerweise fast alle nach Maiglöckchen rochen, ganz ungeniert dabei zuzuschauen, wie sie von Jungen herumgewirbelt wurden: Jungen mit nach hinten gekämmten, von reichlich Brillantine gebändigten Haaren, die größtenteils Röhrenjeans – seinerzeit vielfach als »Nietenhosen« bezeichnet – und dazu Ringelsocken, spitze Schuhe, schwarze Lederjacken und Krawatten aus dunklen Samtbändern trugen.

Ich revanchierte mich bei Heiko, indem ich meinen Eltern in begeisterten Worten erzählte, wie spannend das *Mensch ärgere dich nicht* oder *Sechsundsechzig* mit Hermann gewesen war – während ich doch in Wirklichkeit die wippenden Brüste der Mädchen angestarrt und mich vor allem an den Beinen derjenigen erfreut hatte, die unter ihrem bunten Kleid einen Petticoat trugen. Der war seinerzeit für junge Damen zumindest bei festlichen Anlässen Pflicht und bewirkte, dass ihr Rock von der Taille abwärts in eleganter Linie vom Körper abstand. Das sorgte für eine extreme Betonung der weiblichen Hüftrundung, über die ich mir seinerzeit indes noch keine (de-)taillierten Gedanken machte.

Überhaupt besteht aus heutiger Sicht eine erstaunliche Diskrepanz zwischen der muffigen Prüderie der Fünfzigerjahre und der – weiblichen – Mode, die sie hervorbrachten. Die bestand nämlich keinesfalls aus den Körper verhüllenden, wadenlangen und sackförmigen Gewändern, wie sie in den Siebzigern, den Jahren der sexuellen Befreiung, aufkamen, sondern aus durchaus aufreizenden Kleidern, die die Wespentaille betonten und den Busen deutlich zur Schau stellten.

Der rasante wirtschaftliche Aufschwung brachte jedenfalls zwischen der »Fresswelle« der frühen Fünfziger – nach 12 Kilo Untergewicht im Hungerwinter 1946/47 hatten die Männer 1952 bereits durchschnittlich zwei Kilo zu viel auf den Rippen – und der »Reisewelle« am Übergang zu den Sechzigern (also dem Beginn des Massentourismus) eine regelrechte Modewelle hervor. Und das, was die deutschen Mädchen und Frauen dann trugen, unterschied sich nun einmal – wer will es ihnen verdenken – krass von dem, was sie zwanzig Jahre lang hatten tragen müssen: *Felina*-Büsten- und Hüfthalter formten jetzt die Figur für das knisternde *Trevira*-Kleid mit *Pepita*-Muster oder knallbunten *Vichy*-Karos. Der Modemacher Heinz Oestergaard reduzierte die internationale Haute Couture auf etwas schlichtere Träume für die deutsche Frau. Und für die Damen, die seine Kreationen nur auf einer der zahlreichen Modeschauen bewundern, sie sich jedoch nicht selbst leisten konnten, kopierten Heerscharen von Heimschneiderinnen die Originalmodelle von *Dior, Balenciaga* und *Chanel*, die dann, kombiniert mit weißen Handschuhen, Perlenkette sowie Pumps mit Pfennigabsätzen, stolz zur Schau getragen wurden.

Die Nähmaschinen, die sie dazu verwendeten, ähnelten aufs Haar der *Pfaff* meiner Mutter, mit der sie unter Zuhilfenahme kryptischer Schnittmusterbogen für meinen Bruder und mich unermüdlich Hemden, Hosen, Schlafanzüge und Unterwäsche fabrizierte. Die Maschine selbst – schwarz mit goldenem Schriftzug – war mit einer hölzernen Tischplatte verschraubt, die seinerseits auf einem Metallunterteil saß, das mit verschlungenen Schmiedearbeiten verziert war. Ganz unten war ein mittig gelagertes Trittbrett angebracht, das meine Mutter rhythmisch mit den Füßen hin- und herwippte. Dazu drehte sie – zu welchem Zweck, habe ich nie begriffen – pausenlos ein mit dem Trittbrett über einen Riemen verbundenes, seitlich an der Maschine angebrachtes Rad hin und her, was meinen Eindruck vom Nähen als höchst komplizierter und mühsamer Tätigkeit noch verstärkte.

Und hatte sie nach Tagen unermüdlicher Arbeit endlich ein Kleidungsstück fertig, so musste sie zu allem Überfluss auch noch damit rechnen, dass weder mein Bruder noch ich die geringste Lust verspürten, es anzuprobieren – was sicherlich auch damit zusammenhing, dass sie in ihrer Hektik fast immer zumindest eine Stecknadel übersah, die uns dann schmerzhaft in die Haut fuhr.

Noch heute wundert es mich, dass sämtliche modischen Richtungen – aktuell sogar die kühne Schlaghose – irgendwann ein Revival erlebt haben, nicht jedoch besagter Petticoat, ein Kleidungsstück voll knisternder Erotik, das die Weiblichkeit unterstrich wie kein anderes danach, den Bikini inbegriffen. Selbst der keinesfalls reizlose Minirock der

Sechzigerjahre konnte da nicht mithalten. Aus heutiger Sicht war der Petticoat geradezu ein Paradebeispiel für das damalige Bestreben der heranwachsenden Jugend, aus dem Schatten der Eltern herauszutreten, das Muffig-Enge und Spießbürgerliche zu überwinden und die amerikanische Lebensart, die den Eltern als verwerflich, ja, geradezu obszön galt und in der nicht wenige ein Symbol für den bevorstehenden Untergang der abendländischen Kultur sahen, begierig in sich aufzunehmen und mit allen Sinnen auszuleben.

Vielleicht hat der Petticoat heute viel von seinem Reiz verloren, weil man Erotik und Sex nicht mehr trennt. Und vielleicht haben gerade die prüden Fünfziger mit ihren verbotenen Reizen mehr Erotik ermöglicht als die sicherlich aufgeklärte, aber eben leider auch plumpe und aufdringliche Gegenwart. Nicht das verborgen Lockende, sondern das Evidente wird heute als aufreizend hingestellt. Anstelle leicht bekleideter Damen, die die Fantasie noch anregten, sind in Filmen und Zeitschriften heutzutage splitternackte Mädchen zu sehen, die fast nichts mehr verbergen. Das Ende der Geheimnisse bedeutete auch das Ende subtiler Erotik.

Mit jedem Kurzurlaub, den Heiko bei uns verbrachte und bei dem ich ihn wieder einmal in den nur mit Kerzen beleuchteten Tanzkeller begleiten durfte, nahm die Zahl der Mädchen mit Petticoats allerdings zugunsten derer ab, die wie ihre männlichen Partner Röhrenjeans trugen. Nicht wenige von ihnen hatten sich damit in eine Badewanne gesetzt und sie anschließend am Körper trocknen lassen – zweifellos eine höchst unangenehme Prozedur –, um ihnen eine möglichst figurbetonte, aufregend weibliche Form zu geben, die den Jungens anerkennende Pfiffe entlockte.

Zunehmender Beliebtheit erfreuten sich daneben kess geschlitzte, dreiviertellange Capri-Hosen, die für Mädchen, ebenso wie die Jeans, im Alltag absolut tabu waren. Keine

Schülerin wäre damit in die Schule und keine Sekretärin ins Büro gegangen. Jungen trugen in der Öffentlichkeit Hosen – allerdings auch keine Jeans, bitte! – und Mädchen Röcke. So einfach war das. Und natürlich durfte man sich im täglichen Leben auch nicht mit den Baseballschuhen sehen lassen, die die Rock 'n' Roll-Tänzer bevorzugt anhatten und die sie – in der Regel gebraucht und trotzdem teuer erworben – im Tanzkeller aufbewahrten, weil ihre Eltern ihnen nie und nimmer erlaubt hätten, damit herumzulaufen.

In besagtem Keller tanzte man also Rock'n Roll. Bill Haley sang *Rock around the Clock*, den Song aus dem Kultfilm *Blackboard Jungle*, der in Deutschland *Saat der Gewalt* hieß und von einer Gruppe Jugendlicher aus der New Yorker Bronx handelte, die rabiat gegen Schule, Lehrer und das ganze repressive System der Erwachsenen rebellierten. Der Film wühlte die jugendlichen Zuschauer derart auf, dass vielerorts gleich ganze Kinosäle dran glauben mussten und in Stücke zerlegt wurden, was den berühmten Cellisten Pablo Casals veranlasste, in Haleys Musik »ein Destillat aus allen Widerwärtigkeiten unserer Zeit« zu sehen.

Joe Turner sang *Shake, Rattle and Roll*, Jerry Lee Lewis *Whole Lotta Shakin' Goin' On*, Chuck Berry *Sweet Little Sixteen* und die deutschsprachige Ausgabe, der aus Wien stammende Rock 'n' Roller Peter Kraus, jaulte *Sugar Baby*, wobei er sich krampfhaft bemühte, das Auslaut-y von »Baby« hyper amerikanisch wie ein nachgeworfenes »ä« klingen zu lassen. Auch wenn er weder gesanglich noch vom Hüftschwung her jemals an die US-Idole herankam, fanden wir seine Lieder ganz in Ordnung, zumal man gut danach tanzen konnte.

Und dann war da natürlich noch James Dean. Mit seinem tragisch endenden Film *Rebel without a Cause* (»Denn sie wissen nicht, was sie tun«), dessen bloße Erwähnung auch heute noch ausreicht, um viele Angehörige unserer Altersgruppe in verzücktes Schwärmen ausbrechen zu lassen, traf er unser Lebensgefühl wie kaum ein anderer. Sicher, der Streifen aus dem Jahr 1955 mit seiner altmodischen Musik, dem nicht nachvollziehbaren Schnitt- und Erzähltempo und den schrillen Technicolor-Farben – sie lassen James Deans berühmte rote Jacke wie ein Signalfeuer leuchten – wirkt heute, da wir an immer schnellere Bildwechsel gewöhnt sind, lächerlich altbacken. Dazu tragen auch die übertriebene Schauspielerei mit ihren pathetischen Gesten und feurigen Blicken sowie die deutsche Synchronisation bei, die mit Ausdrücken wie »Backfisch«, »Bengels« oder »Frauenzimmer« und der peinlichen, gewollt deutschen Aussprache der Namen die Spießigkeit der damaligen Zeit noch unterstreicht. Nicht zuletzt trübt natürlich auch der verfälschende deutsche Titel den Gesamteindruck – ein Bibelzitat, das die Rebellion und Aufmüpfigkeit der Jugend in dreister Überheblichkeit als simple Geistesverwirrung abtut.

Dennoch war James Dean mit diesem Film zumindest für uns Jungen zum Symbol des gegen die Repressionen der Erwachsenen kämpfenden Jugendlichen geworden, dem wir alle nacheiferten. Sei es, dass die Rock'n Roll tanzenden und ihre Mädchen durch die Luft wirbelnden Kerle seine Kleidung und Frisur trugen, sei es, dass sie seinen Es-ist-sowieso-alles-beschissen-Blick imitierten oder seinen Gang, dessen melancholisch aufmüpfige Attitüde jedoch kaum einer von uns auch nur halbwegs überzeugend hinbekam.

Noch weitaus erbärmlicher fielen die Versuche der Jungen aus, wie *Elvis, the Pelvis* aufzutreten. Sich eine Schmachtlocke wachsen zu lassen stieß zu Hause in der Regel auf erbitterten Widerstand, und einfach nur den *Jailhouse Rock* oder *Love me Tender* zu singen und dabei lasziv mit den Hüften zu kreisen reichte eben nicht aus. Überhaupt Elvis Presley! Der Kult um den amerikanischen GI, der von 1958 an auch in Deutschland diente, war grenzenlos. Wo er auftrat, fielen Mädchen reihenweise in Ohnmacht, und ihre männlichen Begleiter bekamen vor Neid Bauchweh und rote Flecken im Gesicht. Nie wieder danach wurde ein Sänger so sehr zum Idol der Jugend und so sehr zum Symbol des Aufbegehrens gegen die verkrustete Welt der Erwachsenen.

Und weil die dafür absolut kein Verständnis hatten – im Gegensatz zu heute galt es geradezu als skandalös, wenn ein seriöser Erwachsener derartige Musik gut fand –, durften diejenigen von uns, die über einen Plattenspieler verfügten, Elvis-Scheiben zu Hause nur hören, wenn die Eltern nicht da waren. Insofern war im Vorteil, wessen Vater und Mutter ganztags – Teilzeitarbeit war weitgehend unbekannt – beruflich tätig waren. So wie Siegfried von nebenan, aus dessen Fenster nachmittags, wenn er keine Schule hatte, ununterbrochen Elvis-Songs erklangen. In beträchtlicher Lautstärke, versteht sich, denn schließlich wollte man sich nicht nur an den Liedern erfreuen, sondern zugleich auch ein Bekenntnis ablegen und vor allem: die Älteren damit ärgern.

Mit der Zeit wurde der Rock 'n' Roll ein wenig gesellschaftsfähiger, und unsere Väter und Mütter fanden sich notgedrungen damit ab. Das war die Zeit, in der überall in den Gaststätten Musikboxen aufgestellt wurden und nach und nach immer mehr öffentliche Turniere stattfanden, deren erstes die Wochenschau jedoch noch immer als »Tanz auf dem Vulkan« bezeichnete. »So stellt er uns, der Veitstanz des 20. Jahrhunderts«, empörte sich der Kommentator, »für den es keine Medizin gibt, sondern nur noch den Wunsch auf baldige Genesung. Hoffen wir, dass es bald vorübergeht! An uns und an Ihnen!«

Und dann kamen die Beatles. Und wir können voller Stolz behaupten, wir sind dabeigewesen. Den phänomenalen Aufstieg und grandiosen Erfolg der vier Liverpooler Pilzköpfe – in seinem überraschenden Ausmaß auch deswegen mit den späteren Harry-Potter-Romanen vergleichbar, weil die Urheber praktisch aus dem Nichts auftauchten – haben wir hautnah miterlebt. Wenn heute irgendwo aus dem Auto eines jungen Mannes oder Mädchens ein Beatles-Song erklingt, ergreift uns dieselbe Art von Mitleid, wie es Ende der Sechziger ein Teilnehmer des legendären Woodstock-Festivals empfand, wenn ein Nichtbeteiligter sehnsuchtsvoll von dem orgiastischen Event sprach. Die Beatles – von unseren Eltern lange Zeit als »langhaarige Hottentotten« beschimpft – gehören zur Generation Käfer wie Rimini, die Einführung des Fernsehens und die 68er-Bewegung. Und nichts davon wollen wir uns nehmen lassen!

In der Tat war der Erfolg von John Lennon, Paul McCartney, George Harrison und Ringo Starr überwältigend. In nur fünf Jahren, von 1962 bis 1967, schrieben sie 230 Songs, also fast jede Woche einen, und verkauften über 200 Millionen Schallplatten, die Cover-Fassungen anderer Musiker gar nicht mit eingerechnet. Allein von ihrem Hit *Yesterday* entstanden mehr als 200 unterschiedliche Aufnahmen und trugen dazu bei, ihre Einkünfte ins Unermessliche steigen zu lassen.

Ein Musikexperte der *Sunday Times* bezeichnete sie als die größten Komponisten seit Beethoven, *Newsweek* verglich ihre Texte mit den Gedichten von T. S. Eliot und der englische Kritiker Cyril Connolly mit denen von James Joyce. Ja, die allgemeine Begeisterung ging so weit, dass Fachleute den Liederzyklus *Sergeant Pepper* schwärmerisch »große zeitgenössische Bibel« nannten. Der Name *Beatles* wurde zu einem feststehenden Begriff, bei dessen Nennung Menschen in aller Welt, je nach Temperament, entweder vor Ehrfurcht erstarrten oder vor Begeisterung ausflippten.

Auch für mich und meine Freunde waren die vier Liverpooler absolut die Größten – selbst wenn den *Rolling Stones* das unleugbare Verdienst zukam, unsere Eltern mit *Satisfaction*, angeblich einer Verherrlichung der Selbstbefriedigung, geschockt zu haben. Zwar hörten wir auch begeistert zu, wenn die Byrds *Hey, Mr. Tambourine Man* oder die Walker Brothers *The Sun Ain't Gonna Shine any more* sangen, waren von Simon and Garfunkel's *Sound of Silence* ebenso ergriffen wie von *Death of a Clown* der Kinks oder Dylans *Blowing in the Wind* und flippten bei *On the Road Again* von Canned Heat regelmäßig aus – doch gegen die Songs der Beatles kam das alles nicht an.

Dabei hatte es uns nicht nur die Musik angetan – auch die Texte gaben eine Menge her. »Hören Sie auf die Verse der neuen Songs!«, beschwor Leonard Bernstein in einer amerikanischen Popsendung die Zuschauer. »Sie haben etwas mitzuteilen und drücken das Empfinden von Millionen junger Menschen aus: über Bürgerrechte, Frieden, Entfremdung, Mystizismus, Rauschgift und vor allem über die Liebe.«

Zum Glück verstanden unsere Eltern nicht, was Jerry Lee Lewis mit *Great Balls of Fire* meinte, und wir hüteten uns ebenso, es ihnen zu erklären, wie bei Led Zeppelins *Lemon Song* (»Squeeze me, baby, till the juice runs down my leg«). Dabei hatten wir manchmal durchaus ein schlechtes Gewissen, denn während unsere Väter und Mütter noch immer voll und ganz damit beschäftigt waren, Deutschland und die eigene Existenz wieder aufzubauen, hatten wir uns, zumindest zeitweilig, für *The Walk on the Wild Side* entschieden und sangen abwechselnd *Help Me Make it Through the Night* und *Born to Be Wild*.

Eines steht für uns jedenfalls fest: Gegen die prächtigen Melodien der Sechziger-Songs sind Heavy Metal, Techno und Trance nicht mehr als einfallsloses, basswummerndes Gestampfe, das allenfalls dazu geeignet ist, einen jener vierrädrigen Lautsprecher am Vibrieren der Straßendecke zu erkennen, noch bevor man das Fahrzeug hört oder gar sieht.

68er?
Von ungewaschenen Blumenkindern, liberalen
Scheißern und dem Zwang, sich einzumischen

Dass man uns einmal kollektiv als 68er bezeichnen würde, konnten wir nicht ahnen. Rückblickend vermag ich nicht mehr genau zu sagen, ab wann sich unser Widerwille gegen das »Establishment« abzeichnete und womit er begann. Ganz sicher spielte eine wichtige Rolle, dass unsere Eltern uns mit ihrem permanenten Stolz auf das von ihnen erreichte »Wirtschaftswunder« nervten und andererseits jeglichem Gespräch über ihre NS-Vergangenheit aus dem Weg gingen. Dazu kamen der ebenso grausame wie überflüssige Vietnamkrieg der Amerikaner, die Notstandsgesetzgebung und natürlich auch die miesen Studienbedingungen an den Universitäten.

Doch der Reihe nach. Wir quälten uns durch die letzten Schuljahre, fragten uns, ob höhere Mathematik im künftigen Berufsleben wirklich etwas bringen würde und Latein vielleicht wenigstens für diejenigen nützlich wäre, die Medizin studieren wollten und sich daher früher oder später mit der abstrusen Fachterminologie auseinandersetzen mussten. Wir fanden Geschichte bei Frau Sauer sterbenslangweilig, dafür aber Deutsch bei Herrn Altrichter, dessen Markenzeichen sein ständig wiederholtes »Nun denn« war, umso spannender. Er war meiner Erinnerung nach der einzige Pädagoge, der sich bemühte, uns Wesen und Funktion der Demokratie nahezubringen – und uns skeptisch zu machen gegenüber dem versimpelnden Schwarz-Weiß-Denken, wie es unseren Eltern eigen war: der gute Westen contra den bösen Osten, die Freiheit gegen die Versklavung, die Demokratie gegen den Kommunismus.

Und wir beschäftigten uns mit Rolf Hochhuths *Stellvertreter*, einem Theaterstück, das einen hässlichen Flecken auf der weißen Soutane des sonst so souverän wirkenden Papstes Pius XII. hinterließ. Zur Judenvernichtung hatte er demnach nur ein paar nichtssagende Phrasen geäußert, obwohl er nachweislich Bescheid wusste. Und was tat die katholische Kirche? Anstatt über die traurige Wahrheit nachzudenken und Besserung zu geloben, schüttelte sie wütend die Fäuste gegen den Dichter und tat weiter so, als bestünden die schlimmsten moralischen Verfehlungen in paradiesischer Nacktheit, Empfängnisverhütung und Ehebruch.

Wir lasen Max Frisch und diskutierten über die Bedeutung, die diese oder jene Mitmenschen in unserem Leben hatten. Dazu erwartete man von uns, dass wir den *Spiegel* lasen, und bald prägten dessen Artikel unsere Weltsicht. Einige von uns schrieben gesellschaftskritische Artikel für die *Pauke*, unsere Schülerzeitschrift, andere engagierten sich in der Schülermitverantwortung. Wir riefen einen Ausschuss zur Bereinigung von Konflikten zwischen Lehrern und Schülern ins Leben, setzten bei der Schulleitung durch, dass wir in einer Ecke des Pausenhofs rauchen durften, unternahmen in Biologie eine Exkursion zum *Ökosystem See* und schrieben Aufsätze über Fausts Gewissensqualen sowie über die deutsch-französische Beziehung im Wandel der Zeiten. Und bei alldem machten wir uns über die Versuche einiger Klassenkameraden lustig, eine sozialistische Schülergewerkschaft zu gründen.

Immerhin konnte uns niemand vorwerfen, wir hätten von den Traditionen, die etliche von uns immer mehr in Frage stellten, ja, die wir sogar für »repressiv« erklärten, keine Ahnung. Im Gegensatz zu vielen Epigonen der um sich greifenden Protestbewegung hatten wir Goethe, dessen unantastbare Stellung als Pflichtlektüre uns zum Widerspruch reizte, wenigstens gelesen, hatten Latein und zum Teil auch Griechisch – schon bald Synonyme für das verachtete humanistische Bildungsideal – mühsam selbst gelernt und kannten uns in den Naturwissenschaften aus, deren Errungenschaften von etlichen als das Goldene Kalb angeprangert wurden, um das die Wohlstandsgesellschaft tanzte. Kurz: Wir wussten wenigstens noch, wovon wir sprachen.

Vietnam ließ uns nicht los. Anfangs hatten wir uns geweigert, die Ereignisse in dem fernen Staat an uns herankommen zu lassen und darüber nachzudenken, doch als die Tagesschau immer häufiger aufwühlende Bilder über die Gräueltaten der USA – immerhin unserer Schutzmacht – aus dem ostasiatischen Land in unsere Wohnzimmer brachte, wurde uns klar, dass wir uns nicht länger heraushalten konnten. Die amerikanischen Kriegsverbrechen, allen voran das Massaker von My Lai, der systematische Einsatz von Kugelbomben und Napalm, die planmäßige Entlaubung der Wälder und die Vergiftung der Vietnamesen mit *Agent Orange* wollten wir nicht tatenlos hinnehmen. Wenn wir lasen, dass die Rüstungsausgaben der Welt den schwindelerregenden Betrag von 165 Milliarden US-Dollar erreicht hatten und damit viermal so hoch waren wie die Summe, die weltweit für das Gesundheitswesen zur Verfügung stand, erfasste uns heftiger und in unseren Augen absolut gerechter Zorn. Doch als wir Flugblätter entwarfen und in der Schule vervielfältigten – den Zugang zum Kopierer hatte man uns großzügig eingeräumt –, wurden wir von denen, an die wir sie verteilten, als »Nestbeschmutzer«, »Faulpelze« und »Drückeberger« beschimpft, und man schrie uns an, wir sollten unsere Köpfe gefälligst in Lehrbücher stecken, anstatt uns um Dinge zu kümmern, die uns nichts angingen.

Inzwischen hatte ich in Erlangen das Medizin- und Zahnmedizin-Studium begonnen und Kontakt zu einer Gruppe junger Leute aufgenommen, die meine Entrüstung über das brutale

Vorgehen der Amerikaner teilten. Wir fanden es vorbildlich, dass der berühmte Boxweltmeister Muhammad Ali den Kriegsdienst verweigerte und dafür nicht nur eine hohe Geldbuße, sondern sogar die Aberkennung all seiner Titel in Kauf nahm, und fühlten uns mit den Studenten solidarisch, die in Berlin gegen den Schah von Persien demonstrierten, weil er in seinem Land systematisch 20 000 politische Häftlinge foltern ließ. Er brachte – in unseren Augen eine ungeheure Dreistigkeit – sogar seine eigenen, als »Jubelperser« getarnten Sicherheitsleute mit nach Deutschland. Als diese unter den Augen der untätigen Polizei auf demonstrierende politische Gegner einprügelten, war es fast zwangsläufig, dass die Gewalt eskalierte und es schließlich zu einer regelrechten Straßenschlacht kam.

Und im Zuge dieser Demonstration geschah das Unfassbare: Am 2. Juni 1967 wurde unser Altersgenosse Benno Ohnesorg von einem Polizisten hinterrücks erschossen – einem Polizisten, der später von einem Gericht wegen vermeintlicher Notwehr freigesprochen wurde und der, wie wir annahmen, seine politischen Auffassungen aus der BILD-Zeitung bezogen hatte, die gemeinsam mit den anderen Springer-Blättern von Anfang an gegen die protestierenden Studenten gehetzt hatten. So hatte die »BZ« kurz zuvor getitelt: »Stoppt den Terror der jungen Roten jetzt!« und offen dazu aufgefordert, die Langhaarigen aus der Stadt zu jagen – ein Ruf, der nicht nur in Berlin, sondern auch in der Provinz von einem Großteil der Bevölkerung begierig aufgenommen wurde.

Für die nun einsetzenden wütenden Proteste der Außerparlamentarischen Opposition – kurz APO genannt – hatten auch diejenigen Verständnis, die sich nicht dazuzählten. Schließlich gab es ja im Bundestag praktisch keine kontrollierende Instanz mehr, seit die Große Koalition unter dem wegen seiner nationalsozialistischen Vergangenheit höchst umstrittenen Bundeskanzler Kiesinger – der Sänger Wolf

Biermann nannte ihn »Edel-Nazi-Kanzler«– die Macht im Staat innehatte. Vollends eskalierte die Auseinandersetzung, als Demonstranten in München lauthals verkündeten: »BILD hat mitgeschossen!« und kurzerhand die Redaktionsräume in der Schellingstraße verwüsteten.

Als im April 1968 zuerst der schwarze Bürgerrechtler Martin Luther King ermordet und nur sechs Tage später der bei fast jeder Gelegenheit Mao Tse Tung, Che Guevara oder Ho Tschi Minh zitierende Wortführer der deutschen Protestbewegung Rudi Dutschke – für viele das je nach Gesinnung verhasste oder verehrte Symbol der Studentenbewegung schlechthin – auf offener Straße von einem 23-jährigen Arbeiter niederge- schossen wurde, der angeblich eine BILD-Zeitung mit der auf- hetzerischen Schlagzeile »Stoppt Rudi Dutschke!« bei sich hatte, geriet unsere Welt vollkommen aus den Fugen.

Ob allerdings die anschließende Blockade des Verlagshau- ses von Axel Springer – seinerzeit für uns der Feind schlecht- hin – mit dem Ziel, die Auslieferung ebendieses Blattes zu ver- hindern, die optimale Antwort war, erschien vielen von uns mehr als fraglich. Gleichzeitig nahmen wir aber durchaus wohlwollend zur Kenntnis, dass kurz darauf in Frankreich und auch in Italien, der Türkei und Japan massive Studentenun- ruhen ausbrachen.

Als im August 1968 russische Panzer den »Prager Früh- ling« brutal niederschlugen, also den zaghaften Versuch der tschechoslowakischen Regierung unter ihrem Präsidenten Alexander Dubček, sich aus der sowjetischen Umklamme- rung zu befreien und einen »Sozialismus mit menschlichem Antlitz« aufzubauen (was für eine Bankrotterklärung des ur- sprünglich humanistisch motivierten Kommunismus diese Formulierung bedeutete, machten sich damals die wenigsten klar), und als auf der anderen Seite bei uns in Deutschland viele Bürger in diversen Landtagswahlen ihre Stimme der

NPD gaben, begriffen die meisten von uns, dass es nicht vorrangig um rechts oder links ging, sondern darum, eine Gesellschaft zu etablieren, in der ein friedliches, gerechtes und selbstbestimmtes Leben möglich war. Deshalb wandten wir uns vehement gegen die geplanten Notstandsgesetze, denn was sich aus Ermächtigungen jedweder Art entwickeln konnte, stand uns, die wir uns – oft gegen den Willen unserer Eltern und auch der konservativen Lehrer – über den Nationalsozialismus informiert hatten, allzu deutlich vor Augen.

Bei etlichen politischen Ereignissen fiel es uns ausgesprochen schwer, eine eigene Meinung zu entwickeln. Was sollten wir von einem DGB halten, der sich zu unserer großen Enttäuschung zwischen der zweiten und dritten parlamentarischen Lesung der Notstandsgesetze weigerte, zum Generalstreik aufzurufen? Sollten wir das Vorgehen Israels gutheißen, das im Sechstagekrieg nicht nur die Sinai-Halbinsel, sondern auch die arabische Altstadt Jerusalems besetzt hatte? Und wie sollten wir uns zu den angeblichen Christen katholischer und evangelischer Konfession stellen, die sich in Nordirland mit ungeheurer Brutalität bekriegten? Wenn wir gegen das rücksichtslose Vorgehen der Amerikaner in Vietnam protestierten, mussten wir uns dann nicht auch in den entsetzlichen Bürgerkrieg im afrikanischen Biafra einmischen – einer Provinz Nigerias, in der so viele Kinder elend verhungerten, dass der Ausdruck »Biafra-Kind« für Jungen und Mädchen mit von Hunger-Ödemen grotesk aufgetriebenen Bäuchen zum feststehenden Begriff wurde?

Und wer oder was war eigentlich schuld an der ganzen Misere? Der Kommunismus? Der Kapitalismus? Oder waren am Ende gar wir alle mitverantwortlich, weil wir nicht rechtzeitig gegengesteuert hatten? Die Protestlieder eines Franz-Josef Degenhardt oder Bob Dylan halfen uns jedenfalls ebensowenig weiter wie die flammenden Reden der linken Studentenführer, die sich gegen das »System« richteten, ohne präzise zu sagen, was sie darunter verstanden. Die Konservativen brachten uns nicht voran, das war uns klar. Aber die kritiklose Verherrlichung und religionsgleiche Anbetung des Sozialismus konnte es auch nicht sein.

Deshalb traten nur die wenigsten von uns dem Sozialistischen Deutschen Studentenbund SDS mit seinem elitär-arroganten Absolutheitsanspruch und seiner naiv-utopischen Forderung nach einer Räterepublik bei. Die SDSler nervten uns eher mit ihren ewigen *Go-in's*, *Sit-in's* und *Teach-in's*, mit ihrem ständigen Anti ohne konstruktive Vorschläge zur Änderung der bundesrepublikanischen Wirklichkeit. Und wenn verbohrte SDSler behaupteten, die Kernkraftwerke in der sozialistischen DDR seien sicherer als diejenigen im kapitalistischen Westen, konnten wir darüber nur lachen. Doch woran sollten wir uns orientieren? »Trau keinem über dreißig!« war ein nettes Schlagwort, doch unsere Probleme lösten wir damit auch nicht.

Sollten wir uns vielleicht den langhaarigen, schmuddeligen Gammlern anschließen, die, nachdem die Hippiebewegung von den USA zu uns herübergeschwappt war, in indisch anmutenden Gewändern, mit Flower-Power in den Haaren und blechernem Geschmeide um den Hals direkt vor unseren Augen Hasch rauchten, freie Liebe praktizierten und ansonsten den lieben Gott einen guten Mann sein ließen? Die sich, wenn überhaupt, nur unter dem Springbrunnen im Stadtpark oder in Kaufhaus-Toiletten wuschen, »Make Love, not War!« propagierten und pausenlos Musik von Jimi Hendrix, Janis Joplin und den Doors hörten? Und deren Leben und Anschauungen später in dem Musical *Hair* mit seinen (damals noch höchst provokanten) LSD- und Nacktszenen verherrlicht wurden?

Oder sollten wir Mitglied der Westberliner Kommune 1 mit den langmähnigen Chaoten Rainer Langhans und Fritz

Teufel und der Vorzeige-Rebellin Uschi Obermaier werden? Die die Älteren mit ihrem aufreizend antibürgerlichen Lebensstil, den die meisten mit Gruppensex, Drogen und Anarchie assoziierten, zu Sprüchen wie »Unter Hitler wären die schon längst vergast worden!« provozierten? Nein, alles, bloß das nicht!

Rückblickend war dies vielleicht der Zeitpunkt, an dem die Generation Käfer begann, sich in zwei Richtungen zu spalten: in die zahlenmäßig unterlegenen linken »Revoluzzer«, die vom Umsturz träumten, und in die Mehrheit der eher gemäßigten, bürgerlich orientierten Demokraten, die zwar auch gegen die herrschenden Zustände protestierten, dies jedoch in einer Weise taten, die sich deutlich von den überzogenen Aktivitäten des SDS und seiner Anhänger unterschied. Natürlich musste sich eine Menge ändern, das war uns allen klar, aber gleichzeitig lehnten wir radikale Aktionen allein schon deshalb ab, weil sie bei den Älteren nichts weiter als Empörung auslösten. Wir ahnten, dass die Provokation um der Provokation willen uns nur schadete: In den Augen vieler Zeitgenossen setzte sie uns ins Unrecht und drohte zudem, die Veränderungsbereitschaft der konservativen Bevölkerungsmehrheit vollends zu blockieren.

Doch einfach raushalten konnten wir uns nicht, so viel stand fest. Aus dieser Überzeugung heraus ließen wir uns die Haare zumindest halblang wachsen und pinnten uns ein Bild von Frank Zappa an die Klotüre. Viel mehr war nicht drin. Das eher bescheidene Ausmaß unseres Engagements illustriert ein Erlebnis, das ich während einer Wahlkundgebung in Erlangen hatte, bei der Franz Josef Strauß auftrat: Ich war als neutraler Ordner des Studentenparlaments eingesetzt und sollte, mit einer entsprechenden Armbinde kenntlich gemacht, dafür sorgen, dass alles ruhig und gesittet ablief. Doch als die ersten Kommilitonen »Faschist!« riefen und Strauß wenig souverän antwortete: »Lernt erst mal, wie man Faschist schreibt!«, flogen Eier und Tomaten, und kurz darauf begannen die Ersten, aufeinander einzudreschen. Jetzt wäre es meine Aufgabe gewesen, einzuschreiten und die Streithähne voneinander zu trennen – aber so weit, dass ich mich dafür verprügeln ließ, ging mein Engagement nun auch wieder nicht. Also ließ ich die Ordner-Binde unauffällig in meiner Tasche verschwinden und machte mich klammheimlich aus dem Staub.

Später las ich in der Zeitschrift *Pardon* (die eine kuriose Mischung aus Sex und linksradikaler Politik präsentierte) einen Artikel über den SDS, wonach dieser in Deutschlands politischer Landschaft »zwei Sitzgelegenheiten aufgestellt hatte«. Ich zitiere wörtlich: »Auf der einen hat er sich in seinem Selbstverständnis als einzig legitimierter Streiter im Kampf um eine sozialistische Zukunft selber niedergelassen, auf dem anderen hockt das reaktionär-autoritäre Establishment. Zwischen den berühmten Stühlen aber, so hat der SDS beschlossen, sitzen sämtliche linken Professoren, Tausende von Gewerkschaftern, die Mehrzahl der fortschrittlichen Assistenten und eine unüberschaubare Zahl von Schülern und Studenten. Kurz: die liberalen Scheißer!«

Damit konnten wir uns identifizieren. Jetzt wussten wir endlich, was wir waren. Nicht Teil einer kleinen, radikalen Minderheit, sondern eben liberale Scheißer!

Deutschland war nach 1968 nicht mehr dasselbe Land wie vorher. Zwar wurden die Notstandsgesetze trotz aller Proteste doch verabschiedet, und auch der Vietnamkrieg dauerte noch eine ganze Weile an, dennoch fanden etliche der damals postulierten Ideale Eingang in das Bewusstsein weiter Teile der Bevölkerung. Die Friedens-, die Ökologie- und die Frauenbewegung wären ohne 1968 nicht möglich gewesen – und auf der anderen Seite wohl auch keine Porno-Industrie, keine heimliche Herrschaft der Psychologen und Therapeuten und nicht zuletzt kein PISA-Debakel.

Ganz sicher waren die Ereignisse von 1968 mit dafür verantwortlich, dass aus unserer Altersgruppe überdurchschnittlich viele in sozialen, pädagogischen und therapeutischen Berufen tätig wurden. Ohne 1968 hätte es ein Jahr später wohl keine sozialliberale Koalition und keinen Bundeskanzler Willy Brandt gegeben – einen Kanzler, der unsere Ziele nicht nur in die verheißungsvollen Worte fasste: »Wir wollen mehr Demokratie wagen!«, sondern sich anschließend – bei Politikern alles andere als selbstverständlich – auch nach Kräften bemühte, seine Prophezeiung wahrzumachen.

Aber das ist mittlerweile auch für uns Vergangenheit und weit weg. 1968 ist für die meisten von uns längst keine mythische Jahreszahl mehr und schon gar nicht Anlass für einen verklärenden Rückblick. Noch nie hatten wir Verständnis für diejenigen, die sich mit der Schilderung ihrer eigenen revolutionären Taten brüsten wie einst unsere Väter, wenn sie vom Krieg sprachen. »Also, das war schon großartig seinerzeit, als wir vor dem Springer-Haus Barrikaden gebaut haben. Mensch, das waren Zeiten, ich kann dir sagen!« klang dann fast so wie »Weißt du noch, damals im Schützengraben, als wir unten an den Panzern Handgranaten befestigt haben?«

Wenn wir Männer der Generation Käfer uns heute treffen, fragen wir besonders gern: »Wie lange musst du noch?« Wie lange musst du noch arbeiten, ist gemeint, wann kannst du in Rente, oder – auch sehr beliebt – in den Vorruhestand gehen? Nachdem wir, abhängig von Ausbildungsdauer und Einstiegsalter, dreißig bis vierzig Jahre, ja, zum Teil sogar noch länger im Beruf gestanden haben, glauben wir, ein Anrecht darauf zu haben, den Rest unseres Lebens ruhig und ohne Stress zu verbringen, das zu tun, worauf wir schon immer Lust hatten, unseren Interessen nachzugehen und das im

Lauf der Jahre angesparte Geld auf möglichst vergnügliche Weise auszugeben.

Ganz selbstverständlich, ohne uns groß darüber Gedanken zu machen oder gar aufzuregen, haben wir unseren Eltern die Rente finanziert, haben der jungen Bundesrepublik und uns selbst einen beträchtlichen Wohlstand erarbeitet, haben eine Menge Kinder großgezogen und werden der nachfolgenden Generation insgesamt enorme Reichtümer vererben. Etliche Angehörige der Generation Käfer haben es zu einem gewissen Wohlstand gebracht, leben in den eigenen vier Wänden und können dem Ruhestand recht gelassen entgegensehen. Damit, dass viele von uns weit weniger an Rente bekommen werden als erhofft und erwartet, haben wir uns zähneknirschend abgefunden – mit größerer Sorge erfüllt uns, dass unsere Kinder es im Alter wahrscheinlich nicht besser, sondern eher schlechter haben werden als wir. Denn damit wäre unser Fortschrittsglaube endgültig ad absurdum geführt.

Etliche von uns haben bereits Enkel, für die wir nun weit mehr Zeit erübrigen können als seinerzeit, trotz aller guten Vorsätze, für unsere Kinder, sodass wir viel bessere Opas sind, als wir je Väter waren. Die Mehrzahl von uns hat, anders als unsere Eltern, ein Hobby, ein Interessengebiet, das uns ausfüllt und dem wir nun einen Großteil unserer Zeit und nicht selten auch unseres Geldes widmen. Natürlich kommen wir uns erheblich jünger vor, als wir sind, denn schließlich haben wir im Lauf unseres Lebens die Erfahrung gemacht, dass man sich in jeder Phase weit weniger alt fühlt, als man dies in der Jugend vorausblickend erwartet hätte. Wie alle Generationen vor uns haben wir leidvoll miterleben müssen, dass jedes Jahr ein wenig schneller verstreicht als das vorhergehende, dass die zehn Jahre zwischen zwanzig und dreißig ungleich länger dauern als diejenigen zwischen vierzig und fünfzig oder gar zwischen fünfzig und sechzig.

Natürlich sind unter uns auch einige, die noch lange nicht

ans Aufhören denken können. Das sind in der Regel diejenigen, die an den Schaltstellen der Macht sitzen, die in Firmen Direktorenstellen und in der Politik Posten vom Staatssekretär aufwärts bekleiden. Sie müssen den Preis für ihren sozialen Status und ihr hohes Einkommen mit einer längeren Lebensarbeitszeit bezahlen und merken nun auf einmal, dass sie im Unterschied zu uns anderen, weniger Privilegierten, den Nachteil haben, ihr Geld, das sie auf der Bank angehäuft haben, aus Zeitmangel gar nicht ausgeben zu können.

Sicher, früher, zu Schul- und Berufsausbildungszeiten, haben wir vage geahnt, dass wir einmal fünfzig, sechzig Jahre oder gar noch älter werden könnten – schon damals haben die Beatles in ihrem Song *When I'm Sixty-Four* 64 Jahre als Metapher für »uralt« verwendet –, aber das war in jenen Tagen doch noch eine äußerst vage Vorstellung, die in ferner Zukunft zu liegen schien. Nun sind wir bass erstaunt, dass diese seinerzeit allenfalls theoretische Möglichkeit doch eingetreten ist. Und wenn wir hofften, das Älterwerden dadurch aufhalten zu können, dass wir, anders als unsere Großeltern, ab Mitte vierzig nicht in schwarz, sondern weiterhin in ausgefransten Jeans und abgetretenen Sandalen herumlaufen, so müssen wir zugeben: Wir haben uns geirrt.

Geirrt hat sich auch das Fachblatt *Auto, Motor und Sport*, als es 1969 schrieb: »Einen wirklichen, echten Anti-Käfer wird und kann es nie geben. Niemand kann ihn bauen – nicht einmal das Volkswagenwerk selbst.«

Ganze fünf Jahre später bewiesen die Wolfsburger das Gegenteil: Plötzlich gab es ihn doch, den »Anti-Käfer«, mit allen Qualitäten des Originals. Gebaut für die Generation Golf – und erdacht von der Generation Käfer.